U0561722

管理科学与工程丛书　●主编：葛新权

管理科学与工程丛书
主　编：葛新权

基于知识管理的市场营销创新

Marketing Innovation Based on Knowledge Management

周秀玲　王信东 / 著

社会科学文献出版社
SOCIAL SCIENCES ACADEMIC PRESS (CHINA)

本书受北京市教委科学技术与研究生建设项目资助
本书受北京市重点建设学科管理科学与工程建设项目资助

总　序

基于 2003 年北京机械工业学院管理科学与工程硕士授权学科被批准为北京市重点建设学科，我们策划出版了这套丛书。

2004 年 8 月，北京机械工业学院与北京信息工程学院合并筹建北京信息科技大学。

北京机械工业学院工商管理分院于 2004 年建立了知识管理实验室，2005 年建立了北京地区第一个实验经济学实验室，2005 年 8 月召开了我国第一次实验经济学学术会议，2005 年 12 月获得 2005 年度北京市科学技术奖二等奖一项，2006 年 4 月获得北京市第九届人文社科优秀成果二等奖两项。2006 年 5 月，知识管理研究被批准为北京市教委人才强校计划学术创新团队；2006 年 10 月，被批准为北京市哲学社会科学研究基地——北京知识管理研究基地。

2006 年 12 月，北京机械工业学院工商管理分院与北京信息工程学院工商管理系、经济贸易系经贸教研室合并成立北京信息科技大学经济管理学院。2008 年 3 月，企业管理硕士授权学科被批准为北京市重点建设学科。

2008 年 4 月，教育部正式批准成立北京信息科技大学。

经济管理学院是北京信息科技大学最大的学院。2007年10月经过学科专业调整（信息系统与信息管理学士授权专业调出）后，经济管理学院拥有管理科学与工程、企业管理、技术经济及管理、国民经济学、数量经济学5个硕士授权学科；拥有工业工程专业硕士；拥有会计学、财务管理、市场营销、工商管理、人力资源管理、经济学6个学士授权专业，设有注册会计师、证券与投资、商务管理、国际贸易4个专门化方向。

经济管理学院下设会计系、财务与投资系、企业管理系、营销管理系、经济与贸易系5个系；拥有实验实习中心，包括会计、财务与投资、企业管理、营销管理、经济与贸易、知识管理、实验经济学7个实验室；现有教授12人、副教授37人，具有博士学位的教师占23%，具有硕士学位的教师占70%。在教师中，有博士生导师、跨世纪学科带头人、政府津贴获得者，有北京市教委人才强校计划学术创新拔尖人才、北京市教委人才强校计划学术创新团队带头人、北京市哲学社会科学研究基地首席专家、北京市重点学科带头人、北京市科技创新标兵、北京市青年科技新星、证券投资专家，有北京市政府顾问、国家注册审核员、国家注册会计师、大型企业独立董事，还有一级学术组织常务理事，他们分别在计量经济、实验经济学、知识管理、科技管理、证券投资、项目管理、质量管理和财务会计教学与研究领域颇有建树，享有较高的知名度。

经济管理学院成立了知识管理研究所、实验经济学研究中心、顾客满意度测评研究中心、科技政策与管理研究中心、食品工程项目管理研究中心、经济发展研究中心、国际贸易研究中心、信息与职业工程研究所、金融研究所、知识工程研究所、企业战略管理研究所。

近三年来，在提高教学质量的同时，在科学研究方面也取得了丰硕的成果。完成了国家"十五"科技攻关项目、国家科技支撑计划项目、国家软科学项目等 8 项国家级项目和 12 项省部级项目；荣获 5 项省部级奖；获得软件著作权 24 项；出版专著 16 部；出版译著 2 本；出版教材 10 本；发表论文 160 余篇。这些成果直接或间接地为政府部门以及企业服务，特别地服务于北京社会发展与经济建设，为重点建设学科"管理科学与工程"的建设与发展打下了比较坚实的基础，促进了企业管理学科建设，形成了基于知识管理平台的科技管理特色，也形成了稳定的研究团队和知识管理、科技管理、知识工程与项目管理三个学术研究方向。

在北京市教育委员会科学技术与研究生建设项目、北京市重点建设学科管理科学与工程建设项目资助下，把我们的建设成果结集出版，形成了这套"管理科学与工程"丛书。

"管理科学与工程"学科发展日新月异，我们取得的成果不过是冰山一角，也不过是一家之言，难免有不当甚至错误之处，敬请批评指正。这也是我们出版本丛书的一个初衷，抛砖引玉，让我们共同努力，提高我国"管理科学与工程"学科研究的学术水平。

在北京市教委与北京信息科技大学的大力支持与领导下，依靠学术团队，我们有信心为"管理科学与工程"学科建设、科学研究、人才培养与队伍建设、学术交流、平台建设与社会服务作出更大的贡献。

主编　葛新权

2008年4月于北京育新花园

摘　　要

　　继农业经济、工业经济之后，知识经济已经逐步成为社会经济的主导形态，知识管理也正在成为经济管理、企业管理的根基和重要内容，经济形态和管理模式的改变对企业市场营销理念和策略产生了深刻的影响。首先，本书从探究知识经济与工业经济、体验经济的本质区别入手，以知识经济与知识管理对企业市场营销的影响分析为切入点，在全面分析知识经济形态下企业营销环境变化的基础上，系统阐述在知识经济形态下市场营销创新观念和方式，并以4Ps组合框架为基础，选择受营销环境变化影响较大而改变较多的策略要素，重点论述企业产品策略的创新、品牌策略的创新、分销渠道策略的创新以及促销策略的创新。其次，基于知识经济服务化特征趋强的特点和产品知识化的趋势，本书探讨了企业服务营销策略的创新方式以及知识型产品营销策略的创新。最后，基于知识经济形态下产品形态的多元化，对提供具有服务产品形态特征的虚拟企业和孵化器企业的营销策略创新进行了研究。

Abstract

After the agricultural economy and the industrial economy, the knowledge economy has gradually become the dominant form of social economy. The knowledge management is also becoming foundation and important content of the economic management and the enterprise management. The changing of the economy form and the management mode have had a profound impact on the enterprise's marketing concept and strategy. Firstly, this book starts with the essential difference in the study on knowledge economy, industrial economy and experience economy, takes knowledge economy and knowledge management to the analysis of enterprise marketing influence as the breakthrough point. Based on the comprehensive analysis of the changes of enterprise's marketing environment under the knowledge economy form, this book systematically elaborated innovative ideas and methods of marketing. And based on 4Ps composite frame, this book chooses the strategy elements which has a larger influence and changing on the marketing environment. The product strategy innovation, the brand strategy innovation, the retail strategy innovation as well as the promotion strategy innovation is the keystone of this book. Secondly, based on the service characteristics of knowledge economy and the trend of product knowledge, the innovation mode of enterprise's service marketing strategy and the marketing strategy innovation of knowledge product are discussed in this book. Finally, based on the diversification of product form under the knowledge economy form, this book probes into a marketing stragegy innovation of virtual enterprise and enterprise incubator which provide a service product featrues.

目 录

前 言 / 1

第一章 知识经济、知识管理与市场营销 / 1
  第一节 知识经济及知识经济形态的特征 / 1
  第二节 知识经济与体验经济 / 7
  第三节 知识经济对企业市场营销的影响 / 15
  第四节 知识管理及其对企业市场营销的影响 / 30

第二章 企业营销环境的变化 / 39
  第一节 企业宏观营销环境的变化 / 39
  第二节 企业微观营销环境的变化 / 46
  第三节 消费趋势——消费升级 / 53

第三章 营销方式创新 / 59
  第一节 知识营销 / 60
  第二节 绿色营销 / 64
  第三节 网络营销 / 71
  第四节 体验营销 / 85

第五节 内部营销 / 91
第六节 关系营销 / 97
第七节 其他营销方式 / 100

第四章 产品策略创新 / 104
第一节 产品概念创新 / 104
第二节 产品营销环节创新 / 115
第三节 产品价值创新 / 124

第五章 品牌策略创新 / 136
第一节 品牌已经成为企业、区域乃至国家层面的竞争对象 / 136
第二节 品牌创新策略 / 165

第六章 分销渠道策略创新 / 192
第一节 信息技术对分销渠道的影响 / 193
第二节 分销渠道策略创新 / 202

第七章 促销策略创新 / 210
第一节 广告促销策略创新 / 210
第二节 公共关系创新 / 222

第八章 服务营销策略创新 / 233
第一节 知识经济呼唤服务营销 / 233
第二节 服务营销策略创新 / 237

第九章　知识型产品营销策略创新 / 254
　　第一节　知识型产品 / 254
　　第二节　知识型产品营销策略创新 / 259

第十章　新的产品形态营销策略 / 267
　　第一节　虚拟企业的市场营销策略 / 267
　　第二节　企业孵化器市场营销策略 / 280

参考文献 / 307

Contents

Preface / 1

Chapter 1 Knowledge Economy, Knowledge Management and Marketing / 1
   Section 1 Knowledge Economy and Characteristics of Knowledge Economy Form / 1
   Section 2 Knowledge Economy and Experience Economy / 7
   Section 3 Influence of Knowledge Economy on Enterprise Marketing / 15
   Section 4 Knowledge Management and Its Influence on Enterprise's Marketing / 30

Chapter 2 Changes of Enterprise's Marketing Environment / 39
   Section 1 Changes of Enterprise's Macro-marketing Environment / 39
   Section 2 Changes of Enterprise's Micro-marketing Environment / 46

Section 3　Consumer Trends——Consumer Upgrade / 53

Chapter 3　Innovation of Marketing Model / 59
　　Section 1　Knowledge Marketing / 60
　　Section 2　Green Marketing / 64
　　Section 3　Network Marketing / 71
　　Section 4　Experience Marketing / 85
　　Section 5　Internal Marketing / 91
　　Section 6　Relationship Marketing / 97
　　Section 7　The Other Marketing Methods / 100

Chapter 4　Product Strategy Innovation / 104
　　Section 1　Product Concept Innovation / 104
　　Section 2　Product Marketing Link Innovation / 115
　　Section 3　Product Value Innovation / 124

Chapter 5　Brand Strategy Innovation / 136
　　Section 1　Brands have Become the Competitor of Enterprise, Regional and even National Level / 136
　　Section 2　Brand Innovation Strategy / 165

Chapter 6　Distribution Channel Strategy Innovation / 192
　　Section 1　Influence of Information Technology on the Distribution Channel / 193
　　Section 2　Distribution Channel Strategy Innovation / 202

Chapter 7　Promotion Strategy Innovation ／ 210

　Section 1　Advertisement Promotion Strategy Innovation ／ 210

　Section 2　Public Relations Innovation ／ 222

Chapter 8　Service Marketing Strategy Innovation ／ 233

　Section 1　Knowledge Economy Calling Service Marketing ／ 233

　Section 2　Service Marketing Strategy Innovation ／ 237

Chapter 9　Marketing Strategy Innovation of Knowledge Product ／ 254

　Section 1　Knowledge Product ／ 254

　Section 2　Marketing Strategy Innovation of Knowledge Product ／ 259

Chapter 10　Marketing Strategy of New Product Form ／ 267

　Section 1　Marketing Strategy of Virtual Enterprise ／ 267

　Section 2　Marketing Strategy of Enterprise Incubator ／ 280

Reference ／ 307

前　言

当今世界最具影响力的社会思想家阿尔文·托夫勒（Alvin Toffler）提出人类文明经历的两次浪潮，第一次浪潮是"农业革命"，第二次浪潮是"工业革命"，现在正在向第三次浪潮迈进。以知识为基础和重要发展资源的新经济形态的出现，就是人类文明第三次浪潮出现的标志。以知识和信息为基础的知识经济是一种全新的经济形态，它将强烈地冲击人们现有的社会观念和生活方式，对现有的生产方式、思维方式及行为方式产生巨大而深远的影响，在很大程度上改变企业生存和发展的市场环境，对企业的市场营销活动产生深刻的影响。

知识经济对企业市场营销的影响主要体现在：①知识经济将改造或创新传统的企业营销观念。在新技术革命浪潮的涤荡下，传统的营销观念将会被以知识创新为导向的新型营销观念所替代，知识资源、自然资源保护、消费者权益、社会福利、社会与环境和谐发展等企业重要的发展因素和制约因素，将被列入企业在制定发展战略及营销战略时应重点统筹考虑的内容。②知识经济将促使企业真正以"消费者为中心"开展营销。与工业经济时代的标准化制造相比，知识经济将更加关注消费者的个性需求,将消费者的偏好、情感、文化观念等非物质因素渗透到设计与制造过程,使物质产品承载着更多的非物质因素的独特功能,使消费者的个性需求层次得到较高程度的满足。③知识经济将促使企业主动开发市场创造需求。在知识经济时代背景下,企业营销的主动性增强,企业营销的任务由发现市场转变为开发市场,由满足需求转变为创造需求。④知识经济将改变企业产品的内涵与外延[①]。知识经济所带来的一个主要的影响在于企业产品的外延与内涵发生巨大的变化。从产品的内涵看,由于知识成为知识经济的核心要素,衡量产品的标准转变为科技与知识的含量,知识型产品将成为市场新宠;从产品的外延看,产品的范畴进一步扩大,知识、服务、信息及技术都成为商品,新形态产品将层出不穷。⑤知识经济促使企业加大品牌商标的建立。在知识经济时代,知识产权已经成为人类社会知识创业和创意物化的最佳工具。企业在新的规则下,会更加注重商标价值,并对企业产品品牌和企业自身品牌的建设投以更多的资源。⑥知识经济将促使企业加大服务营销的力度。知识经济的本质特征就是服务经济,经济活动中的服务活动(如研发咨询、教育培训、资金融通等)比例增加以及服务内容的丰富,必然要求企业运用服务营销的理念和策略来满足市场需求,服务营销将成为企业营销不可或缺的内容。总之,知识经济给企业运营带来诸多影响,将最终促使企业营销策略的改变和创新。

随着经济形态的更替,工业经济转型为知识经济,知识

---

① 林增标:《知识经济与企业营销》,《经济师》2004年第7期,第175页。

管理应运而生。知识管理围绕知识的积累、共享、转换以及创新，实施对企业创造价值的过程管理，知识管理对企业市场营销产生的影响也将越来越广泛和深刻。知识管理以网络平台和信息技术为基础，这些现代化的工具与技术的应用可以帮助企业及时获取市场变化和消费者需求的信息，有利于企业及时准确地把握市场变化和客户需求。知识管理可以帮助企业及时搜集和挖掘消费者、合作伙伴以及竞争对手的各种资料和信息，有利于企业作出科学合理的营销决策，帮助企业获得市场竞争优势并保持竞争地位。

可见，知识经济的到来改变了企业的营销环境，对企业市场营销创新提出了更高的要求，而知识管理的运用改变了企业的营销管理基础，为企业市场营销创新提供了条件，使营销创新得以实行。

本书除前言外，分为十章。

第一章，知识经济、知识管理与市场营销。这一章首先阐述知识经济产生的背景，归纳了知识经济形态的本质特征；其次，对知识经济与体验经济两种经济形态进行了对比分析，阐明二者的区别与联系，并全面分析了知识经济给企业市场营销带来的影响；最后，介绍了知识管理的内涵及特征，论述了知识管理对企业市场营销的影响。

第二章，企业营销环境的变化。这一章主要论述知识经济背景下企业宏观、微观营销环境的变化，首先从自然环境因素、技术环境因素、经济环境因素、社会文化环境因素等角度分析企业宏观环境的改变；其次从企业内部、竞争环境、消费者购买方式、供应商关系、渠道商关系及公众关系等角度阐释企业微观环境的改变；最后以对企业营销影响最为直接的消费者要素，分析引发消费升级的因素，并提出企业应对消费升级的策略。

第三章，营销方式创新。主要介绍在知识经济新形态下企业应运而生的新的营销方式，分别从含义、特征、产生、策略等角度论述知识营销、绿色营销、网络营销、体验营销、内部营销、关系营销及其他营销方式所呈现的新格局。

第四章，产品策略创新。首先论述产品概念创新及产品概念创新模式；其次探讨产品组合的创新及产品销售模式创新；最后论述在体验经济时代企业如何引导消费者对产品价值进行创新。

第五章，品牌策略创新。第一部分主要从品牌竞争是市场竞争的核心、品牌在消费升级中的作用、品牌的赶超等角度，论述品牌已经成为企业、区域乃至国家层面的竞争对象；第二部分主要探讨知识经济条件下品牌创新的机会与挑战，并重点论述品牌创新策略。

第六章，分销渠道策略创新。这一章首先从信息技术对渠道终端的影响、对制造商的影响以及对渠道关系的影响等方面，论述了信息技术对分销渠道的综合影响；其次探讨了营销渠道长度创新、营销渠道宽度创新及营销渠道广度创新的策略。

第七章，促销策略创新。首先分析了消费广告环境的变化，论述了企业实施广告内容和手段的创新，以及广告营销策略的创新；其次分析了知识经济条件下公共关系的新特点；最后阐述博客公关和网络危机两种公关创新形式。

第八章，服务营销策略创新。阐述了知识经济对服务营销的需要和我国服务创新的现状及面临的挑战；重点探讨服务包装化、服务品牌化、服务承诺化、服务技能化、服务知识化及服务个性化营销策略。

第九章，知识型产品营销策略创新。首先分析了知识型产品的分类及特征，作为后续展开论述的基础；其次探讨了知识型产品的定价策略、知识型产品的流通方式和知识型产品的营销方式。

第十章，新的产品形态营销策略。主要选择提供具有服务产品特征形态的虚拟企业和企业孵化器两类企业，首先分析了虚拟企业的市场性质及其产品特征，并从功能交换市场的视角论述其市场营销策略；在对企业孵化器进行了组织特征和功能分析的基础上，从4Ps的框架下探讨了企业孵化器的市场营销策略。

在相关课题调研和本书撰写过程中，得到了许多学者的无私帮助和支持。感谢北京市知识管理研究基地首席专家葛新权教授，葛教授对本书的选题、篇章结构及内容逻辑等均给予了深入的指导；感谢北京信息科技大学研究生尹燕玲和李雪同学，她们收集了丰富的文献资料并写作了部分内容的初稿。本书的完成离不开前人的研究基础和同行富有创新的文献支持，在此谨向他们表示真诚的谢意。同时，我们深知，限于时间和能力，书中难免存在一些不足，期待着同行的宝贵意见和建议。

周秀玲　王信东
2011年12月

第一章
知识经济、知识管理与市场营销

第一节 知识经济及知识经济形态的特征

"知识经济"提法的出现是与不断进步的人类文明相联系的,在此之前与之相对应的有"农业经济"、"工业经济"以及"后工业经济"等概念。当今世界最具影响力的社会思想家和未来学家阿尔文·托夫勒(Alvin Toffler)提出人类文明经历的两次浪潮,第一次浪潮是"农业革命",第二次浪潮是"工业革命",现在正在向第三次浪潮迈进。以知识为基础的经济的出现,就是人类文明第三次浪潮出现的标志。

一 知识经济的含义

不同学者从不同的角度对知识经济的内涵进行界定,对于知识经济的权威表述,应属联合国经济合作与发展组织(OECD)1996年度在《以知识为基础的经济》特别报告中提出来的,"所谓知识经济,是指建立在知识与信息的生产、分配和使用之上的经济。它与传统的农业经济、工业经济相对应,是指当今世界上一种新型的且极富生命力的经济形态。简单地说,知识经济就是依靠知识进行创造性的思维和科研从而创造财富的经济。"

二 知识经济的特征

知识经济是世界进入一个信息传递高速化、商业竞争全球化、科技发展高新化时代的一种崭新的经济。作为一种经济形态，知识经济与工业经济相比，呈现多方面的特征。

(一) 知识经济是以知识为基础的智力经济

知识成为经济投入诸要素中的决定因素。在知识经济时代，传统的比较优势理论不可能再起主导作用，知识和技能将取代自然资源而成为第一位的竞争要素。经济的发展和财富的增长，依靠不断改进的知识和技术来取得，而不是依靠大量占用有形资源。工业经济是以资本为基础的物质经济，所用的生产要素主要是资本、土地与劳动等有形资源，这些源于自然禀赋的有形资源是有限的，经济的发展和财富的增长必然受到自然禀赋的限制而不可持续。知识经济时代，其主要的生产要素是知识，知识资源相对于传统资源来说是取之不尽用之不竭的，可以维持经济的可持续发展。这就决定了工业经济时代的经济原则会被新的经济原则所取代。

(二) 知识经济是要素报酬递增经济

作为生产要素的知识，具有三种有形要素不具备的特征，即可重复性、共享性和可组合性。①知识的可重复性，是指其作为生产要素投入时，主要消耗的是研究与开发费用，投入使用后可反复使用而不用再追加额外资源投入，在重复使用的过程中，知识还能被共享和改进，将获得更多的投入报酬，表现为报酬具有递增性。②知识的共享性，表现在一种知识是可以被许多人使用的，无论增加或转让给多少人用，原来拥有的人都不会因此失去这种知识。越是先进的知识或技术，越是被更多的人使用，其产生的价值就越大。

③知识的可组合性，是指任何一种知识，与其他知识叠加使用后，就使得原来是单一的知识的效用扩大，或能够完成更多的功能，起更大的作用。在工业经济时代，经济增长取决于资本、劳动力和土地投入的数量，并且，投入的各种生产要素是相互依赖、按规模成比例增加的，任何一种生产要素的单独增加都会使边际收益递减。知识所具备的上述三个特征使得知识经济不存在边际效用递减，而且知识的运用可以节约或替代部分稀缺的生产要素。因此，在提高智力资源效率方面投资越多，获得的边际效益将越多。

（三）知识经济是可持续发展的经济

知识经济以知识为基础，知识的生产、传播及有效应用将是经济增长的直接驱动力。随着人类对世界客观规律的认识不断深化，知识的获得将更加丰富，知识的传播及有效应用将使人们能够更加科学、高效地利用现有资源，开发尚未利用的潜在资源，取代几近耗竭的稀缺资源，进而促进人与自然、人与社会的和谐发展。因此，知识经济是促进人与自然相互协调、可持续发展的经济，知识经济可以促进工业文明向生态文明的飞跃。

（四）知识经济是全球性经济

在知识经济时代，知识可以通过先进的信息技术和网络在全世界各地广泛传播，从而使经济活动突破国与国的界限而成为全球化的活动；企业的市场经营活动同样可以延伸到地球的任何角落，向任何能够使用计算机网络的消费者提供其产品和服务，距离所造成的空间障碍已不复存在。因此，在知识经济中，企业之间的竞争也必然出现全球化的特征。作为知识经济支柱产业的高技术产业的发展领域十分广阔，任何国家都不可能在层出不穷的高新技术中全面领先，任何一个国家都可以充分利用自己的智力资源，在世界大市场中占一席之地，参与到世界经济一体化、经济全球化的趋势中。

（五）知识经济是"人本"经济

农业经济时代最重要的资源是土地，工业经济时代最重要的资源是资本，知识经济时代经济的发展直接依赖于知识的积累和利用，知识是改造经济、改变社会的强大力量，拥有知识成为创造和获取财富的根本。人才是知识的载体，知识的产生、积累、传播以及变成财富，无一不需要人才来完成。具有智能的人本身成为人力资本，人才或人力资本是知识经济的第一资源。

（六）知识经济是电子技术和信息革命推动的经济

从农业经济转向工业经济的推动力量是蒸汽机技术和电气技术，蒸汽机技术革命导致工厂化的生产方式代替了手工业生产方式。电气技术革命导致公司化生产方式的出现，促进了规模经济的发展。知识经济的推动力量是电子技术和信息革命，特别是20世纪90年代以来的数字化信息革命。新一代经济的核心是高速、互动、传递信息、共享知识的互联网络，它成了知识经济的基础设施，为新经济发展奠定了基础。

（七）知识经济是"柔性"经济

工业经济执行的是标准化的"刚性生产"，产品生产是标准化、专业化和社会化。一条生产线可以高效率、大批量地生产出单一产品来。随着知识经济的到来，由于计算机辅助制造的发展，按照事先编好的程序，可以随时更改生产标准，在一条生产线上，可以生产出强调知识含量、体现不同品味和需求的多种规格的产品来，生产方式趋于柔性化，使得产品富于创意，能体现文化意蕴、环境意识、感情寄寓，适应复杂多变的、个性化的需要。

(八) 知识经济是分散经济

工业经济以工厂为中心把众多工人集中起来，形成规模生产，实行的是自上而下命令式、强迫性的管理方法；知识经济时代，信息技术革命使信息传输更为流畅，大工厂的流水批量生产将解体，取而代之的是分散化生产，意味着每个人将成为自己工作的指挥者和主人，在完成组织规定的总体目标时，需要每个人采用创造性的方法才能完成。

(九) 知识经济是服务经济

工业经济时代的支柱产业是第二产业，是工厂"制造出来"的产业，主要指产品的制造；知识经济时代第三产业成为经济、社会的主要产业，第三产业是指"提供服务"的产业。知识经济时代制造业和服务业逐步一体化，而且服务产业将占越来越重要的地位，特别是提供知识和信息服务的知识产业将成为社会的主流。知识的生产、传播和应用在经济中发挥着举足轻重的作用。知识密集型的软产品所占比重越来越大，很多产品软的成分所占比重越来越大，将成为经济增长的主渠道。

(十) 知识经济是整合集约经济

在知识经济中，一方面，由于需求的多样化，必然导致生产规模越来越趋于小型化、分散化，而企业经营的信息化和网络化使企业经营分散化、家庭化和小型化成为可能。随着科学技术的进步，生产的专业化分工越来越细，不仅行业和产品的专业化发展到零部件生产的专业化和工艺的专业化，而且产品零部件生产专业化和工艺专业化的分工已经由企业内部拓展到企业外部。大企业离不开小企业为其提供产品和服务，小而强的企业将有所作为，对资源的整合运用非常专一和集约。另一方面，由于信息技术和网络技术的广泛应用，企业可以通过各种方式进行联合，大规模地整合社会资源，使企业实际运用资源的能力极大地提高。只要有市场，企业规模就可以扩大到与需求相适应的程度，真正实现规模化经营。

（十一）知识经济是学习型经济

重视学习，重视教育，这是知识经济的重要特征。人类的生产、生活和消费方式正在趋于知识化和智力化，无形资产在生产和经济发展中占据了十分重要的地位，生活中的知识和智力成分也日趋增加。人们的价值观念正在转变，崇尚能力本位将成为普遍的价值取向。农业经济崇尚权力本位，工业经济崇尚金钱本位，知识经济崇尚能力本位。教育和学习日趋重要，学习知识、开发智力受到人们的重视，学习将成为个人或组织发展的有效手段。企业自身需要变成一个学习型的组织，以适应新的技术和市场，不断提升管理模式、组织结构和技术能力。

（十二）知识经济是创新型经济

创新是知识经济发展的不竭动力和结果，是企业在竞争中制胜的重要武器和必要条件。创新能力会从根本上改变一国在国际经济分工中的地位。在高新技术产品不断涌现的情况下，把潜在的产品变成现实产品所要求的创新能力起着关键的作用。创新能力是不可计量的。创新不仅是产品创新，观念创新、制度创新、组织创新和管理创新也已成为知识经济时代的一个显著特点。在知识经济过程中，世界科技的发展将更加迅猛，技术革命向产业革命的转换周期将更短，一个缺乏创新能力的企业将无法生存下去，唯有全方位创新才能在市场竞争中取胜。

（十三）知识经济是速度经济

时间如同空间一样，也是一种宝贵的资源。在现代社会，时间就是财富，速度就是效率。由于社会变化加大，生活节奏加快，时间愈来愈显示其独特作用，相对应的，时间变得越来越珍贵。如果哪一个企业重视时间效应，能以最快速度、最少时间、最大限度地满足消费者需求，那么消费者就会愿意付出高价，这个企业就能抢占商机而获得时间效益，企业也会因迅速满足消费者需求而带来超额利润。时间（Time）和适时（Just In Time）具有决定意义，成为关键变量。在速度经济形成的原因中，时间是个机制因素，使速度经济具备条件，成为可能；消费者需求是个引导因素，使企业讲究速度经济；企业战略是个动力因素，使企业追求速度经济；市场竞争是个压力因素，使企业进行速度较量；技术创新是个促进因素，使速度经济成为现实和加快。

第二节　知识经济与体验经济

"农业经济—工业经济—知识经济"和"农业经济—工业经济—服务经济—体验经济"都是人们根据目前世界正在发生的变化和趋势，对人类社会将来的经济形态从不同角度的描述，因此，有必要研究知识经济与体验经济之间的关系。

一　几个相关概念

（一）农业经济、工业经济与知识经济的关系

农业经济的提供物是通过在自然界中发掘、种植或养殖而形成的农副产品，农业经济的附加值低、生产周期长，生产效率和经济效益最低。工业经济通过把各种资源性质的原

材料实行标准化、工厂化、规模化生产，较之农业经济，效率和效益都有很大提高，从而极大地提高了社会对人们物质需求的满足程度。知识经济既要通过知识、科技等要素对农业经济及工业经济形态下的产业进行改造、更新和提升，使这些产业的发展效率更高、对环境更友好、能够持续发展；同时，知识经济自身的产业也将成为高效、环保、可持续发展地创造社会财富的主力。

（二）农业经济、工业经济、服务经济与体验经济

1. 体验经济的含义

体验经济，是指有意识地以商品为载体，以服务为手段，使消费者融入经济活动之中并参与活动，从中感悟和享受活动价值的经济形态。当"一个公司有意识地以服务作为舞台，以商品作为道具来使消费者融入其中"时，体验就出现了。在体验经济中，企业提供的不再仅仅是商品或服务，它提供最终体验，并充满了感情的力量。消费者个人以个性化方式参与消费，使消费者留下了难以忘却的愉悦记忆。消费者消费的也不仅是实物形态的商品，更重要的是一种感觉，一种情绪上、体力上、智力上甚至精神上的体验。

2. 农业经济、工业经济、服务经济和体验经济的关系

从消费者的视角看，人类经济活动又可以分为农业经济、工业经济、服务经济和体验经济四个阶段。在农业经济中，人们的消费欲望是吃饱穿暖；在工业经济中，人们的消费欲望是享受更多的物质财富；在服务经济中，人们的消费欲望是借助丰富的物质财富，享受更多更好的精神财富；体验经济则是人们更希望从消费物品与服务中获得个性化、多样化的体验。以研究娱乐经济著称的沃尔夫就提出，人们的消费正从"有形的消费品转向花钱买感觉"。在服务经济时代,产品是企业提供服务的平台,服务才是企业获得利润的主要来源;而"体验经济"则是服务经济的更高层次,是以创造个性化生活及商业体验获得利润的[①]。

农业经济和工业经济的生产和消费过程是分开的,所以消费者没有必要、也很难参与其生产过程。服务经济中有些服务产品的生产和消费过程是分开的(如大部分的生产性服务业),有些服务产品的生产和消费过程在时间和空间上是高度统一的(如很多生活性服务业),消费者必须参与其中,但这种参与对消费者来说在大多数情况下是被动的。体验经济中消费者自始至终都要参与经济活动的全过程之中,而且这种参与对消费者来说在大多数情况下是主动的,只有这样才能感受到体验。

二 知识经济与体验经济的联系与区别

知识经济与体验经济都是人们根据目前世界正在发生的变化和趋势,对人类社会将来的经济形态从不同角度的描述,因此,有必要研究知识经济与体验经济之间的关系。

(一)知识经济侧重体现的是生产领域的经济形态

知识经济本质上就是依靠知识进行创造性的思维和科研从而创造社会财富的经济形态,因此可以说,将人类的经济形态分为农业经济进化到工业经济,再进化到知识经济,是从生产(供给)的角度对人类经济生活形态所进行的划分及演变路径的描述。知识经济的出现,标志着人类社会那种大规模的工业化生产时代已经接近尾声,人类社会正在步入一个以智力资源为主要依托进行生产活动的知识经济时代。由工业经济转入知识经济,要比二三百年前由农业经济转入工

[①] 邱恒明:《体验经济》,http://finance.qq.com,2006年11月9日。

业经济具有更为重大和深远的意义,知识经济所引发的这场世界经济革命也远比当年的工业革命更伟大,影响更深刻、更广泛。知识经济从生产的角度实现了经济增长方式根本性的转变:生产要素从资源等有形资产向知识等无形资产的转变,经营效益从追求单一企业的"规模效益"向整合社会资源的"整合效益"转变,发展方式从周期性发展向可持续发展转变,使"知识"这一人类智慧的结晶向能够产生社会财富的知识产业转化,并向第一、第二、第三产业注入强大的活力,引发这些产业能够高速地、可持续地发展,使社会的经济形态从"物质经济"向"服务经济"转变。

(二)体验经济侧重体现的是消费领域的经济形态

托夫勒在20世纪70年代曾预言:"来自消费者的压力和希望经济继续上升的人的压力——将推动技术社会朝着未来体验生产的方向发展"。从普遍意义上来说,"体验"是对整个第三次浪潮所改变的规则的一种观察和描述;从独特性上来说,"体验"是从这样一个角度,不是从企业供给,而是从市场需求方面,不是从"企业能在革命中提供什么",而是从"顾客能从革命中获得什么"这样的视角,观察问题得出的结论[①]。因此,将人类的经济形态划分为农业经济、工业经济、服务经济与体验经济四个发展阶段,是从消费(需求)的角度对人类经济生活形态所进行的划分及演变路径的描述。

1. 经济形态分为生产领域和消费领域的可能与必要

人类在农业经济和工业经济时代,总体上说,社会生产力较为低下,人们的生产能力仅仅能满足人们基本的物质层

---

① 李太黑:《从产品经济、服务经济到体验经济——托夫勒访谈》,http://www.douban.com/group/topic/4132650/,2008年9月9日。

面的消费需求。产品以制造品为主,数量上没有什么剩余,品质上没有太多的色彩,人们的消费满足程度主要是基于产品的物质属性,生产的基调与消费的基调大体上是趋同的,产品使用的性能及各种参数大多数都是根据消费者最基本的生理需求或心理需求设计的,因此,生产出来的产品基本上便是消费者所需要的。消费者大体上是生产者生产什么便消费什么,消费者既没必要,又没可能对其进行改变,消费者没有更多的消费选择,这种状况用营销学的概念描述便是"卖方市场"。人类的经济形态此时不可能分为生产领域和消费领域,因此,生产形态与消费形态基本一致。

人类到了知识经济时代,总体上说,社会生产力得到了充分的发展和提高,人们的生产能力不仅能满足人们基本的物质层面的消费需求,更重要的是能够满足人们精神层面的消费需求。产品以服务品为主,数量上有大量的剩余,品质上有太多的色彩,人们的消费满足程度主要是基于产品的精神属性,因此千差万别,丰富多彩,生产的基调与消费的基调在很多情况下便产生了区别,人们消费的产品不仅来自企业产品本身的状态和属性,还取决于消费者的再创造及感悟。产品的极大丰富使人们有了对产品极大的选择空间,可以充分彰显消费者的喜好、个性和意愿。科学技术的进步使消费者很容易改变产品的使用性能参数及使用方式,使其更为消费者所喜欢。只有在此时,一切生产的最终目的都是为了消费,消费者成为"上帝"才能真正实现,这种状况用营销学的概念描述便是"买方市场"。此时,生产的经济形态便与消费的经济形态有了区别,这是社会进步的必然表现,人类社会只有将经济形态分为生产领域和消费领域,人们才能更精准地分析和判断其生产与目的衔接得合理与否以及效率的高低，以期能够不断地改善生产，以便更好地满足消费。知识经济便是生产经济形态的具体描述，相对应的，体验经济（可以视为服务经济的延伸）便是消费经济形态的具体描述。

2. 体验经济反映的是消费者的消费状况

在体验经济下，消费者不仅限于购买产品或服务后所获得的美好体验，而是更加侧重于在消费过程中甚至企业生产过程中所获取的"美好体验"。当消费过程结束后，消费者记忆将长久保存对过程的"体验"。在充分满足人的物质需求的基础上，更加注重满足人的精神需求，增加消费者美妙的感受和体验，减少或剔除消费者痛苦的感受或体验，帮助人们在各个方面实现对成就感的追求，使满足人的精神需求成为社会发展的重要目的。而消费者所有的"感悟"和"体验"，只有在消费者消费了有形产品或服务产品之后才能体现。所以说，体验经济反映的是人类社会在知识经济的背景下所形成的经济消费形态。从社会进步的角度看，所有社会的生产，其最终目的都是为了消费，体验经济正是反映了社会经济发展最终目的的形态与属性。从这个意义上讲，用农业经济—工业经济—知识经济的发展路径来描述人类社会经济的生产形态，结合用农业经济—工业经济—服务经济—体验经济的发展路径来描述人类社会经济的消费形态，比起任何一种单一的描述都更合理、更全面，更具现实意义。

3. 生活性服务和生产性服务都能形成消费者的体验价值

体验经济需要用产品或服务才能使消费者形成体验，在体验经济中，有形的产品也可视为服务的工具，服务简单地说便是企业能够为消费者所做的事情。消费者有哪些事情是需要并可以让企业帮忙来做呢？①从服务产品的最终消费层面（生活性服务）来看，可以分为两类：第一类是必须由本人亲自做的事，这些事情的使用价值能够直接满足人们的生理和心理需求，如吃饭、看电影等。但这类事情又可分为基本活动与辅助活动两种情况，如吃饭的基本活动便是食物以某种方式进入口中、人的吸收消化过程；而做饭甚至包括喂食等属于辅助活动，这些辅助活动便可以请企业（他人）帮助来完成。第二类是事情本身既可以自己做，又可以由企业帮助来做。这又可以分两种情况：一是做这些事情本身就能够对人们的心理及生理产生直接作用，形成自身的某种形式的感受（体验）；二是人们在生活中需要大量做的各种事务，做这些事情本身不会对人们的心理及生理直接产生作用，但可以形成自身某种形式的身心感受。这些感受有可能是美好的、人们愿意并希望接受的，这些事情消费者自己愿意做，但有时条件不方便或不允许，便希望企业来做；这些感受还有可能是不美好的、人们不愿意也不希望接受的，这些事情消费者便都希望企业来做，以减少消费者的痛苦（等于增加消费者体验价值）。②从服务产品的中间消费层面（生产性服务）来看，这些服务业所提供的服务产品都是为了企事业单位的运营效率更高，质量更好，企事业单位获得更好的灵活性，是在专业化分工协作的原则下所形成的服务工作。所有这些事情由于解决的不是个人的需要，都可以（也应该，或者说必须）由企业帮助来做，所做之事也不会形成所谓的个人的"体验"，但可以换来事业的成功，对于少数当事人来说，可以赢得更高层面的成就感（如各种企业孵化器的重要作用就在于此），当然，可以视为这些消费者的"体验或感悟"价值。

4. 体验经济真正实现"以人为本"

服务经济是对人们的生产和生活活动提供的服务的经济形态，既可以形成人们生产活动各环节的纽带，又能够为人们最终生活高品质、高效率提供专业化、个性化的支持和帮助，能够极大地满足人们精神层面的需求。在服务经济中，所有能够帮助、引发人们（消费者）实现或形成切身的"体验或感受"的，这种经济活动便是体验经济。这种每个人的"体验或感受"只能是各个人亲自去感觉，别人不可替代，对某一个消费者来讲是唯一的，有时是不可再生的。因此，体验经济是个性化的、有区别的服务，其终极的本质便是社会真正实现"以人为本"。

5. 体验经济反映的是消费者创造产品价值的情况

在体验经济下，消费者不仅限于购买产品或服务后所获得的美好体验，而且能在体验中创造更多的产品价值。企业生产的产品是一个整体产品的概念，包括产品的五个层次：核心产品、基础产品、期望产品、附加产品和潜在产品。传统观点认为，生产者（企业）创造产品价值，消费者（顾客）消费产品价值。这个"价值"指的是产品整体概念中的核心产品，核心产品是指企业向消费者提供的产品的基本效用或利益。核心产品也就是消费者真正要购买的利益，即产品的使用价值，或者说是产品对消费者最基础的有用性。

核心产品所具有的产品的使用价值，其本质反映的是对消费者需求的满足及满足程度，但这种需求本身是由消费者自身的生理、心理、社会等多方面的需要而产生的，并由消费者所界定、判断、感知、调整、创新并升华。这个需求不是企业所创造的，正是从这个意义上说，产品的使用价值应该是消费者孕育、创造并提出的。但是产品的使用价值是由产品为载体体现的，由消费者消费（使用）产品，通过感知、体验等消费过程，使蕴藏在产品中的使用价值发挥效用，体现出来，并通过消费者的创造，使产品的使用价值不断被丰富、被创新、被升华，形成产品对消费者的核心价值。这种产品的核心价值应该是消费者创造的。

由此，产品的核心价值应该包括基本价值、扩展价值和个性价值三个层面。①产品核心价值中的基本价值：相当于传统观点所认为的核心产品，由消费者孕育、创造并提出，由生产者的核心产品作为载体所体现，在消费者的消费过程中实现。②产品核心价值中的扩展价值：在生产者核心产品的基础上，由消费者群体甚至由全社会共同创造、共同认可并享受。所以，扩展价值有时会表现为社会价值。③产品核心价值中的个性价值：在产品的扩展价值基础上，由消费者个体根据自己个性化的偏好而创造并享受。

第三节 知识经济对企业市场营销的影响

以知识和信息为基础的知识经济是一种全新的经济形态，它将强烈地冲击人们现有的社会观念和生活方式，对人们的生产方式、思维方式、生活方式及行为方式产生巨大而深刻的影响，改变企业生存和发展的市场环境，对企业的市场营销活动产生深刻的影响。

一 知识经济对企业市场营销的影响

（一）知识经济将塑造新型的企业营销观念

知识经济时代下企业营销环境将发生极大调整，人们的消费理念和消费方式会发生重大的变化，市场竞争由传统的市场竞争转向科技实力的竞争，由区域的竞争转向全球的竞争。知识经济时代的这一系列的变化，必将引起企业的营销理念发生质的飞跃，传统的生产观念、产品观念、推销观念将会被以知识创新为竞争导向的新型社会营销观念所替代。即在新技术革命浪潮的涤荡下，企业将更加积极优化配置企业知识资源，提高知识资源的利用效率，加快知识创新，以创造市场需求，获得消费者更高程度的满意。同时，加强了对消费者权益、社会福利及自然环境保护的重视，做到了消费者的眼前利益与长远利益的统一，协调了消费者、企业、社会与环境等的和谐发展。在知识经济的影响下，企业的营销观念将发生深刻的变化，这些新的营销观念也将改变企业的营销方式和市场行为。

（二）"消费者为中心"真正变为现实

从人与社会、人与生产的对应关系上看，以"消费者为中心"不仅应是企业现阶段的经营理念，而且是以人为本社会发展终极目标的具体体现。所谓以人为本，这是一种对人在社会历史发展中的主体作用与地位的肯定，强调人在社会历史发展中的主体作用与目的地位。它是一种价值取向，强调尊重人、解放人、依靠人和为了人；它是一种思维方式，就是在分析和解决一切问题时，既要坚持历史的尺度，也要坚持人的尺度。人是一切活动的最终目的。因此，以人为本就是要把人作为社会历史发展的目的，使社会发展成果惠及全体人民。以人为本是相对以物为本而言的，是对只追求经济增长这种见物不见人的发展方式的修正和超越。在物质财富极其匮乏的年代，注重物质财富的积累、以物为本是必然的、合理的。然而，当人们的生存问题基本解决而人的发展问题凸显出来之后，如果"只见物不见人"，不去解决人的发展问题，社会的发展必然会偏离方向，并且会付出沉重的社会代价。这就需要从以物为本的发展逐步走向以人为本的发展，为人们的聪明才智和创新能力的充分发挥提供物质基础。正如以人为本与以物为本的关系一样，如果说以"生产者为中心"是以物为本社会发展时期在企业经营理念层面的反映，那么以"消费者为中心"则是以人为本社会发展时期在企业经营理念层面的反映。以"消费者为中心"和以"生产者为中心"也要经历相同的转换关系。以"消费者为中心"就是要求企业不仅要满足消费者"最基本"的需求，而且要全方位、高水平地满足消费者"较高层次"的需求。同时，人性的所谓"最基本"、"较高层次"的需求，必然会随经济和社会发展水平的提高，在内容、绝对的水准等方面发生深刻的变化。如马斯洛曾将人的需要划分为五个层次：生理需要、安全需要、归属和爱的需要、尊重需要、自我实现需要。对于什么是人性的生理需要，不同的时代会有不同的答案；至于什么是"自我实现"需要，若将其定义为一个人想要实现其全部潜力，趋向完善、完美、独特、轻松愉快、自我满足和真善美的需要，这是人性高级的、更多属于精神层面的需要，则不同社会赋予其确切内涵的差异肯定会更大。所以，不同的社会发展阶段，对以人为本，满足人性的需求也会有不同的要求和不同的实现途径。可以肯定的是，以人为本，充分满足人性中各种有益健康的需要，将是人类社会发展的终极目标。所以，马斯洛坚信人有能力造出一个对整个人类及每个人来说是更好的世界，坚信人有能力实现自己的潜能和价值，达到自我实现这一人类需求的最高境界。从这个意义上讲，实现"以消费者为中心"是社会经济发展到相应水平时对企业的必然要求，是企业体现以人为本社会发展目标具体的经营行动。

在知识经济时代以前的几种不同的社会经济形态中，由于受生产力的约束和限制，生产相对于人性需求而言是"稀缺"的、"单调"的；人性的需求也同样由于受经济发展水平的制约和限制，仅能停留在满足人们最基本、最基层的需要上，那些能够满足人性较高层次的需求远没有被激发出来。此时，生产者便会在市场的供需关系中占据主动的优势地位。在工业经济时代后期，社会生产力就一般消费品而言，已经具备了充分满足需求的能力，但又由于信息沟通手段的落后，生产者不能及时、准确、经济地获得需求者的有关信息，只能按照主观性占较大比重、时间动态性较差、误差较大的各种调查分析（当然，作这种调查要比不作调查好得多）来安排生产，这种生产的安排不可避免地产生了与消费者真正的、动态的、充分展示个性的需求之间的较大误差。同时，消费者也因信息沟通方面的原因，只能被迫在局限的生产者事先提供的产品中进行择优消费。这样，在工业经济时代，生产者和消费者的普遍关系只能是"生产者为中心"，即生产者率先生产，消费者随后消费。这种生产消费模式降低了消费者的满意程度，不仅有悖于人性，同时产生了相对于人的需求满足的缺陷和损失。对生产者而言，从根本上讲也有很多不利之处，若产销不对路，巨额的市场调研和广告费用以及滞销产品的损失等社会资源的浪费也是很大的。

当生产者可以很方便地预知消费者的需求，并且能通过某种组织的形式将其经济地生产出来时，"消费者中心"便实现了，即消费者先提需求，生产过程后进行制造。生产消费模式向"消费者中心"转变,是人性需求的内在要求,它具有市场供需对应关系的稳定性。由于消费者真正主导着生产,会使每一生产活动一开始就目的明确,供需关系高度吻合,市场风险大为降低,这无疑是一种理想的模式。"消费者为中心"在这样的模式下可真正实现,消费者可按照自己的个性特点和偏好设计、采购和消费商品,将消费者的偏好、情感、文化观念等非物质因素渗透到生产过程,使物质产品承载着更多的非物质因素的独特功能,从而极大地丰富物质世界,使人的个性需求层次得到较高程度的满足。

(三) 知识经济将促使企业主动开发市场、创造需求

在工业经济时代,企业营销的主要任务是发现潜在市场需求,进而开发产品来满足当前的现实需求和未来的潜在需求。而在知识经济时代背景下,企业营销的主要任务由发现市场转变为开发市场,由满足需求转变为创造需求。在此基础上,就需要企业积极地进行市场创新,市场创新主要有以下两个基本途径。

1. 开发型市场创新

开发型市场创新是指企业用已有产品去开发新市场,具体来说,有以下几种途径。一是扩大市场区域,即可从地区性销售扩大到全国销售,也可以从国内销售扩大到国际市场销售。二是开发产品的新用途,寻求新的细分市场。三是重新为产品定位,寻求新的买主。采用开发型市场创新,要求企业不断了解新市场、用户的要求和特点,预测该市场的需求量。同时,要了解新市场竞争对手的状况,估计自己的竞争实力。

2. 渗透型市场创新

渗透型市场创新是指企业利用自己在原有市场上的优势,在不改变现有产品的条件下,通过挖掘市场潜力,强化

销售，扩大现有产品在原有市场上的销售量，提高市场占有率，增加消费者对产品的信心。

不论是哪一种途径，企业都要积极地挖掘市场，主动地去开发市场潜力，变被动满足需求为主动创造需求。

（四）知识经济将改变企业产品的内涵[①]

产品是企业用于满足市场需求的载体，也是企业参与市场竞争的主要依托，是企业与消费者联系的桥梁。知识经济所带来的一个主要的影响是：企业产品的外延与内涵发生巨大的变化，以及由此而带来的企业营销理念、营销手段、营销策略的变化。从产品的内涵看，由于知识成为知识经济的核心要素，这就要求产品中的科技知识含量提高了。相应的，用来衡量产品价值的标准也产生了变化，即由工业经济中的传统的以物质品质为基础的衡量标准，转变为知识经济中的以科技知识含量为基础标准进行衡量。知识经济以信息技术为核心，信息技术得到了空前的发展，日新月异、层出不穷的新技术使产品的设计、开发和使用周期日益缩短，这就要求企业快速开发新产品，并迅速将产品投入市场，以抢占市场先机。从产品的外延看，在工业经济时代主要以制造业为主，产品大多以有形产品为主，农产品、工业品构成产品类别的主要部分。而知识经济时代产品的范畴进一步扩大，不仅包括农产品、工业品等有形的产品，而且知识、服务、信息及技术都成为商品，即与知识相关的无形产品也成为消费者的消费对象。

（五）知识经济将提高企业服务营销的地位

知识经济的本质特征就是服务经济，经济模式也由工业经济时代的以制造业为主的模式向知识经济时代以服务业为

---

① 林增标：《知识经济与企业营销》，《经济师》2004年第7期，第175页。

主的模式转型。经济活动中的服务活动（如保健、教育和休闲、研究开发等）比例增加，服务业将成为国民经济的主要产业。即便是制造业本身，也有服务业融合而产生"产业软化"的趋势，从事服务业的企业数量会增加，企业规模会扩大，这些企业的营销活动主要是服务营销，运用服务营销的理念和策略来满足消费者。另一方面，随着产品中知识含量的提高，原本从事制造业的企业也要相应提高服务营销的比例，人们从购买有形产品发展至购买服务，从购买前搜集高质量的产品，发展至追求经验质量，最后发展到信用质量（寻求信用最好的企业购买服务）。因此，知识经济提高了服务营销的地位，服务营销将成为企业营销不可或缺的内容。

（六）知识经济促使企业对品牌商标的重视

在知识经济时代，知识产权已经成为人类社会知识创业和创意物化的最佳工具。商标权是世界知识产权的重要组成部分，是知识产权也是知识经济的直接尺度，更是全球经济竞争的强大武器。在知识经济中，商标对于企业来说将具有更大的价值。具体体现为：商标是产品品质和企业信誉的可靠保障；商标给企业带来巨大的有形资产和无形财富；是企业内涵投入、外延投资的最佳工具。在市场竞争中，商标是企业及其产品在市场上的标志，是企业在激烈的市场竞争中立足的有力武器。企业在知识经济的新的规则下，会更加注重商标价值，加强对商标的保护，在此带动下，对企业产品和企业自身品牌的建设也会被投以更多的资源，企业对品牌商标的重视将被提到一个全新的高度。

（七）知识经济将促进企业市场营销策略的创新[①]

知识经济给企业带来的不同层面、不同程度的影响，将最终集中体现在企业营销策略的创新上，企业市场营销策略的更新和调整是全面而系统的。首先，产品整体概念内容将有所创新。由于知识创新速度的加快，核心产品层次将突破传统概念，许多新产品大量上市，提供给消费者更满意的消费效用；形式产品层次的创新空间将更加广阔，将具有超越以往任何时代的更新；延伸产品层次将成为知识经济时代下的竞争焦点等。其次，企业的产品渠道结构、中间商的功能作用等较以往有全新调整。主要表现在：随着信息高速公路的兴建、国际互联网的开通、计算机等高科技通信手段的运用，新的零售业态不断涌现，零售机构的规模化、国际化、网络化趋势增强。再次，随着信息技术的广泛应用，企业与消费者之间的信息沟通将更加深入，二者的信息对称性加强，使得企业在制定价格策略时，要更多地考虑消费者的价值理解感受，企业在定价方法的选择上将进行新的调整。最后，在促销方面，随着世界网络数量的迅猛增长，繁多的新颖在线产品及服务吸引了众多消费者参与，为广告业开拓了新的市场空间。众多的新兴媒体将进入企业的广告宣传平台。企业可通过互联网中的广告网，将广告迅速进入消费者的终端，从传媒的传播区域、送达率、影响价值与播放频率上都令电视、广播、杂志、报纸等传统广告媒体相形见绌。在知识经济时代，互联网络将可能超越新闻杂志或电传等传统媒体传播方式，成为企业面向大众媒介或社会各界发布新闻的主要传播工具。

[①] 刘喜梅：《知识经济与市场营销》，《华北电力大学学报》（社会科学版）1999年第2期，第22~25页。

(八) 知识经济将促进企业营销组织创新

面对知识经济，企业的营销策略要进行创新，也相应带动企业营销组织的调整，主要从传统的等级组织转变为柔性的营销组织。柔性的营销组织的主要特征是扁平化、网络化、智能化、虚拟化和全球化。①组织扁平化。传统营销组织是金字塔形组织结构，组织扁平化是针对其弊端提出来的，即决策层贴近执行层，指企业通过网络技术使领导层同员工产生直接联系，使企业同消费者、市场研究机构、营销人员之间构筑一个互动的信息反馈平台。②组织网络化。是使企业领导与广大员工从传统的等级制度关系变成相互联系的网络关系，提高企业内部的沟通效率，从而提高企业经营效益。③组织智能化。主要是指建立学习型的营销组织，强调企业的系统思考和知识的整合力量，要求营销人员不断学习新的营销观念和方法，不断超越自我，不断创造企业的无限生机。④组织虚拟化。即依靠信息技术而建立临时网络，这是一种灵活机动的新型企业的组织形式。企业为了实现其目标，可以突破企业与企业的界限，在广阔范围内把握各生产经营环节，如产品设计、工艺设计、生产制造、经营销售等，是把各生产要素优化组合的一种形式，企业一旦完成任务就自行解散。这种组织形式可以实现优势互补，并节省费用。⑤组织全球化。在知识经济形成的过程中，三次技术革命使得经济全球化以加速度的方式在深度和广度两个方面向前推进。经济全球化要求企业组织形式也要作出相应的调整，跨国公司的出现是组织全球化最明显的标志，而现代意义上的跨国公司的产生、发展和运作与科学技术的进步和知识的积累、传播有着千丝万缕的联系。知识经济所孕育的科技发展，为跨国公司提供了便利的交通和迅捷的通信，这些成为跨国公司得以存续的基础。

综上所述,知识经济对企业营销的影响是多层面、多维度的,既包括深层的营销观念,也包括外化的营销策略,而且这些影响之间是相互的、联动的,使得企业的应对措施更为复杂。

二 知识经济条件下企业营销创新的必然性

知识经济作为一种全新的经济形态,改变了企业生存和发展的市场环境,对企业的市场营销活动产生深刻的影响。面对知识经济带来的变化,企业只有进行营销创新才能够顺应知识经济的要求。营销创新是企业在市场营销过程中将可以利用或获得的一切资源要素进行改造、创造或重组,以最大限度提高企业营销效率和经济效益的活动。面对知识经济条件下日新月异的市场营销环境,借助宝贵的智力资源开展营销创新,是企业实现自身可持续发展的必由之路[①]。

(一) 知识经济条件下消费需求的复杂多变促使企业开展营销创新

在市场经济中,企业作为市场的微观主体,市场是企业赖以生存的土壤,企业与市场有着千丝万缕的联系,企业的所有经济活动都是通过市场来完成的。而市场的整体状况是与消费者的行为息息相关的,消费者的行为直接影响着企业的发展方向和前景。在知识经济时代,消费者心理的变化以及消费行为的改变都会对企业的营销产生直接而重大的影响。

1. 知识经济的兴起促进了消费者需求心理的变化

在工业经济时代,大批量的生产带来大批量的消费,在

---

① 吴金林:《面向知识经济时代的需求变革与营销创新》,《西安邮电学院学报》2002年第4期,第68~69页。

消费数量得到满足之后开始追求消费的质量，消费者的需求心理从追求数量满足型逐渐转变为追求质量满足型；在知识经济时代，消费者需求的关注点已经从物质层面上升到情感层面，从追求质量满足型逐渐转变为追求情感满足型，知识型消费者更多地追求情感满足。企业所提供的产品应该具有满足消费者心理需求的特质，这就使得工业经济时代的以企业为中心的经营理念、技术和方法面临新的挑战，知识经济客观上要求企业树立新的产品开发理念，深入研究消费者的心理需求和情感需求，以此作为新产品设计和开发的依据。

2. 知识经济时代消费观念趋于理性化

首先，知识经济时代，教育日益受到重视，教育的兴起，使得消费者中知识型消费者所占的比例越来越大，这一部分知识型消费者对自身的需求更了解，消费心理更成熟，消费行为更理性化。同时，这些知识型消费者对身边所接触的人的消费理念也会产生一定的影响，使得周边消费者的消费选择也会逐渐趋于理性化。其次，知识经济时代，网络信息技术高度发达，由于消费者获取信息的渠道更多、方法更直接，他们能借助发达的信息网络，全面、迅速地搜集与购买有关的信息，并拟定与评估不同的购买方案，从中选择最佳的购买决策。最后，由于消费者所掌握的知识量、信息量比较大，不再是企业广告狂轰滥炸被动的受众，他们能从更宏观的视角，从社会责任角度审视自己的消费决策，更加关注生态环境和社会可持续发展，从而形成更加健康理性的消费观念。

3. 知识经济时代消费需求趋于个性化

消费需求的个性化趋势是与消费观念的理性化密切相关的。在知识经济时代，由于消费者文化水平的提高，他们能够借助发达的信息网络，全面、迅速地搜集与购买决策有关的信息，他们不再处于被动地位，在消费选择上也不再盲从，能够在更为广阔的全球市场上选择符合自己要求的、具有一定个性的产品，他们的需求越来越朝高层次、个性化的方向发展。

4. 知识经济时代消费者购买行为趋于复杂化

知识经济时代，知识和信息的生产数量极大，知识和信息的传输速度也大大加快，消费者处于一个开放的空间，经济的全球化、文化的跨地区传播，影响消费者购买决策的因素越来越多元和复杂。消费者的购买行为将更趋选择性、差别性和自主性，对商品的品质以及服务要求会更高。此外，由于网络技术、信息技术的高度发达，消费者的购买方式和支付方式也发生重大的变化，除了传统的购买方式和支付方式外，更多的消费者利用互联网，登上信息高速公路，手持电子货币，在全球范围实现自己的购买行为。这就需要企业有新的观念、技术与方法去适应新技术带来的这些变化，迎接知识经济带来的机遇与挑战。

5. 知识经济时代消费结构趋于软性化

工业经济时代的主导产业是传统的工业，具体以钢铁工业、机械工业、化学工业为代表，在知识经济以信息为主要活动内容的时代，产业以新兴工业为主导，具体以信息工程、生物工程、材料工业为代表。产业结构也由以满足物质需求为主要内容的第一、第二产业结构转向以精神需求为主要内容的第三、第四产业结构，即从"物质经济"向"服务经济"转变，由此带来人类精神享受的飞跃。在知识经济时代，消费结构中对吃、穿、用等物质产品的需求相对减少，对教育、艺术、旅游等精神产品的需求不断扩大，消费需求的结构将由硬性向软性方向转变,对知识型产品、无形产品的需求将成为未来消费的主流。产品需求结构向知识型、服务型发展,需求变化节奏加快,使产品市场寿命大大缩短,这一系列的改变要求企业在产品结构、产品中知识含量、产品中服务要素、产品更新换代的步伐等方面作出调整,以此来适应消费结构软性化的需要[①]。

以上各种消费需求的变化,客观上要求企业进行营销的变革,通过营销创新以适应消费习惯和购买行为的一系列新变化。

(二)知识经济条件下新的资源配置规律要求企业开展营销创新

知识经济作为一种与经济文明史上的农业经济和工业经济等传统经济形态迥然不同的新经济形态,在资源配置方面,知识经济具有如下新的规律。

1. 在知识经济中知识智力成为重要的资源要素

知识经济中知识、智力等无形资源逐步替代工业经济时代的自然资源,成为生产的第一要素和核心动力,人们通过智力资源科学、合理地开发自然资源尤其是富有的自然资源来大量地创造财富。

2. 知识的投入成为知识经济社会生产要素投入的重点

知识经济中边际报酬递增取代边际报酬递减成为知识经济区别于工业经济的特殊规律,企业要充分发挥知识的巨大的潜在价值。

3. 知识的价值取决于创新

知识作为资本或商品,其价值由市场和创新程度共同确

---

① 顾春梅:《知识经济时代的市场特点与营销创新》,《科技进步与对策》2000年第4期,第38~39页。

定，即知识的市场需求强度越大、创新程度越高，知识的价值就越大。

为了顺应这些新的规律，最大限度地创造社会价值和企业价值，企业必须从根本上转变资源配置的价值取向，实行无形资产营销——将市场营销的核心竞争力建立在以无形资产为主、有形资产和无形资产有机结合的基础上。无形资产营销作为知识经济条件下企业市场营销——微观资源配置行为的主导方式，强调将企业关注的重点从稀缺的自然资源转向充满无限创造力的智力资源，将无形资产视为企业搏击市场、经营制胜的首要基础和条件。

(三) 知识经济条件下市场竞争的新趋势迫使企业开展营销创新

与工业经济时代相比，知识经济时代的市场竞争也将发生深刻的变化，这些变化会对企业的营销观念与营销行为产生深远的影响。

1. 市场竞争的范围将从区域向全球进一步扩大

由于知识经济将进一步推动全球经济一体化，疆界的限制将不复存在，在信息网络和交通网络的支持下，商品信息在各国之间将迅速传递，任何企业的经营活动将直接面对全球市场。企业即使是在国内市场上也将面临国际竞争的压力。这样，一方面扩大了市场容量，使企业获得了更大的生存空间和更多的营销机会；另一方面，企业之间的竞争也必然更为激烈，经营风险更大。市场竞争的全球化扩大趋势主要反映在两个方面：一方面，如上所述，由于知识技术的不断扩散和传播，全球市场网络的形成与发展必然导致经济全球化与竞争全球化，企业必须参与在国内与国际市场上的竞争；另一方面，知识经济时代的新技术领域中，原有的竞争强国都难以在层出不穷的高新技术中全面领先或长期垄断，任何一个国家的每一个企业都有机会充分发挥自身的优势，在世界大市场中占有一定份额，新的竞争机会的增多也增加了竞争的激烈程度。

2. 市场竞争的焦点将集中在知识和信息要素

由于知识经济时代企业营销活动的开展离不开知识的创造和信息的获得，知识和信息成为企业发展的主要战略资源。因此，在知识经济时代，企业之间的竞争焦点不再表现为对资源的占有，而是集中体现为对知识的创造和信息的获得。今后，那些在新知识的拥有上占据优势的企业将会获得长期的竞争优势，通过巧妙的信息加工而增加价值和创造财富，在激烈的市场竞争中立于不败之地。

新的市场竞争趋势要求企业在营销竞争方式和策略方面开展创新，将营销竞争优势的构筑重点从浅层的营销策略和有形资产转向深层的营销策略和无形资产。

三 知识经济条件下企业进行营销创新应遵循的原则

知识经济条件下市场营销环境更加复杂多变，企业的任何创新行为都有可能在不同程度上引起企业营销体系的变化。因此，知识经济条件下的企业营销创新将比以前具有更大的风险性。为了提高营销创新的有效性，企业在面向知识经济开展营销创新时，以下两个原则是应遵循的最基本的原则。

（一）整体协调和重点突破相统一的原则

任何形式的营销创新行为都可能导致企业整个营销体系的结构发生某种程度的变化。这种结构变化又可能在某种程度上引致企业营销体系的功能发生变化。营销创新不能被看成是独立于企业其他活动而单独进行的活动，因而在对企业营销体系的任何一个组成要素进行创新时，都必须认真考虑创新要素与其他要素之间、创新要素与企业整个营销体系之间的相互协调。企业在进行营销创新时，应通过创新要素与其他相关要素之间的适应性互动调整，努力实现整体协调，以确保企业整个营销体系的功能增量大于零而不是小于零。

(二) 机会成本最小原则

企业营销创新可以按照不同的方式和方法进行。这些方式和方法根据企业的特定条件组合有选择性地分别被融入不同的营销创新方案之中，因而企业对营销创新的方式和方法的选择最终表现为对不同的营销创新方案的选择。营销创新的机会成本，是企业在选择一种营销创新方案时所放弃的其他若干种可能的营销创新方案中最好的一种所能达到的收益。根据满意决策理论，企业在作出任何决策时都要使收益大于或至少等于机会成本。因此，以机会成本最小原则指导企业的营销创新，其目的是使企业通过拟定和选择最优创新方案，实现营销创新的投资收益最大化。进入知识经济社会以后，日益发达的电子技术、网络通信技术和管理技术正在使企业管理信息化走向成熟。这些条件能为企业营销创新方案的拟订、模拟测试、可行性分析、优化选择、组织实施和反馈控制提供极大的便利。因此，在知识经济时代，企业按照机会成本最小化原则开展营销创新，既有必要性也有可行性。

第四节 知识管理及其对企业市场营销的影响

在知识经济时代下，企业的市场营销环境和消费者购买行为等都发生了深刻的变化，这些变化给企业的市场营销活动提出了新的挑战。企业要想在激烈的市场竞争中获得优势地位,在很大程度上取决于企业能否及时准确地捕获市场信息,能否运用知识管理最大限度地满足消费者的需求。在市场营销中建立知识管理机制,能够为消费者创造更多的价值,进而提高企业的市场营销绩效。

一 知识管理及其特征

(一) 知识

知识是一个内涵丰富、外延广泛的概念,不同学科、不同研究领域的学者给出了不同的解释。这里引用我国著名学者王众托教授给出的定义:"知识是一种有组织的经验、价值观、相关信息及洞察力的动态组合,它所构成的框架可以不断地评价和吸收新的经验和信息。它起源于并且作用于有知识的人们的头脑。在组织机构中,它不但存在于文件或档案中,还存在于组织机构的程序、过程、实践与惯例之中。"[①] 知识按其性质可分为知道是什么的知识(关于事实方面的)、知道为什么的知识(事物的客观原理和规律性方面的,属于科学方面的)、知道怎样做的知识(技巧、技艺、能力方面的,属于技术方面的)和知道是谁的知识(特定的社会关系、社会分工和知道者的特长与水平,属于经验与判断方面的)四种类型。知识的属性表现为真理性、相对性、不完全性、模糊性和不精确性、可表示性、可存储性、可处理性、可相容性等。

(二) 知识管理

到目前为止,对于知识管理的含义还没有统一的说法,

---

① 王众托:《知识系统工程》,大连理工大学出版社,2000,第130~133页。

不同的学者由于切入点不同而有不同的定义①。

（1）美国生产力与质量研究中心（APQC）的定义是："知识管理是为了提高企业的竞争力而对知识的识别、获取和充分发挥其作用的过程。"

（2）全球认可的@BRINT知识库的创建人和知识总监Yogesh Malbotra博士认为："知识管理是当企业面对日益增长的非连续性的环境变化时，针对组织的适应性、组织的生存和竞争能力等重要方面的一种迎合性措施。本质上，它包含了组织的发展进程，并寻求将信息技术所提供的对资料和信息的处理能力以及人的发明创造能力这两方面进行有机的结合。"

（3）美国德尔福集团创始人、企业知识管理咨询专家卡尔·弗拉保罗认为："知识管理就是运用集体的智慧来提高整体的应变和创新能力，是为企业实现显性知识和隐性知识的共享而提供的新途径。"

（4）我国学者朱伟民博士认为："企业知识管理是通过知识资本的积累、运用，借助物质资本使企业价值增值的管理过程，主要是为企业获取新知识资本创造良好的环境，以知识资本的充分、有效的利用创造尽可能大的收益。一方面，知识管理需要不断地获取与企业有关的经营知识和技术知识，实现知识共享和创新；另一方面，还要通过在经营与管理过程中运用所积累的知识不断提高企业的生产经营效率，使企业的总资产价值得到加速增长。"

上述种种定义从不同角度去理解知识管理，这对于全面认识知识管理的内涵是有帮助的。对知识管理的认识应该是多角度的，知识管理不仅仅是对知识本身的管理，而更多体

---

① 杨治华、钱军：《知识管理——用知识建设现代企业》，东南大学出版社，2002，第41~44页。

现的是一种管理理念，是贯穿于企业运营活动的一种管理机制。为此，可以对知识管理给出如下的定义：知识管理是在知识经济的背景下，企业面对日益复杂多变的环境，综合运用组织、文化、流程、技术、战略等手段，通过构建有利于知识的积累、共享、转换以及创新的管理理念和文化氛围，运用集体的智慧提高企业的学习能力、应变能力和创新能力，并达到为企业创造价值的一种管理过程。

纵观社会经济的发展史，管理的出现对世界改变之大是其他体制所无法比拟的。管理在改变社会与经济的同时，管理本身也发生了深刻的变化。按美国管理学专家 Debra M. Amidon Rogers 在其《第5代R&D的挑战：虚拟学习》一书中的描述，第二次世界大战后的企业管理模式的历史演变见表1-1。

表1-1 企业管理模式的历史演变

内容	第1代管理 产品作为资产	第2代管理 项目作为资产	第3代管理 企业作为资产	第4代管理 客户作为资产	第5代管理 知识作为资产
核心战略	目标分散	业务联系	技术与企业集成	客户与R&D集成	合作创新系统
变化因素	不可预测的偶发因素	相互依赖	系统管理	加速并持续的全球变化	变化更为激烈
经营业绩	控制支出为目标	成本分摊	风险/收益平衡	生产力矛盾	知识能力
组织结构	等级型、目标驱动	矩阵	分布式协调	多种类型	共生网络
员工	相互竞争	主动协作	结构式合作	注重价值观和能力	自我管理的知识工作者
过程	很少交流	以单个项目为基础	有目的的R&D活动	反馈回路和持续信息	跨越式学习和知识流
技术	初级	基于数据	基于信息	信息技术作为竞争手段	智慧知识处理

资料来源：陈谦长：《美国企业管理模式的历史演变》，《全球科技经济瞭望》1988年第11期，第22~23页。

（三）知识管理的特征

从知识管理含义的理解中，可以进一步归纳知识管理的以下几方面特征。

1. 知识管理的终极目标是支持企业管理活动的创新和价值创造

在知识经济时代，知识已成为企业管理活动创新的最基本的源泉，知识也是价值创造过程中最关键的核心要素，在企业价值创造中占主导地位，企业价值的创造越来越依靠有效的知识管理所带来的倍增效应。

2. 知识管理的基本方法是实现知识的网络化

知识管理是通过对企业内外知识的积累、共享、应用和创新，来实现企业知识体系的完整化、有序化和动态化，知识管理也就是在确定的知识管理战略前提下将知识体系重构为一个有组织的知识网络。知识网络的构建需要在研究知识流动规律的基础上，提出对知识结构的优化，将自发组织形式存在的非正式网络重新构造成正式的、有组织的网络，在这一过程中需要对组织结构、业务流程作相应的调整，它涉及企业的管理机制、信息技术的应用、企业文化、组织结构等多方面的内容。

3. 知识管理的基础是信息技术

从某种意义上说，知识经济亦即信息经济，信息技术支撑知识经济的运行，信息技术也是知识管理的基础。知识管理寻求的是信息处理能力和人的知识创新能力的最佳结合，在整个管理过程中最大限度地实现知识的共享和创新。信息技术的发展为知识的传播和共享提供了平台，它不仅可以通过网络搜集，对知识进行整理、加工、传输，建立知识共享数据库，而且利用网络技术将企业的各个环节以及各个企业连为一体，提高了知识传播的速度，降低了知识传播的成本。因此，信息技术是实现有效知识管理的基础。

（四）营销知识及营销知识管理

1. 营销知识

在营销组织内及营销过程中，知识无时无刻不在发挥作用。营销人员必须利用相关知识说服顾客，实现销售；管理人员需要利用政策、经济、市场等相关信息进行管理决策；顾客利用其获得的有关产品的知识进行购买决策。从知识管理的对象来看，营销知识是同组织的营销活动相关的、对营销活动发生作用的知识。

2. 市场营销知识管理

目前，对于市场营销知识管理的概念没有明确的界定。结合知识管理的内涵与市场营销的本质，我们可以从以下两个方面来理解市场营销知识管理的具体含义：①市场营销知识管理的基础是现代化的网络平台和信息技术，如客户信息资料库、数据挖掘技术等；②市场营销知识管理的实质是通过知识管理来提升组织的环境应变能力与营销创新能力，进而提高市场营销的绩效。

二 知识管理对企业市场营销的影响

知识经济时代，知识成为企业发展的关键资源，市场竞争更加激烈，企业的市场环境及客户的需求处于多变的状态。企业要想立足于市场，必须提升自身的竞争力，而知识的获取、创造和运用是企业获得持续竞争力的重要来源。知识管理对企业市场营销产生深刻的影响，具有深远的意义。

(一) 知识管理有利于企业及时准确地把握市场变化和客户需求

知识经济时代，企业所面对的外部市场环境更加变化莫测，消费者的消费心理和购买行为更加纷繁复杂。企业要想在激烈的市场竞争中保持竞争优势，就必须及时准确地把握住市场环境和消费者需求的变化。知识管理是以网络平台和信息技术为基础的，这些现代化的工具与技术的应用可以帮助企业及时获取市场变化和消费者需求的信息。例如，网络调查技术的应用拓展了企业收集各种信息的空间及时间，降低了信息收集的成本，提高了信息收集的效率。同时，利用这些现代化的工具和技术还能够对获取到的信息加以过滤、整理与分析，这有利于知识在企业中的传递、共享与创新，有利于企业作出科学合理的营销决策。

(二) 知识管理有利于企业获得市场竞争地位和保持竞争优势

企业的管理者需要及时掌握有关企业运营情况的资料，知识管理可以帮助企业及时搜集和挖掘消费者、合作伙伴以及竞争对手的各种资料和信息，为企业及时制定与调整市场竞争战略和营销组合策略提供依据，帮助企业获得市场竞争优势并保持竞争地位。

(三) 知识管理有利于企业营销知识和客户知识的积累

知识管理的一个重要作用就是挖掘组织和个人的隐性知识，并将挖掘出来的隐性知识显性化，同时将其存储在一定的载体之中，这样就在一定程度上避免了因员工的流动而造成的知识流失。知识管理也在一定程度上避免了因销售人员的跳槽而使客户资料流失的情况。

三 市场营销知识管理的策略选择

(一) 加强市场营销知识管理的外部环境建设

企业的外部环境是指与企业利益相关的各方构成的对企业营销活动有直接影响的要素,主要包括顾客、供应商、合作伙伴、竞争对手、行业组织、市场等。在市场营销过程中,企业首先要重视对顾客信息的收集和整理,建立客户资料库,加强客户关系管理,与客户建立密切的联系和沟通机制,并建立对客户情况的灵活反应机制,增加企业产品和服务的知识含量,用知识吸引顾客和创造市场。同时,企业也要注重行业动态、相关政策法规、竞争对手的策略等信息的整理与挖掘,通过报纸、期刊、互联网等多种渠道获取最新知识,经过整理加工进入知识库,并定期进行综合总结形成报告,从而准确把握外部动态,及时调整企业的营销战略。另外,企业还要注重对市场、行业等相关信息、营销管理创新等方面知识的获取与整理。其次,企业要加强对外宣传活动,加强与顾客、供应商、行业组织、战略合作伙伴等利益相关方的联系,从而对外部环境要素进行有效引导,为企业营销活动创造良好的外部环境。

(二) 注重市场营销知识管理的企业文化塑造

知识管理的管理模式和管理机制能否在一个企业推行下去,很大程度上取决于企业内部是否具备了支撑这种管理模式的企业文化。企业知识管理文化的塑造需要从多个角度入手,首先要加强企业员工对市场营销知识管理的理解,认可市场营销知识管理的理念、思想和方法,从而在企业内部形成以人为本的管理理念、尊重知识的组织文化;其次,要优化组织结构,建立学习型组织,建立扁平化的组织模式,有益于信息的顺畅流动，完善知识传递、知识创新的制度，从组织文化、管理制度、激励机制等方面创建鼓励知识创新的机制，鼓励员工主动分享，形成有利于知识管理实施的氛围。

(三) 搭建有利于市场营销知识管理的网络平台

现代化的信息设备与网络技术是市场营销知识管理得以实现的重要基础。在营销过程中，有关消费者、竞争者、行业动态、法律政策等信息都要通过先进的信息设备与网络技术进行传递，营销知识的收集、加工、存储、转换、创新也需要信息设备与网络技术才能得以实现。市场营销知识管理的网络平台应该是一个有层次的完善的系统，可分为三个层次：第一层次是数据层，主要是基础的数据库和网络等，用于知识的存储和检索；第二层次是服务层，主要用于支持和完善营销业务流程各个环节的具体工作；第三层次是应用层，提供知识创新、维护和搜索等工具，为知识的创新提供空间。三个层次相互支撑，共同完成市场营销知识管理的运行。

第二章
企业营销环境的变化

第一节 企业宏观营销环境的变化

以数字化、网络化为主要特征,以科技革命为基础的知识经济时代,使社会经济发展由依靠传统的经济资源,如资本、土地、劳动等,变为知识、信息、人力资本等新生产要素起作用。知识经济时代的到来,将使企业的营销环境发生一系列的变化。

一 从自然环境因素来看

我国的自然资源人均占有量大大低于世界水平,各种资源的利用效率低、浪费严重加剧了资源的短缺。我国正处于经济高速发展时期,快速发展的经济和资源短缺的矛盾日益突出,掠夺式地利用资源使生态失去平衡,这决定了我国的经济发展必须合理利用资源,减少浪费,寻求节约资源、保护环境的可持续发展途径。在过去几十年中,我国经济在高速增长的同时过度消耗了自然资源,并给自然环境带来巨大的不可逆转的破坏。知识经济的出现改变了过去我国严重依赖自然资源来发展经济的传统模式,知识经济中以知识、信息、人力资本等新生产要素在经济发展中起到关键作用,知识经济的出现将改变我国对资源与环境的关注，将改变人类发展与环境的相互关系，使得人与自然和谐发展成为可能。

知识经济改变了人与自然环境的关系，将对企业市场营销环境产生深远的影响。首先，环境立法在世界范围内成为趋势。20世纪70年代以来，世界各国的环境保护运动风起云涌，各种环境保护组织纷纷出现。许多发达国家采取绿色关税和市场准入措施并实行绿色技术标准和绿色环境标志。对一些污染环境或影响生态环境的进出口产品征收进口附加税，或者限制、禁止其进口或出口，有的甚至是实施贸易制裁，以此来抑制企业的经营活动对环境的损害。其次，绿色产业逐渐成为主导产业。随着环境立法的推行，环境产品及服务的生产和消费正在迅速发展。人们的生活观念也正随环保运动的发展而发生根本变化，崇尚自然、追求健康将成为市场商品结构升级的重要内容和趋势。

二　从技术环境因素来看

知识经济的推动力量是电子技术和信息革命，特别是20世纪90年代以来的数字化信息革命。新一代经济的核心是高速、互动、传递信息、共享知识的互联网络，它成了知识经济的基础设施，为新经济发展奠定了基础。电子技术和信息革命在很大程度上改变了企业的环境。

（一）在企业生态系统中，现代信息技术的作用不断加强与扩大

其具体表现：一是由于计算机和互联网应用日益普及，由于现代信息技术具有无与伦比的渗透能力，使企业生产、采购、销售和管理中都离不开计算机和互联网。二是信息技术加强了软科学的作用。计算机软件以及它们的不断开发创

新，使经济理论、应用经济技术、管理科学与管理技术以及有关的软科学成果得到实际运用，为企业技术进步提供了客观条件。

（二）信息技术进步改变了企业运营的外部环境

一是信息技术应用促进了网络经济的形成，国民经济信息化程度提高。具体表现在：为经济活动提供网络服务的部门不断发展；专门利用计算机网络来从事经济活动的新经济组织增加；各行各业受到信息技术渗透的程度不断加深；国民经济宏观管理和行业管理走向信息化。

二是信息技术进步改变了市场机制发挥作用的途径。传统的市场机制以价格机制为主要内容，是价格引导资源配置。在知识经济下，信息和价格一起引导资源配置，各方面信息的综合才是各种经济主体作出决策的依据。另外，信息技术应用的普及改变了企业与政府的关系以及政府调控经济的手段和方式。

三是信息技术进步改变了企业的国际市场环境。知识经济本质上具有全球经济的性质。网络科技打破了地理环境方面的一些时空界限，使国际的经济距离逐渐缩短。由于现代交通工具和电子计算机技术的使用，现代化视听设备和通信卫星等通信技术的发展，使国际的经济技术交流更加频繁，沟通更加迅速。在时间上，各国的经济发展将会逐渐趋于同步；在空间上，各国的空间距离将逐渐缩短。这使企业面临的市场环境更加具有全球市场的性质。具体体现为：①信息全球化。信息技术加速了全球的沟通，交通和通信技术的发展，使得中国市场环境与全球市场环境形成一体化。②经营意识的全球化。随着信息、文化交流，更重要的是企业的全球化运作的开始，中国企业的经营管理意识正逐步与国际接轨，企业更加关注人们的生活质量，更加关注员工的价值，更加重视企业社会责任。③消费文化的全球化。西方的生活方式与消费文化正在快速影响着中国，特别是年青一代。这些消费文化的影响，会带来企业环境因素的变化，并改变企业的营销策略。

电子技术和信息革命广泛而深刻地影响着社会经济、社会生活、企业经营管理及消费者的购买行为和生活方式。科技革命引起社会生产力的巨大变化，促进了工业结构的高级化，知识经济以高科技产业为支柱产业，包括以信息技术、生命科学技术、新能源与可再生能源技术、新材料技术、空间技术、海洋技术、有益于环境的高新技术和管理科学技术为资源依托的高技术产业。在大量研发资本投入下，技术快速升级，产品生命周期越来越短。技术革命带来技术创新，改变着企业的生产、经营和管理组合模式，同时也改变了企业传统工业经济时代的营销模式和竞争策略。因此，企业经营者要根据所在行业的特点和企业的具体情况，积极采取相应的措施，应对技术更新给企业发展带来的机遇和挑战。

三 从经济环境因素来看

知识经济是一种新型经济形态，知识经济的核心要素是科学、技术、能力和管理，经济增长的主要动力是新思想、新观念、新产品、新技术的不断推出，计算机、网络、数字化是其发展的技术基础。知识经济带来经济的全球化，并进而影响企业的运营。网络科技打破了地理环境方面的一些时空界限，20世纪80年代后期以来，各国经济的相互依存度越来越大，经济全球化大趋势已经形成，这对企业的营销活动带来了显著变化，经济全球化使市场营销的范围在扩大。

在工业经济时代，国际经济活动和国际经济联系主要是工业制成品，许多国家对外经济活动有明显的区域特征。20世纪90年代后，以知识信息为中心的知识经济快速发展，国际之间的经济联系由生产、流通发展到消费全过程，第三产业也越来越参与全球化过程。20世纪80年代初期，制造业在GDP中所占的份额是服务业的10倍，然而到了20世纪90年代初期，制造业仅仅是服务业的1.5倍。跨国公司成为营销的主体，世界贸易总额的2/3是跨国公司与子公司之间或跨国公司之间的贸易，跨国公司的营销活动正深刻地影响着目标市场国的产品、消费、管理，它们所推崇的管理模式和生活方式正日益渗透。跨国公司在不断推进经济全球化的进程，同时，其自身的发展战略也发生了深刻变化，由原来的新建投资向兼并收购方向发展，使跨国公司能在短时间内灵活组织企业经营活动，并迅速占领当地市场。出于对整个世界市场的预期目标和企业自身总体经营目标的考虑，跨国公司的战略联盟在向纵深发展。随着全球战略联盟的形成和向纵深发展，全球化生产体系逐渐形成，产生了新的制造规模优势。全球化生产体系的形成，使企业在上、中、下游产品之间形成紧密的联系，同时也促进了产品生产、消费在地域特征和时间上的差异逐渐消失。可见，企业的市场环境发生了重大的变化。

四　从社会文化环境因素来看

知识经济时代最突出的特点是占主导地位的资源和生产要素不再是资源和资本，而是知识，拥有和运用知识成为这个时代的真正动力。知识经济作为一种全新的经济形态，它的到来必将对社会文化产生新的影响，带来文化观念的更新。

(一) 知识经济时代新的文化特征

1. 创新文化

知识与技术要素是知识经济的关键发展要素，创新是知识经济发展的根本动力。产品创新、观念创新、制度创新、组织创新和管理创新成为知识经济时代的一个显著特点。在知识经济过程中，世界科技的发展将更加迅猛，宏观环境、竞争格局的变化将更加剧烈，创新成为企业的生命源泉。突破传统游戏规则，敢于大胆创新，通过自身主体的创新确定性来应对变化的不确定性，这种创新文化将成为知识经济文化的主流。

2. 学习文化

知识经济时代人类的生产、生活和消费方式正在趋于知识化和智力化，知识的积累只有学习，创新的起点在于学习，环境的适应依赖学习，应变的能力来自学习。知识的获取、技术的掌握都需要通过不断的学习来实现，学习将成为个人或组织发展的有效手段。企业不但是经营性组织，更需要变成一个学习型组织，以适应新的技术和市场的要求。

3. 速度文化

知识经济时代由于社会变化加大，生活节奏加快，时间的作用显得越来越重要，时间变得越来越珍贵和稀缺。企业因抢占商机而获得时间效益，企业也会因迅速满足消费者需求而带来超额利润。在知识经济中，时间成为决定成败的一个关键要素，企业要进行速度较量。知识经济时代企业没有决策大小的问题，只有速度快慢的问题。

4. 虚拟文化

在知识经济形态下，企业经营的虚拟化表现在两个方面：一方面，利用高信息技术手段，在全球范围内通过软件操作系统整合优势资源，既增加企业运行的效率和活力，又避免工业经济时代常规运行中的硬设施投入，从而降低企业运行成本；另一方面，只需要保持对市场变化的高度敏感性和研发设计能力，而不必将自己的主要精力和资金耗费在低价值产出和常规的普通工业生产中。因此，企业要形成虚拟文化的氛围，注重企业的虚拟化运行，发挥自己的核心竞争优势。

5. 融合文化

知识经济时代，人类正在步入一个以知识（或智力）资源的占有、配置、生产、使用（消费）为最重要因素的经济时代，简而言之，是指一种以知识或智力资源为首要依托，以高技术产业为支柱的知识经济时代。在知识经济时代，信息产业将成为未来全球经济中最大、最有活力的产业，成为最重要的资源和竞争要素。以美国为首的西方发达国家已率先步入信息时代，一批发展中国家也将接踵而至，一个全球范围内的信息基础设施已经初步形成。知识经济时代对人类文化环境带来的最重要影响之一就是不同文化彼此交融、渗透加速，最终将形成一个统一的地球村文化。各个企业之间既竞争又合作，在竞争中进行合作。因此，企业必须不断地融合多元文化。

（二）知识经济对企业文化的影响

一是知识经济时代要求企业文化更加突出知识和人才。

二是知识经济时代要求企业文化具备更强的应变能力。

三是知识经济时代要求企业文化更加突出创新功能。

知识经济条件下，只有不断地创新才能适应环境的变化，在竞争中才能赢取主动。在知识经济时代，企业的生命力在于创新，包括产品的创新、市场的创新、企业制度的创新、组织结构的创新和管理方式的创新，其中占核心地位的是观念的创新和企业文化的创新。

综上所述，知识经济会给企业的宏观营销环境带来较大的变化，其中对自然环境要素、技术环境要素、经济环境要素、社会文化要素的影响更为明显，企业要关注这些变化，并通过营销策略的改变来适应环境变化的要求。

第二节　企业微观营销环境的变化

知识经济作为一种新的经济形态，改变了企业营销的宏观环境，也同时对企业的微观环境产生影响。

一　企业内部的变化

以信息技术为基础的知识经济的到来改变了企业的内部环境，知识经济对企业内部环境的影响主要体现在信息技术所带来的企业管理与决策基础的变化。

（一）企业运营条件的改变

信息技术提升了企业的科研条件。计算机和互联网技术的应用，使企业科研投入增加；研究和开发的领域扩大，不仅使企业原有主要产业产品的研究与开发领域有可能扩展，而且管理软件的研究与开发本身成为重要的科研领域，且软科学的研究、企业战略的研究等变得更加有条件和更具系统性；产品更新换代加快，这使企业对产品以及可能的替代产品的研究与开发更重视了；科研与产品设计、生产、改进以及市场推广等直接衔接起来，使企业的生产经营和研究开发更加成为系统工程。

新兴电子信息技术改变了企业经营管理的手段。由于计算机辅助设计、计算机辅助生产和管理等应用软件的运用，改变了企业生产与管理的条件，产品的设计和生产具有更多灵活性，顾客的需求可以得到更充分的考虑，个性化定制生产逐步发展，企业的管理职能更具即时性和准确性。同时，信息技术改变了企业经营的决策基础，计算机网络的应用为企业决策成为系统工程提供了技术条件。

（二）营销方式的扩展

互联网已经成为现代企业重要的营销工具，网络营销是企业整体营销战略中一个有机的组成部分，是以互联网为基本手段营造网上经营环境的，而不仅是通过互联网来销售产品。网络营销的基本功能还包括提升品牌形象、增进顾客关系、改善顾客服务、网上市场调研等方面。信息技术催生了电子商务，电子商务改变了市场交易的手段、方式、时间和地域关系，改变了市场竞争的领域和手段，改变了整个商品交换和商品流通的过程。许多大公司特别是跨国公司都采用电子采购，许多企业都在争取进入大公司电子供货商的行列。

（三）组织结构的变革

基于互联网的管理方式使得企业内部沟通和协调不再受地理位置的限制，协调是管理工作的核心内容，传统的协调以面对面交流为主要手段，企业内部网和各种新型通信手段将改变这种交流模式，也使得内部协调更加高效，成本也更为低廉，这种协调方式也为区域性企业向全国甚至全球范围扩张提供了便利的条件。在传统的管理模式中，随着企业规模的不断扩大，管理层次越来越深，组织结构越来越臃肿，结果造成管理流程复杂，管理效率低下，并且增大了管理成本，减弱了企业的竞争优势。信息技术在企业中的应用使得传统的等级管理向全员参与、模块组织、水平组织等新型组织模式转变，管理幅度可以冲破传统管理模式的限制，互联网使企业和员工可以随时直接联系，扩大了远离传统工作地点的员工队伍，形成了新型的现代电子通信工作方式，企业内部上下级之间的距离大为缩短，组织结构向扁平化方向发展。

此外，在知识经济时代，随着知识重要性在企业经营中的地位日渐突出，知识生产率成为知识经济时代的关键要素。知识运营官或知识（信息）总监或学习总监的职位已经出现，并在公司决策层内开始起作用。

（四）顾客服务方式的演进

由于获得新的顾客比留住老顾客的成本要高得多，老顾客能给企业带来更高的利润回报。因此，顾客服务对企业经营成败至关重要。互联网为企业提供了更加快捷、更加方便的顾客服务手段，如电子邮件咨询、自助式在线服务、即时通信工具等。信息技术发展为企业的客户服务提供了更加丰富的平台，企业顾客服务的方式将更加多样化，更加快捷。

二　企业竞争环境的变化

在知识经济条件下，以知识为基础的企业的竞争优势将会发生根本变化，这种转变的原因在于知识经济时代的到来将深刻改变企业的内涵。首先，决定创办企业是知识型还是技术型。传统的生产要素——土地、人力和资本已成为经济发展的限制力量，不再是主要推动力，而知识将成为关键性的资源，成为企业发展的新动力。其次，企业的关键资产不再是固定资产和金融资产，而是知识资产，这些资产主要表现为：使公司在市场上获得竞争力的资产，如信誉、服务、商标等；体现智力劳动的资产，如专利、商标、版权等知识产权；体现企业内在发展动力的资产，如企业管理和经营方式、企业文化和企业信息支持系统等；体现人力资源的资产，如员工的知识能力、工作技巧等。

在知识经济条件下，企业的竞争环境将会发生根本变化，主要表现在以下几方面。

第一，企业之间的竞争从单纯的产品竞争转变为以企业能力为中心的竞争。在知识经济条件下，目标市场的快速变化及其市场边界的模糊性使具有单一产品优势的企业不再风光，而那些具有能够快速适应市场能力的企业才能长久获得竞争优势。这就要求企业必须具有开发独特产品，或拥有独特核心技术，或创造独特管理方式，或拥有强大市场营销网络等别人不能模仿的核心能力。

第二，企业竞争国际化且竞争者识别更难，互联网的广泛应用，加速了企业竞争的全球化。互联网贸易具有高速度、低费用、高容量的特点，还不受时间、地域的限制，不论企业的大小、强弱，为每个竞争者均提供机会。

第三，商品竞争越来越软化。知识经济下，信息产业成为全球第一大产业，信息技术已成为经济发展的主要手段，这是商品结构软化的一个重要标志。另一个商品结构软化的标志就是服务贸易的迅速发展，包括教育、金融、保险、法律、旅游等国际贸易。另外，随着知识经济的发展，很多传统制造业也越来越软化。多数产品所包含的"软"成分在商品价值中的比重越来越大，如商标、智力在产品价格中的比重越来越高。

第四，竞争与合作并存。当代市场竞争结构发生了重大的变化，竞争对手间纷纷掀起了合作的浪潮。如美国微软分别于1997年8月和1997年9月与其日本电脑市场的竞争对手——IBM公司和NEC公司进行合作，以技术换取或强化日本市场。当今世界市场上出现的这种竞争与合作的现象，是知识经济时代对企业竞争提出的新的要求。

三　消费者购买方式的变化

在知识经济时代，由于消费者文化水平的提高，他们能够借助发达的信息网络，全面、迅速地搜集与购买决策有关的信息，他们不再处于被动地位，他们可以在市场国际化条件下选择符合自己要求的、具有一定个性的产品，他们可以在任何地区、任何时间通过网络搜寻及选择理想的买者，他们的需求越来越朝高层次、理性化、个性化的方向发展。

在知识经济时代，消费者自身的心智模式更为开放，越来越容易接受和使用新产品，相应的，不会像以前那样对品牌有较高的忠诚度。消费者个人或群体本身获取知识的能力增强，知识素养提高，对产品本身的知识含量、文化诉求、消费感受等要求越来越高。

四　企业与供应商关系的变化

供应商是指向企业及其竞争者提供所需资源的一切组织和个人。通常情况下，供应商给企业提供的资源主要包括原材料、人员、设备、能源、资金及其他附带生产要素。为了内部经济效益和外部的市场竞争力，企业对供应商的选择必须从多方面同时进行，既要考虑资源的质量、价格，也要重视供应商在运输、信用、成本、风险等方面的良好组合状况。知识经济时代的网络化趋势，体现在企业与供应商的交易方式上主要是电子商务的兴起和运用。在企业之间进行电子商务活动,就是利用计算机网络进行商业活动,这已经成为一种新型的交易方式。由于电子商务具有成本低廉、无须存货、减少营销环节、随时可用、全天候营业以及信息量大和互动性好的优点,可以减少市场进入壁垒、即时进入国际化市场、提供平等的机会,已经日益成为新型的交易方式。

知识经济条件下,许多企业对组织结构和业务流程进行重组,企业在业务上只保留核心单元,纷纷裁去不必要的子公司或业务,将剩余的其他业务活动外包给最好的专业公司。因此,企业之间的供应关系更加广泛,企业上下游之间的供应链条也更为复杂。企业与供应商的关系也由单一的供求关系向多方合作关系发展,企业与供货商共享信息、共同参与产品的设计与升级,并相互创造性地解决问题。如耐克、戴尔电脑等世界知名公司都同供货商建立了长期的业务外包关系,公司把这些供应商视为有利的合作伙伴,公司和他们之间的交易已跨越纯粹的购销关系而进入深层次的合作范畴。

五 企业与渠道商关系的变化

随着信息技术的发展和电脑的普及化,全球信息网络发展迅猛。可以预见,电脑网络化的出现,使市场营销必将发生一次深刻的革命——网络营销。它与传统营销的不同之处在于:它可以不受时间、地点的限制,使企业借助批发商和零售商的努力而实现产品销售。只要网上的客户有需求,企业就可以根据用户需求直接供货。对网络营销者来说,可以实现少环节销售,甚至可以不必设置大规模的产品展示空间和中转仓库,虚拟商场成为现实,这样可以大大降低渠道费用和交易费用。

六 企业与公众关系的变化

公众具有协助或妨碍企业达成其目标的能力。知识经济背景下,公众对企业营销活动的影响将更加直接。

媒体公众。媒体公众是指报纸、杂志、电台、电视台、网络等大众传播媒介。媒体既是政府部门的话筒,也是消费者公众的喉舌。媒体公众能左右社会舆论,可以使企业"名扬四海",也可以使企业"臭名远扬"。特别是目前网络媒体的普及,网络媒体的互动性、时效性、传播性极强,企业经营过程中的一些细节经常成为媒体关注的焦点,企业必须与媒体公众建立良好的关系,形成有利于企业发展的社会舆论,为塑造企业形象和开拓市场服务。

社会公众。社会公众是指企业与周围同处某一区域的其他组织或个人。社会公众是企业最基本的和最稳定的顾客,企业就在社会公众的眼前,一言一行都受到社会公众的评价。知识经济要求企业要承担起更大的社会责任,要加强对环境的保护意识,节约自然资源的使用,减少碳排放,等等。社会公众对上述话题的日益关注,也会更加重视企业的经营行为的社会效益。

内部公众。内部公众是指企业内部的员工,内部员工是企业营销的基石。只有员工之间齐心协力,才能实现企业的发展目标。知识经济形态下,企业员工中的知识型员工的比例在不断增加。知识型员工一方面能充分利用现代科学技术知识提高工作效率;另一方面,知识型员工本身具备较强的学习知识和创新能力。知识型员工的工作主要是一种思维活动,知识的更新和发展往往随环境条件的变化而有所适应,具有很大的灵活性。知识型员工通常具有以下特点:①具有相应的专业特长和较高的个人素质；②很强的自主性；③有很高价值的创造性劳动；④劳动过程难以监控；⑤劳动成果难于衡量；⑥强烈的自我价值实现愿望等。知识型员工更倾向于拥有宽松的、高度自主的工作环境。企业对知识型员工的管理方式应该更加人性化、自主化，给予员工更大的工作弹性，并以激励为主。

总之，知识经济时代的营销不仅仅是对顾客的营销，也应包括企业外部营销环境的供应商、分销商、内部员工、银行、政府、竞争者、同盟者、传媒和一般公众，力求获得内部员工对企业营销理念与营销行为的认同，力求与分销商、供应商、竞争者形成营销战略联盟。面对知识经济下企业市场营销环境的新变化，我国企业必须转变传统的营销观念，针对市场营销环境的变化，树立全新的营销理念，采取灵活的营销策略，这样，才能保证企业在激烈的国际、国内市场竞争中立于不败之地。

第三节 消费趋势——消费升级

知识经济时代的到来，使企业的营销环境发生一系列的变化。其中，消费者因素的改变对企业营销的影响更为直接。因此，本节主要从消费升级的角度来研究对企业营销的影响。

消费升级是近年来人们关注较多的话题，描述的是消费者随着经济的发展，其消费质量和水平呈排浪式及阶梯式提高的状况，具体可表现为消费的结构型升级和消费的质量型升级。消费升级是经济增长、社会发展的主要表现，是人们所追求的人生及社会发展的重要目标，是推动经济发展及社会进步永不衰竭的动力。

一 知识经济时代消费者特征分析

知识经济时代，社会财富迅猛发展，消费者收入增加，生活水平提高，文化素养提高，这些变化对消费者的价值观念、思维方式、生活方式和行为方式产生了深刻的影响，表现出全新的消费特征。

（一）消费者需要层次提高

马斯洛将人的需要分为由低到高的五个层次，即生理需要、安全需要、社会需要、尊重需要和自我实现的需要。他认为，人在满足了低层次需要之后，自然会产生高层次的需要。知识经济时代，作为自我实现人的消费者不再满足于低层次的生理需要和安全需要，他们需要更高层次的满足。人们消费名烟名酒、高档服饰、高级住宅、豪华轿车，享受一流服务，以此来表明自己的身价，得到社会的肯定，找到归宿感和心理满足感，进而满足其社会需要和尊重需要。消费者进行自我素质提高的投资，让子女接受良好教育，热衷于公益事业和形象工程，以此来满足其自我实现的需要。这些消费热点的出现充分表明了消费者的需要层次的提高。

（二）消费者消费行为更趋个性化

知识经济时代，消费者受教育的程度和文化水平获得普遍提高，他们愈来愈重视商品的内涵与象征，讲究消费的品位，更加注重通过消费来获取个性的满足。流行服饰的快速转换，家具装饰的不断翻新，各种美容美发、健身训练、特色休闲等服务的不断涌现，各种主题公园的盛行，这些都让消费者在消费的过程中体现自己满意的个性，同时也表明消费上的趋同现象渐渐消失，从众心理大为减弱。知识经济时代是人们通过消费产品和服务来彰显个性的时代。

(三) 消费者购买决策更趋理性化

知识经济的特征在于信息技术的广泛应用，而现代信息技术的主要特征在于数字化与网络化，互联网的发展消除了人们获取商品信息所受的空间和时间的限制，对消费者的购买决策产生了深刻的影响。消费者购买决策过程可分为五个阶段：确认需要、搜集信息、评估选择、购买决定、购后行为。消费者在确认了自己的需求之后，他们能够借助发达的信息网络，全面迅速地收集到相关产品信息，这为消费者作出理性决策提供了保证。

二 引发消费升级的因素及条件

(一) 人们收入的提高是消费升级的经济基础

随着经济水平的发展，各色消费品不断涌现出来，人们收入水平的提高为消费升级提供了经济基础。随着我国人均国内生产总值（GDP）超过4000美元，国内消费市场总体空间进一步扩大，中国正在向消费型国家过渡。从恩格尔系数来看，我国已经逐步降低达到37%，而美国是14%，考虑到同为大陆型经济体（具备一定的可比性），我国消费升级的潜力还相当巨大。

(二) 社会的发展和进步是消费升级的环境导向

随着社会的发展和新一代消费群体的出现，人们的消费意识、消费观念都发生了巨大的变化，新一代消费群体对新产品的好奇心较前辈也更为强烈。另外，在居民收入、政策鼓励、人口结构等多重因素的共同作用下，也引发了人们消费观念的改变。就拿男性化妆品来说，以往各大商场的化妆品专柜上，男性护肤品的种类和数量寥寥无几，随着男性对自身外表要求的提高以及消费习惯和生活观念的改变，男士化妆品的市场前景和巨大的消费潜力已成为化妆品行业成功实现消费升级的一个新亮点。

（三）科学技术进步是消费升级的物质基础

现代科学技术的发展，不仅改变了产业结构和工业结构，而且改变了产品结构，进一步影响了人们的消费结构和消费模式。现代科学技术成果产业化、商品化进程的加快，使得产品的更新换代速度也大大加快，产品淘汰率大大提高。现在，市场销售竞争趋于激烈，商品的市场寿命相对缩短，这就为人们提供了丰富的消费品，从而也为消费升级提供了物质基础。

（四）人们永不满足的对更好更高生活水平的追求和向往是消费升级的内因和永不衰竭的动力

从古到今，人们对美好生活的追求从未停止过。随着人类社会的发展，人们对物质文明、精神文明的追求都是消费升级的动力，从最初的"茹毛饮血"、"刀耕火种"到现今各种饮食文化的发展，人类一直在追求更高级的生活，正是有了这种内在的动力，也促使了消费在不断地升级。

（五）政策、法律、法规的引导、规范和约束是消费升级的保障

随着社会的发展，政府也越来越多地介入对消费品的监督管理，人们对食品安全问题的日益重视，也引发了政府制定更加完善的法律、法规来约束、规范企业行为，通过政府的规范，保障消费者的合法权益，促使企业增加自律的意识，履行企业社会责任的义务。通过政府的引导，消费者能够提高保护自己的意识和能力，维护应有的利益，保障消费安全，而这一切外部条件也为消费升级提供了保障①。

知识经济的发展对营销环境的影响，不论是宏观环境还是微观环境的变化都为消费升级提供了不可或缺的条件。

三 企业应对消费升级的策略

消费升级已经成为一种常态，是经济发展与社会进步的必然结果，企业要研究并思考消费升级的营销策略。

（一）品牌制胜策略

企业应该积极顺应行业升级和转型的趋势，改变以往的竞争方式，向品牌质量方向转变，产品的附加值得到提升了，企业的定价能力才能增强，只有形成"品牌溢价"，企业才能越做越大，越做越好。由于消费意识的增强，消费者往往更加信赖知名品牌的产品，愿意付出更多的花费购买知名品牌的产品。为了突出品牌的差异化，品牌概念的不断演变也成为市场的热点，由于现今市场上产品的同质化现象严重，因此，如何打出企业的品牌、增加企业的美誉度，将成为企业取得突破的重中之重。随着消费升级的到来，哪个企业率先拿到品牌优势这张王牌，将会提前在其行业内取得牢靠且有力的市场竞争力。

（二）柔性化制造

面对消费者个性化的消费趋势，生产企业的生产要小批量、多品种、多花色、多型号、特色化，以充分满足不同个性消费者的需求，这就意味着企业要扩充产品线，增加机器设备和技术工人，生产成本定会大幅增加，收益会大幅减少。而习惯了大规模、低成本生产的企业该如何面对？柔性

---

① 贾辉、王信东：《论消费升级的品牌效应》，《科技和产业》2009年第8期，第25~27页。

化制造的提出给我们找到了弥补二者矛盾的良策。柔性化制造最大的特点，是生产系统能够对消费者市场需求作出快速的响应。在柔性生产线上，同一条生产线可生产出不同风格和个性的产品，产品设计、工艺设计、生产加工连接为一个整体，成为具有可调节、可延伸、可升级功能的生产控制程序。传统的生产工艺和设备，将被高精度、高智能、高自动修复的生产控制程序所代替。

（三）信息化管理

信息化管理指将电脑的储存、运算、网络传输能力加入到管理体系，用计算机技术来进行资料搜集、统计、分析，使信息的搜集与分享精准化、快速化。尤其是个性化和多样化消费时代的背景下，企业要想快速、精准地对市场需求作出反应，就必须借助现代信息技术。企业迫切需要营销管理手段的现代化。

第三章
营销方式创新

　　营销理念指导组织的行为决策，对组织的营销活动有重要影响。随着环境的不断变化，营销理念也在不断地变化。正确的营销理念能够指导组织作出好的营销决策，从而更有效地开展营销活动。菲利普·科特勒在其著作《营销管理》中写道："营销是经营管理学中最富能动作用的一个领域，市场上经常出现新的挑战，企业必须作出反应。因此，毫无疑问，新市场观念应不断出现，以迎接市场上新的挑战。"企业经营的环境在不断变化，企业处理与不同利益相关者关系时的态度、观念也应作出相应的改变。在知识经济形态下，信息技术的变革带来的企业营销环境的变化，要求企业营销理念和营销方式也要随之而变化。市场营销环境的新变化对企业的营销提出了更高的要求，针对这种要求，企业营销也必须转向更高的层次实施营销再造，有针对性地创新营销方式，鼓励和推广知识营销、关系营销、网络营销、绿色营销、全球营销和整合营销，只有这样才能顺应新世纪企业营销创新的发展趋势。

第一节 知识营销

在知识经济时代，知识已不仅仅是重要的生产要素，也是重要的消费资料。随着以知识和信息生产、分配、传播和使用为基础的知识经济的到来，知识营销便被提到了企业的日程。

一 知识营销的含义

知识营销是通过有效的知识传播方法和途径，将企业所拥有的对用户有价值的知识（包括产品知识、专业研究成果、经营理念、管理思想以及优秀的企业文化等）传递给潜在用户，使其不仅知其然，而且知其所以然，逐渐形成对企业品牌和产品的认知，从而将潜在用户最终转化为用户的过程和各种营销行为。

知识和信息的大爆炸决定了知识经济时代的营销是"知识营销"，它主要包括两个方面的内容：一是企业向消费者和社会宣传智能产品和服务，推广普及新技术。对消费者进行传递、授业、解惑，实现产品知识信息的共享，消除顾客的消费障碍，从而"把蛋糕做大"。二是企业向消费者、同行和社会的学习。企业在进行营销的过程中不断地向客户及其他伙伴学习，发现自己的不足，吸取好的经验方法，补充和完善自己的营销管理过程。因此，"知识营销"是一个双向过程，互相学习、互相完善，最终达成整体的和谐。

二 知识营销产生的客观条件

知识营销作为一种新的营销方式，它的产生和发展需要客观条件的支撑。

(一) 经济全球化、市场国际化是知识营销的市场环境

在知识经济时代,知识可以通过先进的信息技术和网络,在全世界各地广泛传播,从而使经济活动突破国与国的界限而成为全球化的活动。经济全球化要以各国国内市场的国际化为依托,同时,它的发展又进一步促进了国内市场国际化程度的提高。在这样的背景下,知识的传播力和营销力更加凸显,运用知识营销方式成为企业的一种必然选择。

(二) 学习型组织是知识营销的组织准备

知识经济时代,人类的生产、生活和消费方式正在趋于知识化和智力化,无形资产在生产和经济发展中占据了十分重要的地位,生活中的知识和智力成分也日趋增加。教育和学习日趋重要,学习将成为个人或组织发展的有效手段。知识经济时代面对瞬息万变的市场,企业之间的差异不仅表现在优或劣方面,更重要地表现在对信息反应的快与慢。企业的竞争力主要表现在能否对市场的变化作出敏捷的反应,采取果断的措施,占领市场。企业要生存、发展,必须不断提高全体员工的素质,积极适应外部环境的变化,把企业建立成学习型组织。这样,就为知识营销提供了组织准备。

(三) 信息技术为知识营销提供技术支撑

新一代经济的核心是高速、互动、传递信息、共享知识的新一代网络,它成了知识经济的基础设施,也为知识营销提供技术上的保障。在信息技术基础上发展起来的网络经济和电子商务以公平、快捷、方便、效率高、成本低、中间环节少、全球化、全天候性等特点进入快速成长阶段。知识和信息通过网络进行传递更加快捷和高效,因此,信息技术为知识营销的发展铺设了管道,为知识营销的发展提供了强有

力的技术力量。

（四）消费价值观的变革是知识营销产生的观念基础

随着知识经济的到来，消费者的消费观念发生了深刻的变化。首先，环保意识不断加强，出于环保考虑，消费者自觉选择绿色商品。其次，人类需求层次攀升，精神层面的需求不断增强，追求高质量精神生活成为一种消费的趋势。再次，知识经济时代消费者所受教育的提高，使消费个性化、理性化更加突出。另外，现代科技的快速发展和消费购买能力的不断增强，使人类的追求与期望成为可能。这些都要求企业产品有较高的知识含量。

（五）知识型人才的增多为知识营销提供了人力基础

信息技术的发展使知识变得比以往任何时候都重要，知识的创造、传播和应用将成为人类最主要的生产和社会活动。知识创新成为社会发展的主要动力，企业无论是产品还是生产方式都为知识经济所控制，而不再单纯受硬件设施的约束，在这种情况下，企业之间最显著的差别不是产品或生产设备，而是知识型人才。是否拥有一流的人才，将决定企业能否在市场上生存和发展。而知识经济下，整个社会对教育的投入会有大幅度的提高，人们也更加重视教育，这些变化必然为企业输送更多的知识型人才，为知识营销的开展提供人力资源的保障。

三 企业开展知识营销的策略

在知识经济时代，知识将成为一种重要的消费资料。企业在营销活动中应努力使消费者学到更多的知识，了解商品所带来的观念价值。为此，企业必须创造、使用、储存、提升并转化知识和智力，通过科学的营销决策组合，充分利用知识经济下的信息技术,将知识和智力充分展示在客户面前,更好地为客户服务。

(一) 要加强企业营销活动的知识含量

企业要注重与消费者形成共鸣的价值观,知识消费的消费主体是知识化的人,消费对象是知识化的产品或服务,消费过程是知识化的过程。因此,在知识经济时代,消费者在购买商品时,不仅考虑其使用价值,而且关注它所带来的观念价值,消费者越来越注重商品与服务背后的文化内涵。企业必须加大人力、物力、财力的投入,提高企业知识创新的能力,生产出更多社会所需要的知识产品或富含知识的产品,以满足知识消费的需求。

(二) 企业与消费者形成知识层次上的营销关系

建立企业产品与顾客之间在技术结构、知识结构、习惯结构等知识层次上的稳固关系,从而使得顾客成为企业产品的长期而忠实的顾客。这种层次的营销关系相对于给予顾客回扣、优惠等,或者与顾客进行各种社交活动所建立起来的营销关系,要稳固得多。

(三) 注意产品知识信息的传递

通过有效的知识传播方法和途径,将有关产品的知识传递给消费者,使消费者对产品更加了解的过程就是"知识营销"。在消费者对知识信息价值的要求提升的背景下,企业只有满足消费者的这些要求才能得到认可。即使通过高超的技术能力获得了产品的成功,如果没有知识营销活动,企业将很难向消费者传达新的价值信息。而知识营销以有效准确地传递知识信息为基本,为企业带来意想不到的成功。对于消费者不熟悉的产品,宣传产品及行业的相关知识,使消费者提高对产品的认知,并形成专业形象,有利于扩大市场份额并获得客户忠诚度。对于消费者已经较为熟悉的产品，通过技术投入和研发，促进原有产品的升级，传递新的信息和理念，使消费者提升对原有产品的感知价值，创造新的需求。

（四）注重对知识产品市场的培育

在营销活动中，要尽量使消费者从中学到更多的知识，使消费者感到同样的付出得到了更多的收益，从而有助于销售。同时，随着产品的科技含量的增加和功能的增多，产品的使用也日趋复杂，在一些高技术含量和智能化产品的营销中，企业要以培训顾客为媒介，让更多人了解使用产品，从而扩大市场份额。例如，许多计算机软件在推出后，如果不对顾客加以培训，了解软件的使用知识，就很难形成自己的市场。可见，在知识经济时代，企业不仅可以满足消费、引导消费，而且还可以依赖以知识教育为主体的营销创新活动，传播产品的知识，催化消费者产生新的消费需求，从而使消费者主动购买产品和服务。奉行知识营销的新理念，以创新产品为对象，以知识服务、知识促销、知识宣传为纽带，强化消费者对产品的认同感，培育新市场，创造新需求。

第二节　绿色营销

企业进行的一切营销活动都是在社会环境之下进行的，如何处理好与社会之间的关系，对企业的发展有重大影响。人们对企业的要求不再仅仅是提供商品的生产者，更希望企业能够回报社会，保护环境。

一　绿色营销的含义

大多数人认为，绿色营销仅仅是关于产品生态特点的提倡和广告。如无磷、可回收的、无害臭氧层的、环保的等术语就是消费者通常所认为的绿色营销。虽然这些术语是绿色营销所宣称的，但一般来讲，绿色营销是一个更宽泛的概念，它可以应用到消费品、工业品，甚至是服务。

绿色营销，又称环保营销或生态营销，是指在绿色消费的驱动下，企业运用营销工具，自觉地从保护环境的角度出发来开展产品设计、原材料采用、废料处理、产品销售、售后服务等生产经营活动，积极满足消费者绿色消费的需求以及社会和消费者的环保需求，并实现企业营销目标。

绿色营销包括很多行为，如产品更新、生产流程变化、包装变化及广告变化等。然而定义绿色营销并不是一个简单的工作。早期美国营销协会将生态营销定义为：研究营销行为在污染、能源枯竭和非能源资源枯竭的积极和消极方面的内容。Michael Jay Polonsky 则认为，绿色营销或生态营销包括所有生成和促进一切意图满足消费者需要的行为，当这种需要得到满足时，对自然环境的不利影响最小。

二　绿色营销的发展历程

尽管工业革命使社会产品极大丰富，但在这期间环境保护并未得到重视，对环境的破坏是一个全球性问题。然而在20世纪50年代，产品数量开始急剧增加，近来产品和服务生命周期也越来越短暂。从20世纪60年代开始，人类对环境的过度干预已经带来了不可逆转的结果。20世纪70年代开始，生态绿色营销理念就在发达国家兴起了。早期，公众的注意力放在具体的环境问题上，因此，解决办法也是独立的，这也是只有少量的产品、企业和工厂被这种新趋势所影响的原因。

从 20 世纪 80 年代开始，生态营销的角色及其必要性开始发生转变。20 世纪 80 年代，巨大的环境灾难（如切尔诺贝利核反应堆的泄露、油轮造成的水污染、臭氧层空洞的发现）使人们的关注重点转向经济与自然的内在联系。与系统终端解决方法不同的是，企业试图运用科学技术来减少整个过程的污染，这种技术被称为清洁技术。在这期间，消费者的态度也发生了改变。根据一项调查显示，82% 的美国消费者愿意对那些环境友好型产品多支付 5% 的价格。基于这一结果，价值导向的企业及致力于消费者需求的企业均能从绿色营销中获利。这一时期最重要的概念是：可持续、清洁技术、环保性能和绿色消费。

20 世纪 90 年代开始，绿色营销的议程进展到涉及个体动机的新话题，如顾客感知、效率、合作行为及战略联盟。然而到 20 世纪 90 年代后期，绿色发展缓慢。一方面是因为媒体对"绿色"企业的消极看法及消费者日益增加的对绿色广告的质疑；另一方面，简单便宜的绿色实践和解决方法（尤其是那些引起成本削减的方法）已经走到尽头。市场上开始对什么样的产品才是真正的绿色产品产生疑问，而且与绿色消费者细分市场接触在实践中似乎很困难。

进入 21 世纪，我们面临的环境污染和资源枯竭问题更加严峻，高能耗、高污染、低产出、低效率的发展方式已经面临严峻的考验。为了能让人类持续生存，也为了提高人们的生活质量，绿色营销已迫在眉睫。

三 绿色营销产生的背景

企业使用绿色营销理念的原因可以归纳为如下一些情况：企业认为生态营销是一个可以被用来达成其目标的机

会；政府要求企业更加有社会责任感；竞争者的生态行为迫使企业改变其生态营销行为；伴随着废物处理或减少材料使用的成本因素迫使企业修正其行为；等等。

（一）消费观念的变化

20世纪90年代就有调查研究显示，每个国家有超过50%的消费者表示他们关心环境。在澳大利亚有84.6%的被调查人员认为所有人都有保护环境的责任，有超过80%的被调查人员表示他们因为生态原因已经调整了他们的行为，包括购买行为及消费需求发生改变。这表明健康消费、绿色生活方式正深入新型消费者的观念中，推动了绿色消费需求的高涨，也会促使企业在原材料选购、生产工艺流程设计、产品包装与运输、产品使用等全过程中，每一环节都要确保消费者的安全和健康。

（二）企业社会责任感的增强

很多企业开始认识到它们是更广泛社区的一分子，也因此进入生态责任潮流中。这也使企业认为必须将生态目标与利润目标保持一致，导致生态问题被考虑到企业的公司文化中。在这种情况下，企业可以采用两种策略：一是它们可以把有生态责任感这个事实作为一个营销工具；二是它们可以成为有生态责任感的企业而不宣传这个事实。无论哪一种方式，企业都应以绿色需求为导向，在市场营销中考虑自己的社会责任，遵循可持续发展原则，积极开发绿色产品，努力拓宽营销领域，把企业营销带入绿色新境界。

（三）政策与法律的约束

加强环境保护、促进世界经济可持续发展的呼声日益高涨，绿色法律体系的建立和完善对企业污染环境等行为有极大的威慑力，绿色舆论监督使违反环保的行为无处藏身，这些势必促使企业从产品的开发设计、能源消耗、原材料采购生产到最终消费、报废和回收等一系列过程担负起对社会和环境的责任，确保资源的有效利用和环境不会受到污染和破坏。

就像和所有的营销相关行为一样，政府想要"保护"消费者和社会，这种保护对绿色营销有重大影响。政府关于生态营销的法律制度是从以下几个方面保护消费者设计的：减少有害产品和副产品的生产；调整制造企业和消费者对有害商品的使用及消费；确保所有的消费者能够判断商品的环保成分。政府制定制度以控制企业造成的危险废物的总量。很多副产品的生产通过各种生态许可证议题来加以控制，以此调整组织的行为。在某些情况下，政府试图劝说最终消费者更加有生态责任感。例如，一些政府引入路旁回收项目的志愿活动，使消费者能够更容易采取行动。在其他情况下，政府则对那些不负责的行为征税。

（四）竞争压力

在生态营销领域的另一个主要压力就是企业要维持其竞争地位。在许多情况下，企业注意到竞争者的环保行为，并试图模仿它们的行为。这种竞争压力在一定程度上刺激了整个产业调整其行为，进而减少了对环境的破坏。

（五）成本或利润问题

企业也会用绿色营销试图解决与成本和利润相关的问题。处理对环境有害的副产品成本不断增加，而且在一些情况下这些副产品的处理也比较困难。因此，能够减少有害浪费的企业也能够持续地降低成本。当试图最小化浪费时，企业就需要重新检查它们的产品流程。这样，企业往往就会开发出更有效的产品流程，这不仅减少了浪费，也减少了对原材料的使用。这样做节省了两种成本，包括浪费处理成本和原材料成本。

四 企业开展绿色营销的策略

企业要奉行和实施绿色营销观念，就必须从生产和经营的各个环节全方位地贯彻绿色原则，制定绿色营销组合策略。

（一）开发和生产绿色产品

绿色产品涵盖了产品的选料、生产、加工、包装、储运，甚至消费全过程，这其中的每一环节都是安全和无公害或少公害的。绿色产品的品质应定位在绿色的含量上，企业要让目标消费者知道产品的绿色构成，以及产品对消费者的身心健康有利和对环境的保护有帮助，从而突出产品的绿色形象。绿色产品的生产过程应是清洁生产过程，产品开发侧重于废弃物的再资源化。在产品及包装设计上强调零部件组合的环保性、组装作业的解体性、零件规格的少量化。包装材料应选择无毒、可降解、无污染、无公害的材料。

（二）制定绿色价格

产品生产成本核算应包含企业在生产经营过程中的环境成本和资源成本，体现环境价值和资源价值，使生态环境得到必要的保护和资源的合理利用。当前，政府要通过完善环境经济政策和建立审计制度，促使和鼓励企业实施绿色营销战略。要建立ISO9001认证、排污收费、排污许可证核发等制度，采用强制执行等行政手段要求企业加强绿色营销，制定奖励措施，对于开发绿色产品、综合利用自然资源、投资加强环境保护的企业，给予积极支持和鼓励，并在信贷、税收等方面给予优惠政策，积极推进企业经济增长方式的转变。

（三）建立绿色的分销渠道

在分销渠道的选择中，应体现经济、协调、高效、控制的原则，选择良好的绿色分销渠道，包括选择信誉良好、关心环保的中间商。而绿色产品市场空间的正确选择对消费者来说则尤为重要，绿色产品的市场空间应定位在大型商场、超市、百货店或是自行设立的绿色专卖店。因为这些市场完备的设施、较强的技术能力和良好的信誉，可以保证绿色产品无污染或少污染，同时也符合绿色产品优质高价的品质和价格定位，让消费者买着放心，用得满意。

（四）选择合理的促销策略

企业在政府绿色法规的框架内，借助企业以外的各种力量，采取绿色营销的促销手段，培育与发展绿色需求，以此占领市场、巩固市场、发展市场。企业应与相关企业、环保组织、社会公众、政府、媒介组织等建立和谐合作关系，对企业内部员工进行绿色教育和培训，树立绿色意识，形成绿色文化。对外积极参与环保活动，支持环保事业，在公众中塑造良好的绿色形象，最终以实际行动强化企业在公众心目中的绿色形象。

五 绿色营销运行中的问题

不管一个企业为什么要运用绿色营销，它们都必须克服一些潜在的问题。一个重要的问题就是使用绿色营销的企业必须确保其行为没有误导消费者或企业，而且不触犯任何有关生态营销的法律制度。

当企业试图有社会责任感时，它们可能面临现在看来是社会责任感的行为而在未来被发现是对环境有害的行为的风险。在某一时间，在既定的科学知识里，企业很难确定它们作的决策对环保而言是正确的。这也解释了为何像可口可乐和迪士尼这样的公司有社会责任感但并不宣传这一点。这样，如果企业在过去做的决定是错的，它们就可以避免自己陷入未来潜在的消极影响。

虽然政府的法律法规是为了提供给消费者做出更好决定的机会，或者是鼓励他们更加有环境责任感，但是制定能解决所有环境问题的法律却很困难。例如，为了控制生态影响的指南只专注于一个很狭隘的问题。如果政府需要调整消费者的行为，就需要制定一系列不同的规则。这样，政府保护环境的意图可能导致大量的规则制度的制定，但是却没有一个中心控制主体。

因竞争压力实施绿色营销，可能会使所有的跟随者都犯与领导者一样的错误。一个昂贵的例子就是美孚公司，它追随竞争者，引进了"可降解"的塑料垃圾袋。虽然在技术上这种袋子是可降解的，但处理这些袋子的条件并不能使其可降解。美孚公司在美国的几个州都因使用误导广告被起诉。这种盲目的跟随竞争可能会带来惨重的后果。

因成本或增加利润的动力而采用绿色营销，可能并不能使企业关注环境退化问题的重要性。管道终端的解决方法实际上可能并没有减少浪费，只是将浪费转移了。虽然企业可能会获利，但它并没有解决环境问题，尽管它可以最小化短期影响。

第三节 网络营销

网络营销就是以国际互联网为基础，利用数字化的信息和网络媒体的交互性来辅助营销目标实现的一种新型的市场营销方式。简单地说，网络营销就是以互联网为主要手段进行的、为达到一定营销目的的营销活动。知识经济的技术基础是电子信息技术，以电子信息技术为基础发展起来的网络营销，它本身就是知识经济条件下的产物，必然成为一种主要的营销方式。

网络营销的同义词包括网上营销、互联网营销、在线营销、网路行销、口碑营销、网络事件营销、社会化媒体营销、微博营销等。这些概念具有相同的意识表达，在这里我们统一称为网络营销。

一 网络营销中消费者的购买特征

对于消费者网络购买而言，由于网络媒介的特殊性，除了具备一般的购买特征，还有以下特点。

（一）主动性

无论是在对产品或服务需求的表达，还是在信息的收集或是售后的反馈上，网络环境下的消费者主动性都大大增强。消费者不再被动地接受厂商提供的产品，而是根据自己的需要主动上网寻求，甚至通过网络系统要求厂商根据自己对产品的要求或准则量身定做，从而满足自己的个性化需求。

（二）充分比较

由于网上销售并不受限于货架束缚，往往没有库存，因而网上商家可以提供比真实商店更多的产品。多如牛毛的产品使消费者的挑选余地增大的同时，也对客户的购买行为产生了负面影响，消费者的购买决策难度加大。因此，网站上常会设立产品或服务推荐栏目，并出现了一些比较网站、分析模型与评定软件，让消费者对获得的信息有一个全面的分析与评定，从而引导消费者的消费行为。

（三）比较理性

在网络环境下，消费者面对的是网络系统，购物过程中有效地避免了环境的嘈杂以及各种影响和诱惑。网络和电子商贸系统巨大的信息处理能力为消费者在挑选产品时提供了空前规模的选择余地，选择的范围也不受地域和其他各种条件的约束。在这种情况下，任何宣传、欺骗和误导都是徒劳的，消费者对铺天盖地而来的广告已具有相当的抵抗力，却对"枯燥乏味"的数据情有独钟，这一切都使得消费者购买时的理性成分大大增强。消费者网上购买行为理性化的结果是：他们的需求更加多样化了，个性化逐渐凸显出来。消费者开始向企业提出挑战，提出自己的消费规则。

二 网络营销的优势

网络营销是指企业以电子信息技术为基础，以计算机网络、数字交互式媒体为媒介和手段而进行的各种营销活动的总称，包括网络调研、网络新产品开发、网络促销、网络分销和网络服务等活动。

（一）企业角度的网络营销优势

1. 降低成本

网络营销具有经济性，网络营销能帮助企业减轻库存压力，降低经营成本，同时，网络营销可以大大节省消费者的交易时间与交易成本。网络营销具有高效性，互联网络通过电脑传送的信息数量与精确度远远超过其他媒体，企业营销效率大大提高。据测算，在设计上，Internet 可缩短 50%～60% 的设计时间；在采购上，可减少 98% 的数据错误，检索时间可省 40%，采购工作可省 30%～50%，资料内容变更时间缩短 30%～50%，计算时间减少 70%～80%。所以，网络营销对企业来讲，提高了工作效率，降低了成本，扩大了市场，给企业带来社会效益和经济效益。相对于传统营销，网络营销具有国际化、信息化和无纸化的特征,已经成为企业营销的主流①。

网络营销具有虚拟化的特点,企业网上虚拟商店,其成本主要涉及自设 WEB 站、软硬件,加上网络使用费以及以后的维持费用,这比起普通店铺经营性支出如昂贵的店面租金、装潢费用、水电费等低廉许多倍。业务员通过网络向客户宣传产品和处理反馈也减少了电话、传真和样本印刷等费用。可以说,网络营销大大降低了营销成本,并提高了营销效率。

2. 有利于与消费者建立稳固的长期关系

网上营销企业在网上与消费者交流的过程也是向消费者学习的过程。营销商可以将消费者有益的建议报告下载到自己的网络系统,消费者也可将营销商的免费软件及资料下载到自己的信箱或电脑中,从而建立起稳固、长期的良好关系。

3. 掌握和统计消费需求

由于网络的开放性与时效性,企业可以通过网络实时了解到消费者的需求以及对产品的反应情况,迅速对其产品、价格、款式等作出调整。网络营销企业可以很方便地统计出有多少人访问过自己的网站,有多少人浏览过特定的内容,等等。这些信息可以帮助他们进一步改进网上提供物的性能和提高网上广告的吸引力。

(二) 消费者角度的网络营销优势

从消费者角度来看,网络营销具有以下优势。

1. 购买行为跨越时空

由于互联网络具有跨越时间约束和空间限制进行信息交

---

① 龚黎莹:《论知识经济与企业营销创新》,《湖南财经高等专科学校学报》2005年第4期,第50~52页。

换的特点，使得脱离时空限制达成交易成为一种可能。这样，企业能迅速建立起自己的全球信息网和贸易网，企业能有更多的时间和更大的空间进行营销，同时，消费者的购买行为也突破了时间和空间的限制，消费者可以 24 小时地访问世界任何一个角落的网店，获得海量的产品信息，为制定合理的购买方案提供基础。

2. 进行信息交换

由于互联网的交互性，消费者可以通过登录到不同企业或营销商的网页，随时查询许多关于公司及产品的信息，了解其竞争对手和竞争产品的资料，有利于消费者作出决策。卖方可以随时随地与买方进行交易，买方也可与卖方互动交流。

3. 获得个性化的服务

网上公司通过个性化的 E-mail、网页欢迎信、顾客兴趣追踪与顾客建立亲密友好的联系，提供个性化服务。消费者可以通过网络进行个性化商品和服务的定制，使得个性化需求得到满足。如鲜花店可以追踪顾客的生日、假日和纪念日，而后在这些特殊的日子之前提醒顾客，以便订购鲜花。

4. 购买过程更加自主

网络营销可以减少消费者和营销人员因直接面对面所带来的冲突。互联网上的促销是一对一的、理性的、消费者主导性的、非强迫性循序渐进式的，而且是一种低成本与人格化的促销，这就使得消费者不必直接面对销售人员就可以完成购物，可以增强购买过程的自主性，减少店面购买的心理压力，增加购买的轻松感。

三 网络营销是知识经济时代的客观要求

网络营销产生于 20 世纪 90 年代，发展于 20 世纪末。知识经济的来临，给人类社会带来了全面而深刻的影响，同时也改变了企业的市场营销环境，从而引起网络营销的产生。

（一）经济全球化提供了市场基础

自20世纪80年代以来，世界经济全球化日趋明显，经济全球化必然带来企业经营的全球化，在全球市场上进行生产要素的采购和产品的销售。社会分工也由国内分工走向国际分工，企业之间的经济关系已经突破地域的限制，企业的经济活动也是在国际经济舞台上进行的。因此，经济的全球化、市场的国际化为网络营销的产生提供了经济背景。

（二）电子信息技术为网络营销提供技术保障

知识经济的推动力量是电子技术和信息革命，特别是20世纪90年代以来的数字化信息革命。新一代经济的核心是高速、互动、传递信息、共享知识的新一代网络，它成了知识经济的基础设施，也为网络营销的开展提供最本质的技术支持。网络营销不仅为发达国家企业和消费者提供了效益和各种便利，也对发展中国家民众的社会经济生活带来越来越现实、越来越深刻的影响。

（三）消费者价值观的变革是网络营销产生的文化基础

随着经济的发展，消费者的个性消费的复归促使顾客需要和企业对话，让企业了解其个性需求，这就需要企业积极转变经营理念，以消费者需求为出发点，从而形成企业同顾客之间"一对一"的营销关系，而网络的即时交互为实现这种模式提供了物质基础。消费者消费理念和消费方式的改变为企业开展网络营销提供了观念环境。

（四）服务需求的增长为网络营销提供了内容

知识经济时代，信息、服务业及相关产品日益受到重视，服务产品更适合通过网络的渠道进行提供，这正是网络营销的潜力所在。由于知识经济是以信息产业的网络作为其存在的物质基础的,因而人们对网络的依赖逐渐增强。网上咨询、网上办公、网上教育、网上医疗、网上娱乐将更加普遍,这些都预示着构造信息高速公路必备的网络产品将具有极大的市场潜力,网络营销势在必行。

四 企业开展网络营销的策略

21世纪是网络营销的时代,网络营销与传统营销方式相比具有明显的竞争优势,网络营销的发展前景非常广阔,必将成为世界营销的主流。

(一)构建网络营销基础

从基础条件来讲,需要建立网上客户管理系统,建成完整的客户资料库;建立客户售后服务中心,为客户提供满意的服务;建立商品采购管理系统,保证采购商品的高质量和低价格;建立商品供应管理系统,搞好货物的配送工作。从经营角度来讲,需要找准经营点,正确进行市场定位;提供完整的商品和服务信息,制定动态的商品和服务价格;选好自己的经营种类,要与现实的卖场搞错位经营,要加强网上广告宣传,树立良好的企业形象。

(二)建立现代化的物流配送网络

应对企业和顾客两个方面的系统整合,在运输、仓储、包装、装卸、配送、流通加工以及物流信息等各个环节中构成一个具有互相制约、互相影响的完整的供应链体系,承担物料采购和实物配送两个功能性活动,解决货物的存储问题与运输问题。可采取以下两种方式建立物流配送网络。

第一,同第三方物流企业合作。把配送交予第三方物流企业,企业可集中力量经营自己的核心业务,第三方物流企业同时为多家企业服务,更容易达到规模经济,从而实现双赢,这将成为解决物流问题的主要方式。

第二,同连锁店、商场专柜等传统销售企业合作。企业通过采用这种营销模式可以减少库存量,并且搜集顾客信息,降低成本,提高效率,这也是一种适合我国消费者的销售模式。

(三) 加快构筑企业网络营销信息平台

网络营销成功的关键是吸引顾客上网和愿意网上购物,因此,网络营销策略也主要围绕这两个方面展开,吸引顾客上网是网络营销的基础。企业在建立自己的网站的时候,要根据网络用户的爱好与品位,有针对性地设计自己的网站,让用户有足够的理由来访问网站,使用提供的服务。同时,企业必须在网站上提供互动环境吸引用户进行互动参与,保持网站对用户的长期吸引力。

(四) 加强信息安全技术研究,为发展网络营销提供技术保证

网络营销要适应市场全球化的新形势,广泛应用于社会的各个领域的各行各业,并为我国企业参与国际市场竞争提供现代化的信息手段。因此,加强信息安全研究是我国发展网络营销亟待解决的关键问题。信息安全体系的突出特点之一,就是必须有先进的技术系统来支持,没有信息安全技术就没有信息安全。在安全技术方面,涉及技术标准、关键技术、关键设备和安全技术管理等环节,而其核心问题有两个:一是有关的安全技术及产品必须也只能是我国自主开发的和国产化的。没有国家自主开发的、国产化的安全技术和安全产品,也就没有真正的国家信息安全。信息安全不可能靠直接引进国外安全技术和国外安全产品来实现,否则后果

是灾难性的。二是信息安全技术的开发与采用和国产信息安全产品的采购与装备,也应纳入法制的范围。信息安全技术产品市场是一个特殊的市场,它不仅受市场机制的调控,还要受国家安全机制的调控。因此,必须协调好国家信息安全体制与信息安全技术开发及产业法制体制之间的关系。要依靠国家的投入和政策扶持,依靠各类网络单位的积极支持,依靠信息安全产业和市场的推动,建立起我国信息安全的技术支撑体系和技术管理体系。

五 网络营销的新趋势

(一) 搜索引擎

搜索引擎是指根据一定的策略,运用特定的计算机程序从互联网上搜集信息,在对信息进行组织和处理后,为用户提供检索服务,将用户检索的相关信息展示给用户的系统。

长期领跑搜索服务业的网页搜索增长乏力,各细分搜索服务则持续上升。其中,视频搜索、其他垂直搜索、地图搜索表现抢眼。搜索服务精细化方向发展,是中国网民日趋多样、深入、专业的搜索需求体现。网络搜索引擎行业在经历了十余年的快速发展、形成一定用户规模之后,将迎来一次结构性调整,而细分搜索就是其中最重要的变化点。与之对应的搜索引擎层面,也会精耕细作。此策略对于广泛的中小企业也完全适用。

(二) 微博营销

微博营销是刚刚推出的一个网络营销方式,因为随着微博的火热,催生了有关的营销方式,就是微博营销。每一个人都可以在新浪、网易等注册一个微博,然后发布内容来更新自己的微博。每天更新的内容就可以跟大家交流,或者有大家所感兴趣的话题，这样就可以达到营销的目的，这样的方式就是新推出的微博营销。

微博营销注意的要点如下。

1. 取得用户信任是根本

微博营销是一种基于信任的主动传播。在发布营销信息时，只有取得用户的信任，用户才有可能帮你转发、评论，才能产生较大的传播效果和营销效果。获得信任最重要的方法就是不断保持和用户之间的互动。

2. 发广告需要有一定的技巧

在发布企业的营销信息时，要尽可能把广告信息巧妙地嵌入有价值的内容当中。这样的广告因为能够为用户提供有价值的东西，而且具有一定的隐蔽性，所以转发率更高，营销效果也更好。像小技巧、免费资源等都可成为植入广告的内容，都能为用户提供一定的价值。

3. 通过活动来进行营销

抽奖活动或者是促销互动，都是非常吸引用户眼球的，能够实现比较不错的营销效果。抽奖活动可以规定，只要用户按照一定的格式对营销信息进行转发和评论，就有中奖的机会。奖品一定要是用户非常需要的，这样才能充分调动用户的积极性。如果是促销活动，一定要有足够大的折扣和优惠，这样才能够引发用户的病毒式传播。促销信息的文字要有一定的诱惑性，并且要配合精美的宣传图片。如果能够请到拥有大量粉丝的人气博主帮你转发，就能够使活动的效果得到最大化。

水能载舟，亦能覆舟。微博互动，传播性极快，同时具有社会化媒体属性。微博为危机发生"打通"渠道，使得企业危机的出现越来越多，突发性越来越强，传播速度越来越快。这一切都加大了危机预防和管理的难度,企业管理者应时刻警惕。

(三) 视频营销

视频营销指的是企业将各种视频短片以各种形式放到互联网上,达到一定宣传目的的营销手段。网络视频广告的形式类似于电视视频短片,而平台却在互联网上。"视频"与"互联网"的结合,让这种创新营销形式具备了两者的优点。视频营销的策略主要有以下几点。

1. 网民自创策略

中国网民的创造性是无穷的,而且在视频网站,网民们不再被动接受各类信息,而是能自制短片,且喜欢上传并和别人分享。除浏览和上传之外,网民还可以通过回帖就某个视频发表己见,并给它评分。因此,企业完全可以把广告片以及一些有关品牌的元素、新产品信息等放到视频平台上来吸引网民的参与。例如,向网友征集视频广告短片,对一些新产品进行评价,等等,这样不仅可以让网友有收入的机会,同时也是非常好的宣传机会。

2. 病毒营销策略

视频营销的优势在于传播,即精准,消费者首先会产生兴趣,关注视频,再由关注者变为传播分享者,这一系列的过程就是对目标消费者进行精准筛选传播。网民看到一些经典的、有趣的、轻松的视频总是愿意主动去传播,通过受众主动自发地传播企业品牌信息,视频就会带着企业的信息像病毒一样在互联网上扩散。病毒营销的关键在于企业需要有好的、有价值的视频内容,然后寻找到一些易感人群或者意见领袖帮助传播。

3. 事件营销策略

事件营销是指企业通过策划具有名人效应、新闻价值以及社会影响的事件，引起媒体、社会大众和消费者的好奇并加以关注，从而提高企业或产品的知名度、美誉度，树立品牌形象，并最终促进产品或服务销售增长的营销方式。事件营销一直是线下活动的热点，国内很多品牌都依靠事件营销取得了成功。其实，策划有影响力的事件，编制一个有意思的故事，将这个事件拍摄成视频，也是一种非常好的方式，而且，有事件内容的视频更容易被网民传播，将事件营销思路放到视频营销上将会开辟出新的营销价值。

4. 整合传播策略

由于每一个用户的媒介和互联网接触行为习惯不同，这使得单一的视频传播很难有好的效果。因此，视频营销首先需要在公司的网站上开辟专区，吸引目标客户的关注；其次，也应该跟主流的门户、视频网站合作，提升视频的影响力。而且，对于互联网的用户来说，线下活动和线下参与也是重要的一部分。因此，通过互联网上的视频营销，整合线下的活动、线下的媒体等进行品牌传播，将会更加有效。

（四）口碑营销

企业在调查市场需求的情况下，为消费者提供需要的产品和服务，同时制订一定的口碑推广计划，让消费者自动传播公司产品和服务的良好评价，从而让人们通过口碑了解产品、树立品牌、加强市场认知度，最终达到企业销售产品和提供服务的目的。

据八加八公司调查，口碑营销被业内人士称为"病毒式营销"，营销人士敖春华的解释是因为其传播的影响力之大。不少企业家会发现，产品拥有一个良好的口碑，会产生更大的利润价值。口碑营销虽然有宣传费用低、可信任度高、针对性强等优点，但也充满着小市民的偏见和情绪化的言论，口碑在消费者中诞生、传播，对于营销人员而言则属计划外信息，本身具有很强的不可控性。因此，口碑营销并不是解决眼下传播效果差、投资回报率低这一顽疾的救命稻草，它只是在营销人员的传播工具百宝箱中又添加了一个新物件而已。

互联网为消费者的口碑传播提供了便利和无限时空，如果消费者关注某个产品，对它有兴趣，一般就会到网上搜索有关这个产品的各类信息，经过自己一番去伪存真、比较分析后，随即进入购买决策和产品体验分享过程。在这一过程中，可信度高的口碑在消费者购买决策中起到关键作用，这在一定程度上弥补了传统营销传播方式在促进消费者形成购买决策方面能力不足的"短板"。然而，要让众多消费者关注某个产品，传统广告的威力依然巨大。因此，口碑营销必须辅之以广告、辅助材料、直复营销、公关等多种整合营销方式，相互取长补短，发挥协同效应，才能使传播效果最大化。

（五）社会化媒体营销

社会化媒体营销就是利用社会化网络、在线社区、博客、百科或者其他互联网协作平台媒体来进行营销。一般社会化媒体营销工具包括论坛、微博、博客、SNS、Flickr 和 Video 等。在网络营销中，社会化媒体主要是指一个具有网络性质的综合站点，而它们的内容都是由用户自愿提供的，而不是直接的雇佣关系。

社会化媒体营销包含三个重要的方面，具体如下。

（1）创建大量的有价值的新闻事件、视频、Tweet、博客来引起关注，并且自然成为病毒性内容。病毒性传播不是购买广告位，而是用户自发传播。

（2）建立多种渠道让公司品牌以多种方式来推广（双向的），如 Twitter、Myspace、Facebook 等。

（3）开展对话。社会化媒体营销并非全部由企业控制，它允许用户参与和对话。社会化媒体营销必须要全员参与并且尊重用户。

（六）网络整合营销

随着媒体环境及形式"多样化"、"碎片化"日趋复杂，门户一统江湖正在破碎，互联网呈现多元生态结构，垂直网站、网络游戏、聊天工具、视频、论坛、博客、SNS、微博等新鲜形式层出不穷。而用户多项活动共行已成为网络一族的生活常态，不同形式变化出无数媒体数列组合。

网络整合营销是在一段时间内，营销机构以消费者为核心重组企业和市场行为，网络整合营销综合协调使用以互联网渠道为主的各种传播方式，以统一的目标和形象，传播连续、一致的企业或产品信息，实现与消费者的双向沟通，迅速树立品牌形象，建立产品与消费者的长期密切关系，更有效地达到品牌传播和产品行销的目的。网络整合营销是一种对各种网络营销工具和手段的系统化结合，根据环境进行即时性的动态修正，以使交换双方在交互中实现价值增值的营销理念与方法。

网络整合营销就是为了建立、维护和传播品牌，以及加强客户关系，而对品牌进行计划、实施和监督的一系列营销工作。网络整合营销就是把各个独立的营销工作综合成一个整体，以产生协同效应。这些独立的营销工作包括广告、直接营销、销售促进、人员推销、包装、事件、赞助和客户服务等。

（七）移动互联网

现代社会正呈现"碎片化"，人们的时间与注意力被打散。而移动终端恰以"轻姿态"、"补丁型"媒体形式出现,将微分的生活间隙填满。那么,基于移动互联网"贴身型"媒体,将现代社会的"碎片化"时间一网打尽,正深度满足着现代社会的媒介消费需求。

移动互联网的机会有多大?摩根士丹利的报告认为可能是互联网产业规模的 10 倍。4.2 亿网民里有 11% 使用手机和数字卡上网,如此推算,9 年之后,移动互联网的用户数将超过固定互联网用户数。在 3G 背景下,庞大的手机市场规模成为有效推动移动互联网发展的基础,而这必将刺激移动互联网市场创新能力的持续提高,引发新一轮创新潮[①]。

网络营销是知识经济时代的客观要求,但是纵观网络营销的发展过程,仍存在大量的问题和改进的空间。我们应该抓住知识经济带给我们的机遇与方便,更新我们传统的观念,进行头脑与行为的创新行动,使网络营销能为人类带来更好的发展。

第四节 体验营销

在本书的第一章中阐述了体验经济的含义,把体验经济界定为:有意识地以商品为载体、以服务为手段,使消费者融入经济活动之中、参与活动,并从中感悟和享受活动价值的经济形态。在体验经济中,企业提供的不再仅仅是商品或服务,它提供最终体验,并充满了感情的力量。消费者个人以个性化方式参与消费,使消费者留下了难以忘却的愉悦记忆;消费者消费的也不仅仅是实物形态的商品,更重要的是一种感觉,一种情绪上、体力上、智力上甚至精神上的体

---

① 张文:《2011 网络营销大趋势》,《企业研究》2011 年第 7 期,第 19 页。

验。与知识经济侧重体现的是生产领域的经济形态相对照，体验经济侧重体现的是消费领域的经济形态。知识经济形态下同样呼唤体验营销。

一 体验营销的含义和特征

（一）体验营销

体验营销就是企业诱导消费者消费，利用消费体验推动消费者认知产品，促使顾客认知、喜好并购买，从而促进产品销售的营销手段。在消费需求日趋个性化、多样化的环境下，消费者已经不仅仅关注产品本身所带来的机能价值，更重视在产品消费过程中所获得的体验。营销者站在消费者的角度去体验消费者的购买理念、购买程序、购买心理和购买原动力，体验营销强调消费者的参与性和接触性，强调引起消费者的"情感共振"。

从发展上看，消费需求可分为三个不同阶段：第一阶段是"量的满足时代"，第二阶段是"质的满足时代"，第三阶段是现今正在流行的"体验消费时代"。这三个阶段的演进与社会经济发展密切相关，从"量"到"质"到"体验"的阶段，实际上是社会经济发展经历的"温饱型"到"富裕型"进入"享受型"的阶段。在"享受型"阶段，消费者更加注重消费的品位、格调及良好的感受。

（二）体验营销的特征

1. 更加关注差异性及个性化

体验的产生是一个人在感受、经历，或是生活过一些处境的结果。体验作为出自消费者内心的精神和心理感受，当然因人而异，因个人所受教育、文化、亲身经历及爱好的不同，所以对同一个事物将产生不同的体验经历。因此，对于企业而言，必须根据消费群体的个性心理特点，仔细研究目标消费者体验需求的差异性。

2. 更注重与消费者互动

要让消费者对企业提供的商品和服务产生美妙的体验，作为体验提供者的企业必须深入分析和把握能激发顾客美妙感受的体验提供物。因为任何一种体验都是消费者个人心智状态与那些有意识的筹划事件之间的互动作用的结果。

3. 关注消费主动性

无论是在体验生产过程中，还是在体验消费阶段，消费者的体验有较大的主动性，是消费者自身的心理感受。在体验消费过程中，体验的购买者能够获得身临其境的感受，良好的心理感受能立即带来心理的愉悦，只有消费主动参与，才能实现体验营销的效益。

二 体验营销的组合要素

体现营销能够取得预期的效果，必须借助于一些基本要素。

（一）体验（Experience）

体验是体验营销组合中最基本的要素，其他要素必须服从和服务于体验的基本内涵和思想。它描述了企业要提供给顾客什么样的体验，是情境、事件和嵌入的前提和基础。但是，顾客所产生的体验却无法被清楚地区分成某一类型，而是几种类型的混合物。这种混合基于价值的层级发展，以"体验的车轮"形式出现。顾客在过程中获得体验，是产生销售的直接动力。

（二）事件（Event）

事件是指为顾客参与体验设定的一系列的程序。顾客通过参与企业设计的事件而获得修改的体验，体验依托于事件。企业必须对顾客参与的过程进行特别的设计，形成事件策略。根据松散程度，将事件策略分成两种模式：一种是设立严格的程序，如在线游戏；另一种是设立相对宽松的程序，存在一定的弹性，如"迪士尼生日俱乐部"组织的农场体验活动。在事件策略的设计中，除考虑顾客自身的活动外，还要考虑顾客相互之间的关系，如果不注意协调他们之间的活动，很容易带来负面的体验，通过事件让顾客获得正面的体验才是体验营销成功的关键。

（三）情境（Environment）

情境是企业为顾客创建的"表演舞台"，是体验产生的外部环境。它既可被设计成现实的场景，也可被设计成虚拟的世界。在情境策略的设计中，可以借鉴戏曲理论、心理学、社会学等方面的知识，但情境策略必须服务于体验策略。

（四）嵌入（Engaging）

体验营销关注顾客的主动参与性，嵌入是要通过营销手段使顾客真正浸入企业所设计的事件中，要求在角色的设计中一定要使顾客成为一个真正的"演员"。顾客只有真正地参与事件，其心理活动才真正地浸入情境中，才会最终导致愿意付费的体验的产生。嵌入与情境、事件一起共同完成体验的实现过程。

（五）效应（Effect）

体验营销在向顾客让渡体验的同时，需要注意顾客终生价值的问题，引入印象策略正是基于这一考虑。体验的难忘过程就产生了印象，体验会产生持续对消费者潜移默化的效应，效应成为维持长期顾客关系的重要因素。

（六）延展（Expand）

顾客体验可以延展到企业的其他产品，可以延展到不同的地区和时期,并向他人进行传播,从而实现了顾客价值的最大化。这一过程有如制酒的发酵环节,会逐渐放大体验的效力。体验营销通过各种措施对延展策略完备周详的实施,就能够使体验的功效发挥到极致。

印象和延展是体验营销的管理过程,它建立在前面要素的结果上,又是下一体验让渡过程的输入,影响下一体验让渡的策略组合。

三 企业实施体验营销的策略

(一) 以顾客体验为基础在产品环节实施体验营销

当前消费者在进行购买时不仅考虑产品的质量、功能、价格,同时还需要满足应有的视觉、触觉、审美等多方面的感官体验,追求感性与情景的诉求。企业在进行体验营销时,首先要分析目标客户群体在消费过程中的体验需求及其变化,根据客户的需求设计产品,针对顾客的需求及其心理变化制定体验式营销策略,让顾客在体验中感触到产品的真实价值,实现创造体验的最佳营销。

企业的产品不仅需要有好的功能和质量,同时还需要满足消费者多方面的感官体验,企业在整个营销活动中要以目标顾客的体验需求为中心,以顾客对产品的体验感受,设计制作和改进自己的产品,开发出多样化产品来满足顾客不同的体验要求。通过改进设计、提高产品质量、改善产品外观的方式来实现在产品环节实施体验营销。

(二) 通过广告和氛围实施体验营销

体验是消费者对产品的个人感受,体验即可来源于产品的实体功能,亦可来源于企业所传递的产品信息。广告作为一种主要的促销手段则可大范围地传播消费者所喜好的体验,把广告视为传达体验的工具。中国洗发水中的"百年润发"电视广告传达了更为震撼人心的情感体验,是实施体验营销的典型例子。巧妙地借用了夫妻间青丝白发、相好百年的传统美德,演绎出一段忠贞不渝的浪漫爱情,以洗发的浓浓深情,把人们带入"青丝秀发,缘系百年"的美好境界[①]。

除此以外,还可以通过氛围渲染方式来实施体验营销,如星巴克咖啡所营造的"第三空间"。"星巴克"连锁咖啡店是一个靠营销氛围在全世界迅速崛起的典型例子。星巴克除了提供口感好、味道独特的咖啡外,其咖啡馆内时尚且雅致、豪华而亲切的场所成为家庭和工作以外的一个舒服的社交场所。这里有起居室风格的装饰,还有仔细挑选的装饰灯具,那煮咖啡时的嘶嘶声,将咖啡粉末从过滤器敲击下来时发出的啪啪声,用金属勺子铲出豆时发出的沙沙声,都是顾客熟悉的、感到舒服的声音,都烘托出一种"星巴克格调"。

(三) 在终端展示或主题活动实施体验营销

企业在销售终端可以情景展示等来增强消费者对产品的体验,如在专卖店设立体验中心、体验博物馆等。终端展示现场的布置、装饰、营销人员的素质等,都会影响到顾客的感受。如果说以体验为导向设计和制作产品为体验式营销的成功奠定了基础,那么,实现从对产品的感知转化为体验则关系到体验式营销成败的关键。在终端展示中把握消费者的敏感区域,引领消费者在设定的"程序"里去完成体验,并能通过多样化的地区特性及终端销售环境,展现相同的体验诉求,进而强化消费者对产品的体验。

---

① 严学军、张巧丽、王圆圆:《体验营销的多元途径》,《企业改革与管理》2010年第2期,第67~69页。

除了销售终端的设计可以提供给消费者体验感受，企业还可以通过提供主题活动让顾客了解和掌握产品的全面使用价值。企业要更加关注消费者在购物前、购物中、购物后的全部体验，采取各种直观的、生动的体验方法，如试用、试玩、试吃、试穿、试驾等各种方式的体验活动，让消费者感到品牌的鲜活和多样化，这是可以看得到和伸手可及的，进而提升顾客的体验价值。例如，2009年5月，长安马自达借助Mazda2、Mazda3全系车型展开了一场辐射全国的品牌体验活动，并将该活动定名为"飙行天下——2009'Zoom-Zoom'汽车运动会"。"汽车运动会"覆盖了北京、上海、广州、成都、重庆、南京等全国15个主要城市，它集趣味任务、竞技比赛、明星互动、改装文化于一体，超越了传统意义上的试乘试驾活动，意在凸显长安马自达及旗下车型"活力、动感、时尚"的个性。这些主题活动的开展取得了理想的营销效果。

综上所述，企业在营销的过程中，应将体验营销所具有的商业价值发挥出来，必须通过灵活的方式，将自身的产品特性和营销模式有效地结合起来，从而赢得更多的市场份额。

第五节　内部营销

知识经济时代，经济的发展直接依赖于知识的积累和利用，拥有知识成为创造和获取财富的根本。具有智能的人本身成为人力资本，人才或人力资本是知识经济的第一资源。知识经济下企业知识型员工的比例在不断增加，需要企业更加注重内部营销的开展。

一 内部营销的发展

Rafig 和 Ahmed 认为组织内部营销发展经历了三个主要阶段，即员工激励及满意阶段、客户态度阶段、战略实施或调整阶段[①]。Varey 和 Lewis 认为，内部营销有两个主要的理论：一个是由 Berry 提出的，另一个是由 Gronroos 推行的。Berry 强调将员工当做客户、将工作当做产品来对待；Gronroos 认为员工必须是顾客导向，而且需要高层管理部门的支持[②]。Ahmed 和 Rafiq 提出了内部营销的多层次模型，由内部营销组合构成。该模型包括三个层次：目标、行动计划和行动。第一层（目标）是为一个特定的使命或变革设立一个全局的议程。这需要定义该变革所需的组织能力，首先是对外部机会的评价和对组织能力的全面了解。通常，在这一层，需要看重产品（工作）和发展与相应员工匹配的战略。细分过程在内部营销研究中普遍被接受。第二层（行动计划）要求从许多可选方案中选择。这是为了完成组织的使命，需要重点解决任何使合适的员工在合适的岗位做合适的工作等问题。市场研究依然很重要。第三层（行动）需要将想法付诸实际[③]。

内部营销的概念从 20 世纪 70 年代开始，对内部营销的研究不断增加。内部营销经过了三个阶段的发展：第一阶段，内部营销被认为是为获得高质量的服务而把员工作为内

[①] M. Rafig, P. K. Ahmed, "Advances in the Internal Marketing Concept: Definition, Synthesis and Extension", *The Journal of Services Marketing*, Vol. 14, No. 6, 2000, pp. 449~462.

[②] Richard J. Varey, Barbara R. Lewis, *Internal Marketing: Derections for Management*, Routledge 11 New Fetter Lane, London, 2000.

[③] P. K. Ahmed, M. Rafig, *Internal Marketing: Tool and Concepts for Customer-focused Management*, Butterworth-Heinemann Press, 2002, pp. 26~27.

部客户激励他们;第二阶段,把员工作为内部营销的一部分,以提高其顾客导向;第三阶段,内部营销作为一个更宽泛的概念,即内部营销是战略实施和管理变革。

二 内部营销的概念

第一个给内部营销下定义的是 John McKitterick,他在1957年对内部营销的定义是:内部营销是顾客导向的、综合的、利润导向的商业理念。Berry 和 Parasuraman 尤其关注的是服务的质量。根据他们的定义,内部营销就是关于吸引、开发、鼓励和培训有素质的员工,通过工作这个产品来满足他们的需要。员工满意度越高,可能使企业更容易成为顾客导向和市场导向型企业。

企业员工需要对他们的公司足够了解,对公司的产品和服务有信心,这样才能以最好的方式执行工作。根据这样的理解,人们可以假设员工应该参与公司的所有战略。这样,实施内部营销将有利于形成组织内部和谐。内部营销涉及组织的营销行为,即把员工当做内部顾客来对待,内部营销是管理公司内部的一种方式,内部营销的主要目标就是提高组织内部工作人员的效率。

三 内部营销的作用

(一) 内部营销有利于提高外部顾客满意度

基于服务质量是取得竞争优势必不可少的部分的观点,营销活动已经从交易的视角转移到建立关系的视角。在树立服务文化中,内部营销可以作为一个工具,来提高员工服务顾客的意愿和标准。内部营销需要让企业的产品(如工作)满足它的内部顾客(如员工)的需要,这样将会提高组织提供给外部客户的质量。内部市场营销会影响联络人员的满意度和客户获得满意度的质量,进而是客户的满意度。它也证实了一线员工对产品(工作)质量的满意度对客户所接受的服务质量的满意度有重要影响。

(二) 内部营销对企业品牌建立有重要影响

正如社会随着主要的经济变化而不断发展,营销领域也随着时间的演进不断发展。在很多情况下,服务已经成为企业的最终产品与其竞争对手产品形成差异化的优势。产品中的技术质量很容易被复制,因此,人员服务开始成为企业的特有资源。

为了成功地满足消费者的需要,与消费者进行接触的每个点都需要被评估并且需要符合企业的品牌标志。品牌的创建需要和企业将承诺通过企业的各个部门、内部媒体、供应商等传递给客户的过程一致。企业的各部门、内部媒体、供应商等在消费者对品牌的感知上都起到很重要的作用。如果员工不能很好地传达企业的品牌标识,仅仅通过广告来创建好的品牌是很难的。员工的行为可以被认为是价值创造的最重要的决定因素,能够比其他的营销工具更容易影响顾客忠诚度。因此,组织与其员工间的关系和组织与其最终消费者之间的关系一样重要。为了传递给消费者一个有凝聚力的品牌标识,组织的全体员工都需要理解企业的品牌标识是什么,这也是品牌组合发挥重要作用的地方。

四 企业实施内部营销的策略

(一) 培育有利于内部营销的服务文化

为了保持员工的工作热情,员工需要比金钱更多的激励。因此,组织应该追寻能够吸引、发展、激励和维持高素质员工的愿景。员工需要被告知组织的目标，并且相信这个目标，这将有助于目标的实现。全天候为顾客提供服务，员工需要感受到把该项工作做好的原因、意义和目的。管理层必须清晰地、不断地向员工传递企业愿景，使愿景成为一条强有力的无形纽带，把不同部门、不同层次的员工凝聚起来，朝同一个方向努力，并提供精神上的推动力。

企业的服务文化需要渗透到全企业而不仅仅是员工与客户接触的场所。管理者和他们的领导风格必须支持内部营销的实施，并且为员工做好表率。一个持续的过程：组织需要管理层的持续关注；组织在进行战略变革和外部营销时必须谨慎；创建服务文化需要时间和持续的关注。

（二）建立有利于内部营销的沟通制度

内部营销必须被管理者认可，如果员工觉得他们能够参与到某一战略活动中去，他们将更愿意为了企业和内部营销战略的目标而努力奋斗。内部营销最终关注的是对每一个员工的影响，提高他们的顾客服务意识、沟通能力和营销能力。

企业内部的沟通体系主要包括两方面：一个是企业与员工之间的沟通，另一个就是员工与员工之间的沟通。知识经济是速度和效益型经济，要求企业的组织结构越来越扁平化，同时，信息技术的发展也为企业内部的信息传递提供了平台。可见，知识经济背景下，要从组织结构的角度解决内部沟通过程中的沟通效率和信息失真问题。可以说，知识经济为企业内部沟通提供了组织和技术保障，要想进一步提高企业内部沟通的效率和效果，企业更要通过完善的制度来促进。企业管理者需要通过多种措施来建立顺畅的内部沟通渠道，鼓励员工进行知识的交流和共享。

（三）制定有利于内部营销的激励措施

内部营销的对象是企业员工，其实施效果依赖于员工在工作的过程中所感受到的满意度,满意度的提升可通过适当的激励措施实现。在开展内部营销时,对员工的考核评估和奖励系统很重要,这可以让员工知道他们的工作效果将会被评估,同时,知道把工作做好是值得的。如果他们发现没有人注意他们在做什么,他们的积极性将会减弱。如果员工的表现不能被评估和鼓励,内部营销目标实现将会受阻。

1. 建立利益共享机制

利益共享机制使员工和企业能共同分享生产率提高带来的收益,从而把雇员的利益与公司的利益真正结合在一起。要真正把利益共享机制的效益落到实处,还需要保证利益共享制度化,去除人为主观因素的客观化,要保证规则必须经常受检验,以保证对公司和员工的公平。每个员工都必须清楚地了解规划,做到信息公开透明,这些措施才能保障利益共享机制激励作用的发挥。

2. 扩大对接触性员工的授权

接触性员工就是指直接与企业目标顾客接触的员工,他们对顾客满意度的影响很大。员工授权的内容涉及员工的责、权、利三个方面,"权"主要指的是"工作自主权",它是授权的核心要素。授权程度需要考虑员工的类型,知识型员工有大的工作自主性,他们的成长的需求最高以及能力较强,此类员工往往更愿意接受更多的授权,授权还需要雇员有更多的团队精神和更强的处理人际关系的能力。

知识经济时代,企业通过内部营销的开展,提高员工的满意度,让员工更好地为企业服务,最终达到外部顾客的满意。伴随着世界经济一体化的形成,市场竞争日益激烈,而当今企业的竞争已经超出了具体产品和服务的竞争,直接升华到企业整体实力和核心竞争力的对抗。企业内部营销的实施有利于企业外部营销活动的顺利开展。

第六节 关系营销

对关系营销的研究可以追溯到 20 世纪 80 年代,在服务营销的科技会议文献中,Berry 首次引入了关系营销这个术语,并把它定义为吸引、维持和加强消费者关系。两年之后,Jackson 把这个概念应用到企业与企业交易领域中。在 20 世纪 70 年代,渠道类文献引入了关于有效渠道关系的讨论,之后,Morgan 和 Hunt 提出关系营销涉及所有成功建立、发展和维护关系交易的营销活动。Gummesson 将关系营销描述为基于关系网互动的营销。

一 关系营销的发展与概念

从 20 世纪 80 年代早期开始,在营销文献中就有一个新名词:关系营销。这一营销理念被认为已经取代了传统的强调销售和促销的营销理念,传统的营销理念被关系营销提倡者认为是交易营销。在营销中长期持续的交易经常被认为是关系,销售者对他们的每个购买者个体都很了解,并提供给他们合适的、定制的产品。这种情况在工业化时期发生改变,这时营销者的注意力从加强关系上转移到对产品的销售和促销上,而且个性化体验也被大营销取代。与此同时,在重复购买不断减少和在日趋饱和市场上激烈的竞争的压力下,营销者开始认识到他们以交易为导向的战略的局限性。

关系营销强调企业与消费者、竞争者、供应商、分销商、政府机构和社会组织的互动,强调在企业与其他利益相关者之间建立、保持并巩固一种长远的关系,培养并维持与顾客的良好关系，提倡企业间的合作而非对抗关系，推动企业纵向、横向建立战略联盟，共同开发市场机会。面对日益残酷的竞争挑战，许多企业逐步认识到：保住老顾客比吸引新顾客收益要高；对交叉销售的机会日益增多；更多的大型公司正在形成战略伙伴关系来应对全球性竞争，而熟练的关系管理技术正是必不可少的；购买大型复杂产品的顾客正在不断增加，销售只是这种关系的开端，而任何善于与主要顾客建立和维持牢固关系的企业，都将从这些顾客中得到许多未来的销售机会。因此，关系营销是以人为本的营销理念的直接体现。

二 关系营销产生的背景分析

（一）竞争加剧

知识经济带来了意想不到的机会，但同时竞争也更加严峻。原因有很多。有人认为因素有：饱和的市场、竞争本质的改变、对拥有顾客和他们需求知识的急切。有人认为竞争的激烈程度是空前的，新的竞争者对传统公司的威胁很大。

今天的商业竞争在国内市场和国际市场都异常激烈。新环境的多元化和不确定性迫使组织为了增加它们应对变化的生存和发展而重组。世界范围内的对自由主义和自由贸易的政治法律环境，使得基于短期的销售导向交易的市场领导者很难继续生存。同时，投资与交易的自由化、全球化、技术创新、信息技术革命等导致了"超强竞争"。

（二）服务经济的增长

服务已经成为一种竞争手段来形成差异化的竞争。Parvatiyar和Sheth指出服务经济的出现和增长对关系营销的推动作用。他们认为，由于服务的生产和消费同时发生，因此使中间商的作用最小化,也创造了生产者和消费者长期的、共同的关系氛围。一些工业化国家开始向服务经济转变,这种发展并未引起营销界的关注。尽管这些国家中有些国家的经济在20世纪40年代中期就以服务经济为主导,对服务的关注不断加深也促进了关系营销的发展。

(三)信息技术革命

技术对关系营销的影响方面:它将增加商业变化的速度;对消费者需求很好地预期可以减少消费者的时间浪费;与运营系统的联系,使得订单能准时完成;使公司向JIT营销发展;它能降低系统的成本,提高向消费者传递的价值并共享这些价值;它为公司实施一对一营销提供了机会。信息技术使关系营销的发展更加方便,信息技术变革更加灵活、更快、更具创新性,同时为这种改变的实现提供了工具。

三 企业开展关系营销的举措

企业开展关系营销应做到以下几点。

(一)实施客户关系管理(CRM)

企业可通过建立顾客数据库保存顾客对产品、服务的要求以及一些个人化信息,更好地提供服务并与顾客建立感情纽带,在此基础上实施客户关系管理(CRM)。客户关系管理通过将人力资源、业务流程与专业技术进行有效的整合,与客户建立起基于学习型关系基础上的一对一营销模式,从而让企业可以提高客户的满意度及忠诚度,发掘并牢牢把握住能给企业带来最大价值的客户群。

(二)实施一对一营销策略

企业采用一对一营销策略既关注顾客当前需要,又在消费过程中追踪消费者需要、习惯和偏好的变化,自动调整功能以满足其未来需要，并根据特定消费者当前的个性需要和未来发展变化的需要为其提供商品或服务。在出售产品或提供服务时，强化互动，自动收集客户信息，分析、了解消费者的偏好和习惯，自动调整产品或服务功能，实时地适应消费者变化的需要。

（三）构筑顾客让渡价值体系，提高顾客满意度

所谓顾客让渡价值，是指顾客总价值与顾客总成本之差，即顾客期望从特定产品或服务中获得的全部利益与其所付出的时间、精力、货币等成本之差。毫无疑问，理性顾客将会选择提供优异让渡价值公司的商品或服务。企业关系营销要制定和管理一个卓越的顾客价值让渡系统，提高顾客满意度，增强市场竞争力。

（四）增强内部技术系统的支持

建立企业与顾客的紧密联系，依靠信息和网络技术实现二者之间的全面互动。首先，建立顾客数据库以识别顾客。企业通过数据库等先进的手段采集和积累顾客相关信息，经过处理后成为有机的数据库，分析影响顾客价值的关键因素，不断挖掘顾客的深层次需求，能长期为顾客提供独特服务并建立顾客忠诚。其次，利用现代通信技术完善与顾客的沟通互动。电话、传真、电脑电话集成系统、呼叫中心以及互联网的在线支持为此提供了技术上的支持。

借助技术系统的支持使企业与顾客之间的关系更加紧密。

第七节 其他营销方式

在知识经济时代，企业营销环境发生的巨大变化，带来了许多新的营销方式，这些创新的营销方式还体现在以下

方面。

一 全球营销

中国企业要立足、要发展,就必须参与国际竞争,实施全球营销。全球营销是将全球看成一个统一的大市场,在对其进行市场调研的基础上,进行市场细分并选择自己的目标市场,实施营销策略组合。它强调企业应在全球范围内寻求竞争优势和最佳市场。

(一) 树立全球营销观念

全球营销观念是一种指导企业经营活动的思想和哲学,决定着企业的经营方向、经营过程和经营结果。全球营销观念的出发点是满足全球顾客需求,并且主要通过整合营销来实现顾客的要求。

(二) 实施战略联盟,加强企业的国际竞争能力

建立战略联盟是当代全球竞争的新趋势,我国企业可以在国内通过兼并、合作、收购等方式组建战略联盟。

(三) 组建大型企业集团和发展跨国企业,实现企业组织结构创新

我国要适应全球竞争形势,必须改变目前小型、分散、低效的企业组织形式,组建大型企业集团及发展跨国企业,造就一批具有强大国际竞争力的企业航空母舰,以便构成我国参与国际竞争的主导力量。

二 整合营销

整合营销传播是一个营销传播计划的概念,即通过评价广告、直接营销、销售促进和公共关系等传播方式的综合运用,并将不同的信息进行完美的整合,从而最终向消费者提

供明确一致的和最有效的传播影响力。整合营销传播强调营销即传播，而传播的最高层次是沟通。因此，在整合营销传播指导下的创新，应突破技术创新的范围，更多地表现为非物质形态的创新。

（一）消费概念创新——确定感性营销观念

消费者的感性消费趋向，要求借助商品实现个性展示、情感寄托、交流感情，它显示市场的发展已进入一个新的阶段。面对感性消费时代的来临，企业必须更新营销观念，把重点从商品量的生产转移到感性商品的生产上来，使商品能够满足消费者的某种感情消费。

（二）价值创新——改变商品的价值构成

价值创新既包括成本控制，又包括创造产品之外的价值。价值创新的过程在于使总顾客价值与总顾客价格之间的差距缩小，而使产品价值之外的价值变得更大而且能使消费者乐于接受。

（三）服务创新——重视知识服务

知识服务就是让消费者掌握商品正确的消费知识，包括了解产品的功能、使用方法、使用条件，甚至是选购方法。只有让消费者心中有数，才有可能使其真正满意。

（四）沟通创新——开展关系营销

营销即是传播，是基于传播可以建立企业与消费者进行沟通的途径。企业必须以整合的形式进行传播，形成一致的诉求，才能建立起和消费者的关系。

（五）经营战略创新——全方位实现顾客满意

顾客满意战略正日益受到全球企业界和理论界的关注。顾客满意营销战略的核心是提高顾客对本企业产品、服务及形象的高度满意，顾客满意战略中的顾客是一种广义的概念，不仅包括终端消费者，而且包括与企业合作的经销商乃至社会大众，创造顾客满意度必须是全方位的。

此外，随着知识经济这种新型经济形态的发展和企业营销环境的变化，新的营销理念、新的营销方式会不断地出现和发展，如定制营销、情感营销、一对一营销等，以适应新经济发展的要求。

第四章
产品策略创新

产品策略要求企业明确提供什么样的产品和服务、建构什么样的产品组合来满足消费者的需求。毫无疑问,新产品开发将是企业产品策略中最基本、最有效的长期策略。但在知识经济时代背景下,产品概念的创新、产品组合的创新,在开发新产品的基础上,对于满足消费者日益变化的消费需求来说,更有现实意义。

第一节 产品概念创新

一 产品概念及产品创新

(一) 产品的定义

一般认为,完整的产品概念,即产品整体的概念包括五个层次的内容:核心功能、基础产品、期望产品、附加产品、潜在产品。产品最基本的层次是核心功能,即通过产品向消费者提供所需要的基本效用和利益,也是消费者真正要购买的利益和服务。产品核心功能需要依附一定的、具体的产品形态来实现,即产品的基本形式主要包括产品的构造外形等。期望产品是消费者购买产品时期望的一整套属性和消费条件等，如产品外形美观、使用安全可靠、操作便捷等。附加产品即产品包含的附加服务和利益，主要包括运送、安装、调试、维修、产品保证、零配件供应、技术人员培训等。潜在产品预示着该产品最终可能的所有增加和改变。现代企业产品外延的不断拓展源于消费者需求的复杂化和竞争的白热化。在产品的核心功能趋同的情况下，谁能更快、更多、更好地满足消费者的复杂利益整合的需要，谁就能拥有消费者，占有市场，取得竞争优势。不断地拓展产品的外延部分已成为现代企业产品竞争的焦点，消费者对产品的期望价值越来越多地包含了其所能提供的服务、企业人员的素质、企业整体形象及产品品牌形象的"综合价值"。

（二）产品概念创新

当一个产品的核心功能确定之后，产品在五个层面上的内容便大致确定。所谓产品创新，便是对这五个层面的内容进行整体或部分的改变：全新的新产品是对五个层面的内容（最主要的是产品的核心功能）在全面否定的基础上进行全面的修改、全面的创新；产品概念创新便是对构成产品内涵的五个层面的概念进行部分的改变和局部的创新，从而形成新的产品形态、新的产品属性、新的产品定位、新的产品消费群等。

二 产品概念创新模式

（一）调整或增减产品核心功能形成产品创新

调整或增减产品核心功能，使产品的核心功能能够更好地满足消费者的需求，从而实现产品的新用途，发现产品的新市场，形成产品创新。海尔"地瓜洗衣机"的创新就是一个增加洗衣机核心功能的经典案例。1996年，一位四川农民投诉海尔洗衣机排水管老是被堵，服务人员上门维修时发现，这位农民用洗衣机洗地瓜（南方又称红薯），泥土大，当然容易堵塞。服务人员并没有推卸自己的责任，帮农民加粗了排水管。农民感激之余，埋怨自己给海尔人添了麻烦，说如果能有洗红薯的洗衣机，就不用烦劳海尔人了。农民（消费者）的需求，海尔人记在了心上。经过调查，他们发现，原来这位农民生活在一个"红薯之乡"，每年的红薯除了自家食用和鲜薯外卖外，剩余的红薯需要加工成薯条。在加工前要先把红薯洗净，但红薯上沾带的泥土和根枝洗起来费时费力，于是农民就动用了洗衣机。更深一步的调查发现，在四川农村有不少洗衣机用过一段时间后，电机转速减弱、壳体发烫。向农民一打听，才知道他们冬天用洗衣机洗红薯，夏天用它来洗衣服。这个调查令海尔人萌生了一个创新的想法：创新一种既能洗衣服又能洗红薯的洗衣机，该洗衣机不仅具有一般双桶洗衣机的全部功能，还可以洗地瓜、水果甚至蛤蜊，价格与一般的洗衣机相当。这种洗衣机一经推向市场，便得到了非常好的市场反响。

（二）有形产品与无形产品融合形成产品创新

纯粹的有形产品即纯粹的制造业产品，有形产品可以单独形成消费者的使用价值；纯粹的无形产品即纯粹的服务业产品，无形产品也可以单独形成消费者的使用价值。随着生活水平的不断提高，消费者越来越倾向于将有形产品与无形产品融合消费，以提高产品的综合价值。

1. 增加配套产品或延伸产品，形成融合功效

对于有形产品而言，可以增加无形产品作为配套产品或延伸产品；对于无形产品而言，可以增加有形产品作为配套产品或延伸产品，以形成产品的融合功效，产生产品综合使用价值的创新。如在电影演出时销售爆米花，便是在提供电影这一纯粹的服务产品时以爆米花作为其配套产品较为成功的例子。

星巴克的成功则可以认为是有形产品佐以服务产品的例子。1971年4月，第一家星巴克在美国西雅图的派克市场上悄然开业。最初，星巴克只卖咖啡豆，不卖煮好的咖啡饮料，店内摆设装潢也非常一般，一切以手工及崇尚自然格调为主。不过这家星巴克偶尔也会泡上一壶咖啡，请客人免费品尝，星巴克还不定时地举办关于咖啡知识的讲座，作为促销咖啡豆的手段，以利于消费者买回咖啡豆更好地冲饮咖啡。由于星巴克咖啡很受欢迎，在随后的几年中，星巴克在西雅图地区开设了4家分店。然而，真正让星巴克时来运转的是于1982年加入星巴克的关键人物舒尔茨。舒尔茨的加盟改写了星巴克发展的历史。1983年，舒尔茨到意大利米兰出差，看到当地的咖啡店人满为患，消费者站在柜台前同服务员亲切交谈，服务员在为消费者服务时几乎能叫出每位客人的名字，表现得非常亲切。咖啡店装潢温馨舒适，为人们在这里相聚、谈事提供良好的服务，给当地社区的居民提供了一种非常舒适的聚会场所。舒尔茨看到这种景象后，觉得这种咖啡店生意在美国也一定会深受欢迎和大有市场。回到美国后，星巴克于1984年4月开了一家类似的咖啡店。这可以说是星巴克历史上的一大突破，因为这是星巴克开设的第一家兼售咖啡豆和热咖啡饮料的分店。星巴克成功了，成功的秘诀应该是一个系统的概念，不仅在于品牌战略、准确定位和独特品质，也在于星巴克卖咖啡强调的不完全是咖啡，而是一种文化，一种服务。

星巴克店铺进行了特意的设计，店内独特的环境布置和装饰、器具、音乐、优雅的氛围等，无不使人流连忘返。消费者一旦步入店堂，从选购产品到整个消费过程无不感觉到深刻的品牌内涵，从而使消费者从内心认可品牌内涵，并开始向熟识的家人、同事和朋友推荐和宣传，这使得星巴克的影响得以迅速扩大。星巴克意识到，创建品牌的方式转变迫使企业家认识到，消费者不仅关注公司提供的产品性能或服务质量，他们还对这个产品或服务背后的公司和品牌历史感兴趣，还对公司的文化和价值感兴趣——如这家公司是否参与当地社区的公益活动等。那些真正懂得社会责任，并且尽力在公司赢利和社会责任之间找到平衡点的企业会是商场上最终和最大的胜出者。

重在服务，重在员工与消费者之间的对话交流和感情互动，这些正是星巴克创建品牌的重要手段，并收到了非常好的效果。消费者是企业最重要的资源。为培养消费者的忠诚度，星巴克将员工培训成咖啡文化方面的专家，并且与消费者交流沟通，学习各种知识，使消费者充分感觉到在此除能品尝到高品质的咖啡产品外，还可以享受到星巴克咖啡文化等多种经历，从而提高了消费者的忠诚度。星巴克追求的不是消费者的数量，而是消费者的质量和特定人群对于星巴克咖啡的忠诚度。在服务环境方面，星巴克请专门的设计师来设计咖啡店的店面，为消费者提供舒适优雅的消费环境。星巴克店内优雅的装饰、木质的桌椅、精美的壁挂、考究的咖啡制作器具，都渗透出了一种轻松温馨的氛围，让人感受到特有的浪漫和美感。店内轮换播放美国乡村音乐、爵士乐和钢琴独奏等音乐，正好迎合了那些时尚、新潮、追求前卫的消费者。他们天天面临着强大的生存压力，十分需要放松精神，星巴克播放的音乐正好起到了这种作用。同样，由于咖啡是现场研磨调制，所以煮咖啡时的嘶嘶声，咖啡壶散发出的特有香味，都能够烘托一种"星巴克格调"，使消费者享受到一种真正的"星巴克体验"。为使消费者更好地感受"星巴克体验"，星巴克努力使自己的咖啡店成为"第三场所"，即人们在家庭和办公室以外的一个舒适的社交聚会场所，以便消费者交友会客，或成为消费者的另一个起居室，消费者可以独自在这里放松身心。星巴克与其说是用咖啡来服务，不如说是在服务过程中给人提供了咖啡。在消费者需求重心由产品转向服务、再由服务转向体验的今天，体验需求已经形成了巨大的体验市场。星巴克营造的这种"星巴克体验"满足了这样的需求，自然也就获得了巨大的经济效益[①]。

2. 满足物质层面需求与满足精神层面需求融合

一个老太太卖苹果的故事，能够很好地反映满足物质层面需求与满足精神层面需求融合所形成的新的产品价值。有一个老太太，在寒风刺骨的冬天到一个俱乐部门口卖苹果，尽管出入俱乐部的情侣成双成对，但是老太太的苹果却无人问津。一位过路人见状，很是同情，就告诉老太太一个主意，老太太听后就到对面商店里买了一些彩绸，把苹果一对一对的用彩绸包在一起，结个漂亮的蝴蝶结，然后开始大声叫卖："情侣苹果，两元一对。"这下把所有的人都吸引住了，特别是那些情侣们，觉得新鲜有趣，很有情调，纷纷解囊购买这种"情侣苹果"。两元一对的"情侣苹果"，价格高出市场上一般苹果许多，不一会的工夫，老太太的苹果被抢购一空。苹果还是那些苹果，如果单纯卖苹果，仅能够满足

---

① 严恒元：《星巴克 突出特色创品牌》，2006年4月1日《经济日报》。

人们对维生素等物质层面的需求，但是按"情侣苹果"来卖，既能满足情侣们对维生素等物质层面的需求，又能满足情侣们对"爱情"等精神层面的需求，满足物质层面需求与满足精神层面需求相融合，就产生了如此巨大的差异。

中国茶是又一个满足物质层面需求与满足精神层面需求相融合形成产品价值定位的例子。茶有两种，一种是"柴米油盐酱醋茶"的茶，另一种是"琴棋书画诗酒茶"的茶。第一种茶可满足人们"养身"的物质层面需求，如解渴、提神、祛火、消食等；第二种茶则可以满足人们"养心"的精神层面需求，如抒情、礼仪、悟道等。对于工作忙、压力大、竞争激烈的现代人来说，饮茶所能收获既有物质层面需求的满足，又有精神层面需求的满足，但茶对于现代人来说，最大的价值是"养心"，"养身"则在多数场合下成了辅助价值。

（三）打破生产资料产品和生活资料产品的界限形成产品创新

大部分制造业的产品按照最终消费者的属性可以分为生产资料产品和生活资料产品，其最终用途、销售渠道、销售方式等多方面均有众多的不同。多数生产资料产品和生活资料产品在市场上是有较为明确的界限的，但还是有不少产品兼备生产资料产品和生活资料产品的属性，使得这些产品在目标市场确定等一系列的营销策略上要有相应的对策。而对于其他更多的生产资料产品和生活资料产品属性较为明确的产品，也可以在STP战略的实施中打破生产资料产品和生活资料产品的界限形成产品创新，形成产品多种产业属性的融合，这在知识经济环境中会越来越多。

广东某企业生产的专门储存红酒的电子冰柜，在海外及国内传统的市场概念中属于生活资料市场的产品，个人消费者买来用于家庭储存红酒，一则保证红酒的品质，二则在饮用红酒时能有较为适合的饮酒温度。所以，这种酒柜应该面对个人消费者，在小家电营销渠道中销售。但如果换个思路，电子冰柜的生产企业和红酒的生产企业联盟，将电子冰柜作为红酒企业红酒产品的包装，消费者在购买红酒的同时购买的红酒的包装，还可作为储藏红酒之物。同时，作为较高档的红酒，其原有包装的包装费支出可能要高出电子酒柜的成本，此举也为电子酒柜生产厂家形成了一个较为稳定的销售渠道，这可谓一举三得。电子酒柜也形成了由生活资料向生产资料的转变。电子冰柜由最终产品变为红酒的包装，同时也形成了产品由生产资料产品向生活资料产品的转变。

（四）改变产品核心功能的属性形成产品创新

改变产品核心功能的属性并不是真的改变产品核心功能的基本属性，完全改变产品核心功能的基本属性属于新产品开发性质的创新，这里提到的改变是指改变产品核心功能基本属性原来的定义，或者原来基本属性所对应的目标市场等环节的变化。

1. 旅游观光采摘园改变了农产品原有的核心功能属性，形成产品创新

目前，随着现代旅游活动向多样化和参与性方向的发展，观光采摘逐渐为人们所熟识，成为一种新型的外出旅游休闲方式，并与旅游、度假、游览、体育、健身、文化娱乐活动相互结合，由提供单一的观光型旅游资源转向提供观光、采摘与度假为一体的旅游产品开发，也是适宜采摘的农副产品其原有的核心功能属性发生了改变，形成产品创新。旅游观光果园，是现代化城市和现代农业开展特色果业生产的重要组成部分,现代化旅游观光果园着重强调了果园的基础条件建设,其良好的果园建设管理和优质的果品是开发旅游、观光、采摘的前提和保证。

随着我国旅游资源的不断开发,人们更加崇尚自然和回归自然,人们参与的各种休闲方式也在悄然变化,人们对大自然的热爱已不仅限于欣赏,而更热衷于参与其中、融汇其中,而果园采摘活动的开展正迎合了游客的这种体验生活的精神。旅游观光采摘园以大自然为舞台,以传统文化为内涵,以休闲、求知、观光、采摘为载体,因地制宜,适地适树,依托乡土树种和当地材料创造出简洁、质朴、美观的园林景观,寓情于景,情景交融,使游人在果园中感悟到其天然之美,满足游人增长果树科普知识的同时,得到追求美的精神需求和观赏需求,使旅游者获得精神上和生理上的满足。

在旅游观光采摘园这一新的产品形态组合中,农副产品原有的核心功能属性还在发挥作用,并且是基础性质的作用,但在新的产品形态组合中其作用已经蜕变为配角,只是旅游观光采摘园这一新形态产品核心功能属性的一个组成内容,并且这种变化还预示着两种产品的产业属性也发生了变化。农副产品生产属于典型的第一产业,旅游观光采摘园属于典型的第三产业(服务业),在知识经济发展的背景下,这种组合及变化也会越来越多。

2. 脑白金变保健品核心功能为礼品,形成产品创新

"今年过节不收礼,收礼只收脑白金"的广告,虽然不一定每一个消费者都喜欢,但它却对脑白金这种产品的功能定位阐述得很清楚,即"买来送人的礼品",而且与社会常见的作为送礼的烟酒等"不健康礼品"不同,送脑白金体现的是送健康、送关心、送爱护,送的是晚辈对长辈的一份孝道。将作为保健品的脑白金定位于"礼品",可以形成多层面的产品创新。①实现了产品核心功能的转换。保健品的核心功能要有能够调理某些不良症状的"疗效",礼品的核心功能要有人际交往中的"面子"。②将购买者与消费者分开,形成了产品的二次消费。产品实际购买者是要送礼的人,他所支出的是货币,所消费的是产品"面子"的价值。产品本身所具有的核心功能的实际消费者是受礼者,他所付出的是对送礼者的"情谊、友谊、爱意"等。③增加了产品满足人们精神层面需求的功效。作为保健品的脑白金,其核心功能只能是为处于"亚健康"状态的人们提供恢复健康状态的"物理"功效,这是一种主要满足消费者生理需求的"硬"功效;作为礼品的脑白金,其核心功能是为有需要"交际"活动的人们提供社会交往的"社会"功效,这是一种主要满足消费者精神需求的"软"功效。作为基础性的产品,脑白金的自然属性没有改变,但其市场定位的变化,不但增加了产品(脑白金)满足人们精神层面需求的功效,而且这种功效成为该产品核心功效的主体内容,产品原有的"硬"功效反而在产品的两次消费中均有所淡化,两类消费者对"硬"功效的关注均不如对"软"功效的关注,尤其是当礼品购买的消费者更是如此。④作为"保健品"的脑白金和作为"礼品"的脑白金,在目标市场的选择、广告促销、分销渠道以及定价等诸多环节均有众多的不同。

脑白金的成功印证了一个流传很广的故事。曾有一位女士问卖葡萄的人葡萄是甜的还是酸的,那个卖葡萄的人以为女士大都爱吃甜的,就说葡萄是甜的,不料那位女士正身怀六甲,想吃酸的,于是就没有买。随后,又有一个老者问卖葡萄的人同一个问题,因为前一次的经验,那个卖葡萄的人就改口说葡萄是酸的,谁知老人的牙不好,想吃甜的,所以也没买。故事的旧解:产品定位与差别化。这个故事通常被用来说明产品的定位与差别化的内涵和作用。为了说明这个问题,需要弄清楚三个问题。首先要弄清楚的问题是:葡萄到底是甜的还是酸的?更重要的是搞清楚"到底什么样的葡萄能卖出去"这一营销命题。于是,"甜"和"酸"都是对葡萄的两种不同定位,二者的目的都是要把葡萄卖出去。因此,可以得出产品定位的基本原则之一是要充分考虑市场的现实和潜在需求,由外而内地对产品进行定位。需要弄清楚的第二个问题是:如果市场需要甜葡萄,我们的葡萄正好是甜的,是否就一定能够很好地将葡萄卖出去?恐怕无人能保证。原因在于可能还有其他人也卖葡萄,甚至价格更低,态度更好。在这种同质竞争的环境下,不仅产品要满足消费者需求,而且要有差别性才能有较好市场表现的可能,如葡萄不仅甜,而且无核。第三个问题是:如果市场需要甜葡萄,而我们的葡萄却是酸的,怎么办?这似乎是个比较棘手的问题。仍然"吆喝"葡萄是甜的,显然是欺骗消费者,不可取,这时就需要有"穿透力"的眼光去发现市场。关心葡萄"酸甜"的人是买来自己吃的,而送礼的人却不在乎其味道的"酸甜",只在乎葡萄的外观、包装等方面是否体面。所以,这时的策略应当是将葡萄很好地包装,然后将其定位为"礼品",便可将葡萄售出。这个故事告诉企业必须全面考虑消费者为什么购买产品这一命题,"产品是为满足消费者需求所提供的一切利益",而不仅仅是有形产品和无形服务。更一般的认识是,"产品是消费者所遇问题的综合解决方案",这种认识使企业营销策略空间拓展了许多,如甜葡萄除了作为礼品,还可以是一种饮料添加剂、一种运动食品等。中国是一个礼仪之邦,"礼尚往来"、"来而不往非礼也",这是中国人的礼品情结,将脑白金定位成礼品显然是对中国市场特征深刻把握的结果。超越了保健品本身的脑白金,把一个"润肠通便、改善睡眠"的功能性极强的理性选择的保健产品,弱化功效概念,强化关联性不大的礼品诉求并高频率灌输,从而将其做成了一个像女人买化妆品一样的感性产品①。

第二节 产品营销环节创新

在产品营销环节有许多创新的办法,创新空间极大。从某种意义上讲,来源于产品营销环节的创新其价值与来源于产品自身的创新一道,构成产品创新的整体。

一 产品组合的创新

产品组合是某一企业或公司出售的各种产品系列的组合,包括厂家生产的所有产品系列或经销部门经销的所有产品系列,也是指一个企业所经营的全部产品组合方式。产品组合包括三个因素:产品系列的宽度、产品系列的深度和产品系列的关联性。这三个因素的不同,构成了不同的产品组合。产品组合的调整及优化是企业产品策略的重要内容,主要是通过增加或减少产品组合的宽度、长度和深度来形成一个企业所拥有产品组合结构上的变化,使之能够更好地适应市场的需要。常规的产品组合调整及优化主要是从产品的赢利能力和市场竞争力、不同产品寿命周期状态等维度进行测度和调整的,产品组合的创新要换个角度来实现产品组合的调整及优化。

---

① 张闯:《卖葡萄的旧解与新说》,博客中国,2007年9月5日。

(一) 产品组合的复合度

这是对一个企业而言的产品组合的创新。

1. 同一产品形成两个以上的核心功能复合

产品最基本的层次是核心功能（利益），即向消费者提供的产品基本效用和利益，也是消费者真正要购买的利益和服务。消费者购买某种产品并非为了拥有该产品实体，而是为了获得能满足自身某种需要的效用和利益。如洗衣机的核心利益体现在它能让消费者方便、省力、省时地清洗衣物。产品核心功能需依附一定的实体来实现，产品实体称一般产品，即产品的基本形式，主要包括产品的构造、外形等。通常而言，一种产品实体只具备一种核心功能，这也是我们在市场上见到的大多数产品的现实状况。如果能够在一种产品实体上同时实现两种或两种以上的核心功能，这两种核心功能可能是并行的；可能是一种核心功能为主，另外一种核心功能为辅；可能是在一种场合一种核心功能发挥作用，另外一种场合另一种核心功能发挥作用；可能是一种核心功能在该产品物理寿命续存期间发挥作用，另外一种核心功能在该产品物理寿命结束之后发挥作用（如收藏价值）等。总之，一个产品复合的核心功能越多，其市场价值越大。当然，在核心功能复合的选择上，一定要注意"度"的限制，不要将一种产品变成"四不像"。同一产品形成两个以上的核心功能复合的例子会越来越多，如既能洗衣服又能洗地瓜的洗衣机、既能当礼品又是保健品的脑白金、既能打电话又能看时间的手机、既能代步又能健身的自行车等。

"请为我们见证：我们将登上爱情专列，从今生出发，向来世远行，比翼双飞，钟爱一生，奉献铁路，享受生活。"2011年7月2日，上海铁路局在上海虹桥站举办"爱在高铁"青年集体婚礼，24 对因忙于京沪高铁联调联试及运营准备而推迟婚期的新人发出"爱情宣言"，喜结幸福连理①。将刚刚问世的现代化代步工具京沪高铁作为"婚车"，不失为这种创新的极佳应用。

2. 满足物质需求与满足精神需求的复合

物质消费需求是指人们对物质生活用品的需要，精神的需求是指满足人的精神和精神活动的需要。与物质的需求相比，精神上的需求是高一层次的需求。从马斯洛需求模型看：越是处于低层次的需求，越是以物质满足为主、精神满足为辅，主要以有形的制造业产品、辅以无形的服务业产品来满足这种需求；越是处于高层次的需求，越是以精神满足为主、物质满足为辅，主要以无形的服务业产品、辅以有形的制造业产品来满足这种需求。随着人们生活水平的日益提高，马斯洛需求模型所展示的五个层次的需求，其需求的满足都会大大提高门槛，而且物质需求与精神需求的界限日益模糊，对既能满足物质需求又能满足精神需求的产品，其要求越来越高，需求的数量越来越多，形式也越来越多样化。因此，企业必须在产品组合的优化与调整中注意产品满足物质需求与满足精神需求的复合，形成产品创新，以适应市场需求的变化。

消费者精神需求体现的领域广泛，内容多且复杂，会随着时间及其他条件的变化有很大的动态性，受各种消费环境变化的影响较大，有较强的个性化特征，并且难以从个体消费者的消费表现等外在行为上准确地加以判断。如人的自尊需求：发挥自己的潜能、精神上的娱乐、爱的归属、自尊和被尊重、自我实现等；再如认知需求：好奇心、探索欲、神

---

① 史晓明、徐晓风：《上海 24 对新人高铁里举办集体婚礼》，2011 年 7 月 3 日《扬子晚报》。

秘感等；审美需求：如秩序性、对称性、圆满性、协调性等；个性化需求：如个人风格、个人爱好等。满足精神需求的产品和满足物质需求的产品是不同的。满足物质需求的产品强调的是产品的物质实体本身，反映的是一种自然层面的人物关系；满足精神需求的产品强调的却是附加在物质产品上的信息、关系、潮流、荣誉等虚化的因素，这些因素能对人们心理（精神）有所关联、有所触动、有所变异、有所调整，并且能够引起他人的感知及关注，反映的是一种社会层面的人际关系。当然，精神的满足也不能脱离对商品物质实体的消费，但这里强调的是物质实体本身并不能对精神满足起决定作用，起决定作用的是能够进入人们头脑的信息、关系、潮流、荣誉等因素，这些因素给人们带来精神上的愉悦和满足。满足物质需求与满足精神需求的复合，要求企业必须能够制造出凝聚着满足消费者精神需求因素的产品，不能很好地满足消费者精神需求的企业，无论其产品质量如何高，在今天的市场上都无法获得巨大的收益。

在原本是满足消费者物质需求的产品中加入满足消费者精神需求的要素，就能使这样的产品复合体价值倍增。如单纯的吃饭，吃的饭菜是最常见的满足消费者物质需求的产品，其本身的价值不是很高，但吃饭一旦成为请客的饭局，与自尊、社交等形成联系，吃饭就变成了不仅是满足吃饭人的物质需求，更是满足吃饭人精神需求的事情，所以价值会极大地提高。

2008年，中国商人赵丹阳以211万美元成功拍得与股神巴菲特共进午餐的机会。如果仅从吃饭的角度看，一顿牛排大餐，要支付上百万美元的高价，这样的"饭局"其性价比就太低了。但赵丹阳表示，花上百万美元的高价不仅是吃一顿牛排大餐,更重要的是在与"股神"谈了投资、教育和慈善事业三大话题后,自己很多疑惑得到了解答,投资思路也更加明晰①,同时也大大提高了自身的知名度,这样算,这种投资的性价比还是不错的。

实际上,几乎所有的满足消费者物质需求的产品都具有一定的满足精神需求的功能,几乎所有的满足消费者精神需求的产品也都需要一定的物质产品作为手段或基础。这里强调的满足物质需求与满足精神需求的复合,是企业要有意识地扩大这种复合的范围,加强力度,使这种复合产生更大的、有别于两者没能结合的追加效益。

3. 具有跨行业属性的复合

具有跨行业属性的复合,可以以多种形式实施。

(1) 一种产品两种核心功能的复合

在企业进行产品组合创新中,当某种产品被赋予两种或两种以上核心功能时,往往这两种核心功能所对应的产品其行业属性是不一样的,这便会形成具有跨行业属性的产品复合。如采摘园中的水果,兼有农业及旅游业的属性,这种情况对于调整区域产业结构也有重要意义。

(2) 两种不同行业产品的复合

两种或两种以上不同行业产品的复合,从较高的层面看,可以在三大产业之间形成不同的搭配组合;从较低的层面看,可以在三大产业之间或之内的细化行业之间形成不同的搭配组合。星巴克便是加工业与服务业复合的例子。

(3) 企业虚拟化经营形成制造业与服务业的复合

由于企业虚拟化经营将企业的运行功能作为产品进行交

---

① 刘晓雪:《"股神"巴菲特慈善午餐今日起在 eBay 第 11 拍》,2010 年 6 月 7 日《法制日报》。

易,而功能作为产品其属性基本上属于服务产品,这样事实上也确定了各个合作企业的生产性质及产业归属,其中原本就属于服务业的企业自然还属于服务业,还有一些原本不属于服务业的企业,也使其带有了服务业的性质,即通过企业虚拟化经营导致传统制造业转化为现代服务业。如目前虚拟经营最著名的案例美国的耐克公司在生产耐克鞋时,自己只生产其中最为关键的耐克鞋的气垫系统,而其余全部鞋的加工业务几乎都是由外部的具有制鞋加工能力的企业提供。当这些具有制鞋加工能力的企业自己生产鞋时,它是典型的制造业企业,但该企业在与耐克公司合作后,此时企业向耐克公司提供的(也是这类企业向社会提供的)产品仅是制鞋的加工能力,或者说提供的是企业的一种运行功能,而不是鞋的本身,因此,该企业便具有服务业的属性。这实际上意味着企业实施虚拟化经营可以打破工业与服务业的界限,或者说企业虚拟化经营联结了工业与服务业。这可以从两个层面进行分析:其一,企业虚拟化经营可以使有形的产品中包含有大量服务产业(无形产品)提供的价值,从有形产品的价值构成上将工业的有形产品和服务业的无形产品混为一体。其二,企业虚拟化经营可以将典型的制造业"软化"成为服务业,如某个鞋厂,当企业向其合作伙伴提供鞋的加工功能时,该企业便具有服务业的性质。但该企业还可以独立生产自己品牌的鞋并提供给市场,此时该企业还是典型的制造业企业,这样在企业虚拟化经营运作模式下,这种企业便同时有了制造业性质和服务业性质的双重性质[1]。

---

[1] 周秀玲、王信东:《企业虚拟化经营与现代服务业发展》,《商业时代》2006年第33期,第41~44页。

(二) 企业间合作丰富产品线

这是对多个企业而言的产品组合的创新，也就是说，企业产品组合有时也可以，而且必须要借助于外界的资源在联合的基础上形成。企业虚拟化经营、企业战略联盟等多种企业合作的形式，以及在知识经济形态下，企业由过去单纯地强调竞争，转向竞争与合作并存，由单赢变双赢甚至多赢的经营理念，使这种企业间合作丰富产品线成为可能；各种经营资源的稀缺性，企业占有资源的难度越来越大，代价越来越高，以及企业经营需要培育核心竞争力的经营要求，使这种企业间合作丰富产品线成为必要。

企业间合作丰富产品线可以通过多种形式实现，如制造企业（工业制造业、农副产品生产制造业）之间合作丰富产品线，制造企业与服务企业之间合作丰富产品线，制造企业与商业企业之间合作丰富产品线，服务企业与商业企业之间合作丰富产品线，商业企业与商业企业之间合作丰富产品线，等等。在企业的经营实践中，企业间合作丰富产品线的例子很多，形式多样化。如一家餐馆与一家经济型酒店合作，餐馆向酒店提供住宿者的早餐，丰富了餐馆服务产品线。

二 变营销对象为营销伙伴、变销售产品为销售赢利模式

把梳子卖给和尚是营销界流传甚广、类似脑筋急转弯的一个案例，讲述的是如何把一件按照常规思维不可能做到的事变为可能（可行）。这个案例可以有多种解读，也能够很好地说明如何变营销对象为营销伙伴、变销售产品为销售赢利模式。

有多人去参加企业招聘，主考官出了一道实践题目：把

梳子卖给和尚。众多应聘者认为这是开玩笑，最后只剩下甲、乙、丙、丁4个人。主持人交代：以10日为限，向我报告销售情况。

10天期限到了。主考官问甲："卖出多少把？"答："1把。""怎么卖的？"甲讲述了历尽的辛苦，游说和尚应当买把梳子，无甚效果，还惨遭和尚的责骂，好在下山途中遇到一个小和尚一边晒太阳，一边使劲挠着头皮。甲灵机一动，递上梳子，示意用梳子挠痒效果更好，小和尚用后果真舒服，满心欢喜，于是买下一把。主考官问乙："卖出多少把？"答："10把。""怎么卖的？"乙说他去了一座名山古寺，由于山高风大，进香者的头发都被吹乱了，他找到寺院的住持说："蓬头垢面是对佛的不敬。应在每座庙的香案前放把梳子，供善男信女梳理鬓发。"住持采纳了他的建议。那山有10座庙，于是买下了10把梳子。主考官问丙："卖出多少把？"答："1000把。"主考官惊问："怎么卖的？"丙说他到一个颇具盛名、香火极旺的深山宝刹，朝圣者、施主络绎不绝。丙对住持说："凡来进香参观者，多有一颗虔诚之心，宝刹应有所回赠，以做纪念，保佑其平安吉祥，鼓励其多做善事。我有一批梳子，您的书法超群，可刻上'积善梳'三个字，便可做赠品。"住持大喜，立即买下1000把梳子。得到"积善梳"的施主与香客也很是高兴，一传十、十传百，朝圣者更多，香火更旺。主考官问丁："卖出多少把？"答："第一期5000把，后续会源源不断。"主考官大惊，问："怎么卖的？"丁说他已经与一座规模很大且香火极旺、急需修缮却又苦于缺少善款的寺庙达成了协议，已经给该寺院送去了5000把梳子，告诉寺院在梳子上下点工夫，分别刻上"开光梳"、"智慧梳"、"姻缘梳"、"流年梳"、"功名梳"等字样作为赠品。请高僧给"开光梳"开光,只赠送与该寺有缘的人,这些人常年与该寺有各方面的联系,对该寺的生存发展有重要的意义。其他的梳子分别送予到寺院祈求各种心愿能够实现,并奉送不同香火钱的施主与香客作为留念,如祈求保平安、愿子女聪慧等。现在效果很好,并决定长期与我们合作。

总结这4人的销售方式可以看出:甲做的是推销梳子的营销实践,只不过他最后推销给和尚的不是梳子最基本的使用价值(梳理头发),而是梳子的延伸价值——挠痒功能。虽然也属营销创新,但只能以梳子的基本价格出售,且数量少,销售的持续性前景不明朗。乙的做法已经包含了两个方面的创新,一是他将原本不需要梳子的和尚对梳子有了新的需求,梳子成了和尚为香客提供服务的工具;二是为梳子最基本的使用价值找到了真正的使用者,该做法也属营销创新,但在这种模式下梳子的最基本功能还是梳理头发。因此,销售虽然有可持续性,但需求数量不会很大,售价只能按照梳子的价格销售。丙在乙的基础上又进行了创新,即将梳子在保持最基本功能梳理头发的基础上,赋予了新的价值,成为具有宗教信仰意义的纪念物。如果说在乙模式下梳子满足的是香客的生理需要,则在丙模式下梳子满足的是香客的心理需要,因此,销售具有很好的可持续性,同时,需求数量也会增加,并且售价还能相应提高。丁在丙和乙的基础上又进行了创新,即将梳子变成了和尚筹措善款的工具(实际上是赢利的工具),将和尚由最初的销售对象(不论是直接的还是间接的)变成了经营伙伴,将卖梳子变成了卖赢利模式,而和尚送给施主和香客的不仅是梳子这种物化的纪念品,更重要的是送给了极具个性化和针对性的祝福、信仰和心灵的慰藉，这是最值钱的。因此，销售具有更好的可持续性，同时，需求数量也会大幅增加，并且售价还能相应提高。

第三节 产品价值创新

对消费者创造价值的研究最早由经济学者提出，营销学者扩展了研究，Becker 和 Stigler and Becher 认为，消费者在市场上购买的产品，如汽车、电视等，并不能直接满足其需要，消费者必须懂得如何操作和使用这些产品才能满足其需要，即厂商给消费者的任何产品都不能直接满足消费者的需要，满足消费者需要的东西是消费者在厂商提供的产品基础之上自己创造出来的。当今世界最具影响力的社会思想家和未来学家阿尔文·托夫勒（Alvin Toffler）在《第三次浪潮》中提出了消费生产者（Prosumer）这个概念。从消费者的角度看，消费者可能创意性地改变产品的用途或使用方式，改变产品的结构①。

一 产品对于消费者的价值最终取决于消费者的感受

有一个流传很广的故事：苏东坡到金山寺访佛印，相对打坐参禅。良久，佛印问东坡：你看我像什么？东坡道：我看你像一坨屎。东坡问佛印：你看我又像什么？佛印答：我看你像一尊佛。苏东坡回家后，诉之于苏小妹，苏小妹评曰："佛由心生，心中有佛，所见万物皆是佛；心中有屎，所见皆化为屎。"由此看来，人即使是对客观存在的事物，

---

① 王新新：《消费者创造价值对企业营销管理创新的挑战》，泉州：第八届中国技术管理学术年会（MOT8），2011。

其判断或评价会受到自身主观感受很大的影响。

"安慰剂效应"则从实证的角度进一步印证了人对客观事物的判断或评价会受到自身主观感受影响的现象。所谓"安慰剂效应",又名伪药效应、假药效应,指在特定情况下,医生给病人服用没有任何疗效的"假药"或曰"安慰剂",病人虽然获得无效的治疗,但却"预料"或"相信"治疗有效,从而使病患症状得到舒缓的现象。如果巧妙应用这种效应,"假药"能起到和"真药"一样甚至更好的效果。这种似是而非的现象在医学和心理学研究中都并不鲜见。由此,不少医生在对病人进行治疗时,不得不将这种"安慰剂效应"考虑进去。当然,一个性质完全相反的效应亦同时存在,即"反安慰剂效应"。当病人不相信治疗有效时,即使给其服用确有疗效的"真药",可能会令病情恶化。笔者曾经听一个常年在青海湖景区带团的导游讲她所经历的事情:青海湖景区的平均海拔在3200米左右,可能会引发一些游客缺氧。一次该导游所带旅游团中一位游客因害怕缺氧,随身带了氧气袋,但当他感觉有点缺氧难受时,不巧所带氧气袋由于密封不好氧气已经泄露,此时游客非常着急地问导游能否帮助充氧,导游刚想说没办法时,经验丰富的司机赶紧插话说:"没问题,我可以帮助解决充氧。"于是司机拿着氧气袋到了旅游车的后面,一会便拿着满满的氧气袋回来交给游客。游客如获至宝,赶忙吸了起来,一会便说舒服多了,还感谢司机师傅说:"你充的氧气还有一丝淡淡的烟味,不仅吸了氧,还小过了一把烟瘾。"过后导游问司机如何充的氧气,司机说:"哪来的氧气,只是用嘴吹了一些空气进去。"因为司机是烟民,于是便有了带烟味的"氧气"。

哈佛大学心理学系终身教授艾伦·朗格曾经做过一个有

趣的实验。她从几家酒店招募了84名清洁女工，问她们平常有没有锻炼身体，所有人都说没有。其实，这些女工每天需清理15个房间，每个房间需要20~30分钟，运动量与健身锻炼是同等的，只不过她们从没意识到自己的工作就是锻炼。朗格教授把女工分为两组，实验组的女工被告知，她们的工作其实就是锻炼，每天能消耗多少卡路里。而另一组女工则没有被告知。一个月后，奇迹出现了。实验组的女工平均体重减轻了两磅，血压下降了10%，脂肪减少了0.5%，而没有意识到工作就是锻炼的女工则没有任何变化。在此期间，她们的饮食习惯、工作方式、生活方式没有任何变动，唯一的区别是，实验组女工看待工作的"意念"不一样了，她们的"心"带来了她们身体的变化。

好莱坞拍了一部名为《倒时钟》的影片，影片主线是艾伦·朗格教授在1979年做的一个实验。1979年，在美国匹兹堡的一个修道院中，朗格教授精心搭建了一个"时空胶囊"，将"时空胶囊"布置成20世纪50年代时的样子。她邀请了16位七八十岁的老人，8人一组，分为实验组和对照组，让他们在里面生活一个星期。这一周内，老人们沉浸在1959年的环境里，听20世纪50年代的音乐，看50年代的电影和情景喜剧，读50年代的报纸和杂志，讨论美国第一次发射人造卫星等50年代的国际时事。而且，他们需要像在20年前一样自己打理一切的生活，从起床、穿衣服到收拾碗筷以及走路。唯一的区别是，实验组的老人必须遵循现在时，即他们必须努力让自己就像生活在1959年一样。而对照组用的则是过去时，即用怀旧的方式回忆1959年发生的事。猜得出实验结果如何吗？两组原本老态龙钟、步履蹒跚的老人，一个星期后，视力、听力、记忆力竟都有明显提高，血压降低了，步态、体力都有明显的改善。而且更为神奇的是，相比之下，"实验组"中"真实"生活在1959年的老人进步更加惊人，他们的关节更加柔韧，手脚更加敏捷，在智力测试中得分更高。这个实验起码可以肯定的是，这些老人在心理上相信自己年轻了20岁，他们的身体作出了相应的"配合"。也许可以如此理解——衰老不单单是机体的老化，也来自心理的暗示①。

这些故事或实验都说明了这样的道理，以及这种道理所阐释的客观存在现象：人们的主观意识对客观存在的事物，其判断或评价会有很大的影响，并且会创造出有别于原本实际存在状况的一种新状况。如果说企业生产的产品或服务提供给消费者消费，消费者对产品或服务实际价值的判断或评价肯定会或多或少受到消费者主观意识的影响，并且会按照消费者的意愿、理解、观念及社会风潮等因素创造出有别于产品或服务实际价值的一种新价值，即产品对于消费者的价值最终取决于消费者的感受。

二 体验经济时代凸显消费者体验感受

阿尔文·托夫勒在《未来的冲击》一书中指出，"经济下一步走向何方，服务业后，还搞什么"，"提供体验是超工业革命面临的重要课题之一"②。目前，从美国到欧洲的整个发达社会经济，正以发达的服务经济为基础，并紧跟"计算机信息"时代，在逐步甚至大规模开展体验经济。体验经济被视为服务经济的延伸，正从工业到农业、计算机业、互联网、旅游业、商业、服务业、餐饮业、娱乐业（影视、主题

---

① 许珍：《安慰剂效应：靠意念就能治病？》，2010年5月30日《广州日报》。
② 〔美〕阿尔文·托夫勒：《未来的冲击》，蔡伸章译，中信出版社，2006。

公园）等各行业延展，其影响越来越大。

在体验经济中，"企业以服务为舞台、以商品为道具、以消费者为中心，创造能够使消费者参与、值得消费者回忆、形成消费者新的感受的活动"，体验经济是通过满足人们的各种体验的一种全新的经济形态。体验经济已经逐渐成为继农业经济、工业经济和服务经济之后的一种主导型经济形态。越来越多的消费者渴望得到体验，越来越多的企业不但精心设计和生产产品，还要充分考虑好消费者体验的方便性和易实现性。在体验经济中，企业不再仅是销售商品或服务，它提供最终体验并充满感情的力量，给消费者留下难以忘却的愉悦记忆，并形成消费者二次或多次对产品价值再创造的空间。从这个角度上说，在体验经济时代，消费者每一次购买的产品或服务在本质上不再仅仅是实实在在的商品或服务，而是一种感觉，一种情绪上、体力上、智力上甚至精神上的体验。与过去不同的是，商品、服务对消费者来说是外在的，但是体验是内在的，存在于个人心中，是个人在形体、情绪、知识上参与的所得[1]。同时，这种所得是独立于企业所提供给消费者产品的效能的。

三 协调、引导消费者对产品价值的创新

派恩和吉尔摩在《体验经济》一书中指出：消费者体验的研究大大深化了消费者创造价值的研究。由于每个消费者的知识、经验、审美观等的不同，他们在使用和消费同一产品时的体验也不同，因为体验是来自个人的心境与事件的互动，没有两个人的体验是完全一样的。同时，消费者获得的

---

[1] 〔美〕派恩、吉尔摩：《体验经济》，夏业良等译，机械工业出版社，2008，第67页。

价值与企业提供的产品也不会是一致的，或者大于，或者小于，或者等于，或者同向，或者反向，等等。也就是说，消费者对产品价值的创新，从企业的角度看可能是有利的，也可能是不利的。消费者对产品价值的创新是一种自然的存在，企业必须要在消费者对产品价值创新的过程中有所作为，协调、引导消费者对产品价值的创新，使这种创新尽可能地朝着有利于企业的方向发展，并使这种创新有可能对企业所形成的不利影响降到最低程度，这就需要企业认真研究消费者对产品价值创新的机理及特点，顺势而为。

(一) 消费者创新产品价值的特点

1. **突出对产品心理感受层面的创新**

消费者对产品价值创新的行为属于自我实现的实践活动，这种创新可以表现为对产品物理功能改善的创新，但更多地表现为对产品心理感受层面的创新，这是一种以满足消费者精神需求为主的创新活动，这种创新消费者更乐于做，也更容易实现。体验是一个人的情绪、体力、精神等达到特定水平时其意识中产生的一种美好感觉，它本身不是一种经济产出，是虚幻的、无形的精神层面的产出，显然体验价值不能用精准的数据来量化其大小，但其大小还是能够以强弱等定性的度量描述加以区分的。这种对产品心理感受层面的创新，可以大大增加、丰富消费者的人生阅历。托夫勒说，我觉得大多数的艺术是和日常生活中经常遇到的那些不同的体验，心理学家把它们叫做不需要试验的学习。比如说，我读一本关于犯罪的小说，我就学会了作为一个犯人他是一个什么样的体验，但是我不见得非要变成一个罪犯我才能体会到他是一种什么体会。所以，我可以很平安地、不需要有任何麻烦地来试着体验一下这行的人是一种什么感觉①。这便是体验的虚拟性与适应变革的关系，世间事物变化太快，内容太丰富，如果人们不是以体验方式来"认知"和"感受"世界，而是以"事必躬亲"的方式去经历，则人们（消费者）对丰富多彩的世界给自身带来的各种利益和享受便会大打折扣，人们不可避免地会遭受很多机会损失。

2. 消费者创新的产品价值主要是体验价值

消费者创新产品可以对其物理功能进行创新，并获得新的使用价值，但更多地表现为对产品心理感受层面的创新，更多地希望获得体验价值。体验价值是指消费者从企业提供的产品或服务中所体味到的，或者通过自己再创造所感悟到的源于内心感受的价值，即在消费全程中，通过设置或创新一些体验性细节，更加人性化、生动化、体贴化，使得产品满足消费者物质及精神方面的需求的功能得以充分、全面地升级和扩散，以在传播的强度和深度上感染目标人群，获得更广泛的认同，这便是体验价值的两个重要来源。体验价值是服务价值的一种升华，是一种发自内心的精神满足，并会形成深刻记忆或产生美好回味。根据马斯洛的需要层次理论及消费者满足精神需要侧重点的不同，可以将体验价值分为社会需要价值、尊重需要价值和自我实现需要价值。

体验价值可以表现为：①情感价值。情感价值是指通过产品的提供或消费者再次创造使消费者产生愉悦等积极情感，从而使消费者觉得从产品中获得了价值的那部分价值。②心理价值。心理价值是指消费者消费或再次创造该产品心

---

① 李太黑：《从产品经济、服务经济到体验经济——托夫勒访谈》，http：//www.douban.com/group/topic/4132650/，2008年9月9日。

理感知风险低，从而使消费者感到从产品中获得的那部分价值。③知识（信息）价值。知识（信息）价值是指由于消费者在消费或再次创造该产品时得到了自己想要了解的信息，或由于消费产品增长了需要的知识而使消费者感到消费该产品给其带来了价值。

3. 极具个性化

由于消费者创新产品的价值突出的是对产品心理感受层面的创新，这种感受是个性化的，在人与人之间、感受与感受之间有着很大的区别，因为没有哪两个人能够得到完全相同的感受（体验）经历，甚至同一个人在不同时间、不同消费产品的场合、不同的心境情况下对产品的消费感悟也会发生变化。西方有句谚语"一百个人就有一百个哈姆雷特"，说的就是这个道理。一百个人坐在戏院里看戏剧，看完以后，会有一百种不同的感受。所以，消费者创新产品的价值在价值的性质、价值的大小、价值的影响力等方面均表现出很大的不同，极具个性化。

4. 个体创新与群体互动式创新相结合

消费者对产品价值创新的行为可以个人实施，也可以群体互动式实施。群体互动式又包含消费者与厂家的互动及消费者与消费者之间的互动。农业经济、工业经济都是单向的产出经济，即这两种经济形态所有的经济产出物都在生产方（供给方）内部形成，不与消费者发生关系；服务经济和体验经济则不然，纯服务型产品的生产与消费过程在时间和空间上是高度统一的，消费者不仅要参与其生产与消费的全过程，而且消费者参与的综合状态会对产品的综合质量产生重大影响。体验经济更是这样，所有体验经济的产品，其生产与消费全过程更需要消费者全身心地、主动地参与，甚至消费者在体验经济产品的生产与消费过程中起主导地位，任何一种体验都是某个人身心体智状态与那些筹划事件之间的互动作用的结果，消费者对产品价值创新的行为正是体验经济产品生产与消费过程的延续和拓展，所以，这种创新应该是一种消费者与厂家的互动过程。HP公司在强调"客户体验"的同时，更提出了"整体客户体验（Total Customer Experience）"，HP是这样来定义TCE的："TCE是客户根据自己与企业的互动产生的印象和感觉。"改革后的HP公司不单纯以业绩为考核标准，而是把客户对惠普公司的认知度与满意度放在了首位。TCE的一个关键性进展，是将体验经济总结为一种管理方式，不仅适用于传统体验业，而且可以推广到整个产品业和服务业，把体验经济普遍化[①]。

消费者与消费者之间的互动不仅是消费者创新产品价值的途径，而且是这种价值得以实现的途径之一。在群体消费及体验产品过程中，通过成员之间的互动，能够激发、拓展创新的灵感，集思广益，有利于创新的实现。由于消费者创新产品价值主要是体验价值，体验价值是需要消费者自己的亲身体验的，但这种体验的感受需要与别人分享，在别人感知的情况下这种价值才能体现出来，这也需要消费者与消费者之间的互动过程。

5. 无法用投入产出关系判断消费者创新产品价值的合理性

消费者创新产品价值主要是虚幻的、无形的、精神层面的产出，不能用精准的数据来量化其大小。同时，消费者创新产品价值所发生的投入也可能是多样化、多形态的，有实物资源性的、有观念性的，等等，因此，无法用投入产出关

---

① 李太黑：《从产品经济、服务经济到体验经济——托夫勒访谈》，http://www.douban.com/group/topic/4132650/，2008年9月9日。

系判断消费者创新产品价值的合理性。或许这种创新的产品价值需要很大的投入，或许不需要什么投入，或许仅需要物质的投入，或许仅需要精神的投入，也可能两者都需要，总之，"一切皆有可能"。

（二）协调、引导消费者创新产品价值的措施

1. 为消费者创新产品价值预留空间

无论是在知识经济形态下的企业生产，还是在体验经济形态下的消费，都需要真正做到以消费需求为导向，以消费者为主体，在产品的设计、生产、销售及消费等各个环节，不仅要十分清楚企业能为消费者创造什么？提供什么？怎么提供？如何让消费者方便快捷并节省资源地使用产品的功能、实现产品的价值等问题，还要十分清楚消费者能够用企业的产品再创造什么？是否容易实现这种创造？为消费者创新产品价值预留空间。曾听说过一家餐馆，餐馆可以为食客提供做好的美食（这是目前绝大多数餐馆的经营方式），但这家餐馆最有特色的是可以为食客按照标准的菜谱做好准备工作，让食客亲自掌勺；或者食客可以自己出创意，餐馆协助食客创新食谱，做出美食。

2. 吸纳、协助消费者对产品价值进行创造及再创造

企业应该将过去较为封闭的产品设计、生产、营销等环节有条件地向消费者开放，以各种形式吸纳、协助消费者对产品价值进行创造及再创造，鼓励、支持消费者参与对产品价值进行创造及再创造的活动，将吸纳、协助消费者对产品价值进行创造及再创造作为企业经营的重要的经营业务来规划、组织并运作，使这种经营方式变成企业的经营特色，形成一种核心竞争力。例如，在网络时代的今天，可以利用网络组织吸纳消费者在企业产品研发设计阶段就参与其中，现在不少企业通过网络建立企业虚拟的研发创意工作室，邀请广大消费者（或者有兴趣的非消费者）为企业特邀创意设计人员，通过网络对某项新产品的研发提供思路、设计方案等。再如，在产品的设计、使用等环节中加入更多的能引发消费者在感觉上形成共鸣的元素，既能在更大范围内引发消费者对这类产品进行价值再创造的兴趣，又能方便这种活动的实施，易于收到较好的效果。

3. 搭建消费者再创造产品价值的平台

企业除了在产品的生产技术、使用的技巧等环节注意消费者再创造产品价值的方便性及可行性，有利于消费者个体实施再创造产品价值的活动，更要注意搭建消费者再创造产品价值的平台，将再创造价值的个体活动变成一种群体活动，在物质上、技术上、组织上、环境氛围的渲染、行为意识的引导等方面对消费者群体性再创造产品价值进行帮助。如赞助产品俱乐部、消费者的品牌社群活动等，使消费者再创造产品价值的活动在群体中实现。

4. 在宣传造势上支持消费者再创造产品价值

企业应将消费者再创造产品价值活动纳入企业正常经营的业务范畴之中，并将这一业务定位于品牌特色之一，这在体验经济方兴未艾的今天尤为重要。消费者再创造产品价值将是企业在体验经济中重要的竞争领域，谁在这方面抢得头筹，就能够较好地抢占消费者心理资源，形成较高的竞争优势。工业经济时代奉行"产品为王"，产品的使用价值"谁用谁知道"，别人知道与否基本不影响、不改变产品的基本功效。体验经济奉行"感受为王"，产品本身的价值以及消费者再创造产品的价值，由于感受（体验）价值来源于消费者的感受和别人的关注两方面，即其价值不仅"谁用谁感受、谁知道",而且别人知道与否会在很大程度上影响、改变"感受"的功效。因此,企业在宣传造势上支持消费者再创造产品价值,形成强大的广告效应,增加关注此类活动的消费者,提高价值实现的可能性,对于这种活动的健康、持续的发展至关重要。

第五章
品牌策略创新

知识经济时代是信息化的时代,发达的信息传播技术将使品牌的知名度和美誉度的传播和扩散速度空前提高。知识经济时代是人们生活品质极大地得到提高和改善的时代,人们对品牌的追逐,无论是高度、深度、广度和精度等都会出现越来越高的热情,品牌的政治、经济、社会的影响力会越来越大。因此,品牌策略的创新,无论是对于企业、区域、城市乃至国家都显示了日益重要的现实价值。

第一节 品牌已经成为企业、区域乃至国家层面的竞争对象

一 品牌内涵及其扩展

(一)品牌的内涵

1. 品牌定义

美国市场营销协会(AMA)对品牌的定义:"品牌是一种名称、名词、标记、符号或设计,或是它们的组合,其目的是识别某个销售者或某群销售者的产品或劳务,并使之同

竞争对手的产品和劳务区别开来。"这一定义给出了品牌最原始和基本的内涵，随着品牌在市场上所发挥的作用越来越大、越来越重要，市场在不断地赋予品牌越来越多、越来越深刻的含义，这些含义也注释了企业打造品牌的意义：品牌是一种口碑、一种品位（定位）、一种格调、一种形象、一种影响、一种时尚等，这是从品牌的精神、文化的意义上说的，强调的是品牌的档次、名声、美誉度，是人们心理层面的一种感觉；品牌从市场功能看，是一种载体，是产品价值的载体，是企业实力和形象的载体，是消费者认知产品（企业）的载体，是联系企业与消费者的载体，是利益分配的载体，是企业运用经营策略的载体，是企业竞争的载体；品牌具有巨大的"市场溢价"，能给消费者带来"额外的情感满足"和能给产品或企业带来"额外的、稳定的价值"。品牌内涵代表品牌的核心价值，品牌的核心价值是品牌资产的主体部分，同时也是品牌保持持久竞争力的保证。

2. 品牌内涵的四个维度

（1）知名度。知名度是指某种品牌被社会公众认识和了解的程度，或者说是这个品牌在市场上有多少人知道及知道些什么，它是一个"量"的衡量指标。高知名度是被广大消费者接受和购买的前提，相反，如果一个品牌没有知名度，不为消费者所认识和了解，在崇尚名牌的时代，消费者是不会轻易青睐于该品牌的。

（2）美誉度。美誉度是指某种品牌被社会公众信任和赞许的程度，是品牌得到社会公众"好评价"的度量，它是一个"质"的衡量指标。高美誉度是赢得客户的重要条件和基础，好的品牌都有特定的方面让消费者津津乐道而乐于眷顾。

（3）忠诚度。即客户对该品牌用实际购买的行为进行维护的程度，最终表现为该品牌的市场表现。一个品牌在市场上的表现通常有两个衡量指标：一是市场覆盖率，二是市场占有率。前者指品牌所辐射市场范围的大小，后者是品牌在全部同类商品销量中所占的比重。

（4）信誉价值。品牌的信誉价值是指某一品牌在某一时点（年度）上的市场竞争力，它反映该品牌所处的地位。品牌的信誉价值并不等同于交易价值，但它可以为交易价值的实现提供一个供社会认识和接受的基础，从而有助于交易价值的实现。

（二）品牌内涵扩展

1. 品牌内涵由"单元"向"多元"的扩散

如果说品牌一开始的含义（所具有功能）就是一种商品的名字，则品牌的内涵演化到了今天其含义（功能）越来越丰富、越来越多元，而且这种多元化的趋势不会完结，会一直演化下去。品牌初始的作用相当于在消费者头脑中形成一种无形的识别器，能够使消费者快速、准确无误地甄别所选购的产品，基本功能是减少人们在选购商品时所花费的精力和时间。品牌在更深一层次上是对消费者情感诉求的表达，反映了一种生活方式、生活态度和消费观念。如今品牌对消费者正是这样，它以高美誉度、高强度、高冲击力的信息，诱导消费者将注意力集中在品牌商品上，引导消费者购买品牌商品。品牌商品无不反映了一种生活方式及其观念。品牌商品在人们的心目中代表了使用者具有哪一类的身份、地位和个性。更重要的是品牌可以给消费者一种文化附加值，给社会传播一种观念。消费者购买和消费优质可靠的品牌商品，可使其感受到相应的身份、地位、荣誉和自信，从而获得心理上的某种满足与体验，提升消费者的效用。一件商品呈现在消费者面前时，不仅仅是具有使用价值的产品，还会给消费者视觉、味觉、触觉等方面的感受。人们在接受一个商品品牌时，同时还会接纳它所传递给人们的情感、理念等[①]。所以，品牌是一个复杂的、具有浓厚感情色彩的、科学的系统。企业在进行品牌经营与管理时也要注意到品牌的系统性特征，只有这样才能够在品牌竞争中游刃有余，运筹帷幄。

2. 品牌内涵由"实"向"虚"的扩散

品牌内涵由"单元"向"多元"扩散的同时，就伴随着品牌内涵由"实"向"虚"的扩散，品牌的本质越来越多地向诸如形象、属性、价值、文化、个性、归属等反映消费者精神层面状态、价值及偏好等的要素飘移和扩散。

消费者对品牌认识与识别的最初阶段分为两个过程：第一个过程是联系和扫描的过程，即当消费者面对一个品牌时，消费者会自动地把品牌主张和品牌表现与自己生活中感兴趣的事物相对照和相联系，首先是看看这个品牌的品牌价值主张与品牌表现是否与自己的期望相符合、相一致。如果人们通过大脑的扫描确认这个品牌的价值主张与品牌的表现和自己的生活经历及期望相符合、相一致，那么消费者就会与这个品牌产生联系，这是消费者对品牌的第一个认识与识别过程。这个过程是消费者意识空间发散、延伸、释义和联结的思维活动过程。这个过程的基础是由消费者的生活经历和社会阅历决定的，其比较的基础以实物形态的要素居多。消费者对品牌的第二个认识与识别过程是情感的归宿、寄托和体验过程。这个过程，消费者通过意识空间的发散、延

---

① 张亚佩：《浅析我国企业品牌建设与管理》，《中小企业管理与科技》2009年第8期，第31~33页。

伸、释义等思维活动去与品牌主张和品牌表现进行连接，进行识别品牌主张和品牌表现与自己的兴趣、情感、期望等精神层面的标准是否相关、相近、相默契，而这种相关、相近、相默契是消费者对品牌产生联系的基础，也是产生情感归宿和寄托的体验基础，而这种情感的归宿、寄托和体验则来源于人们意识空间和心理方面对品牌的领悟和感受[①]，更多地反映了消费者精神层面"虚"的成分，即品牌情感。

  品牌情感是品牌表现出来的具有审美属性的文化意蕴，是品牌在感觉与情绪上对消费者的影响与触动，是品牌与消费者建立起亲密私人对话的有效方式。一个品牌正是借由情感交流而走进消费者的生活，与消费者缔结出一种深刻的、持久的联系。情感元素为品牌成长提供精神基础，也为企业的发展提供高能燃料——消费者驱动战略。在今天竞争空前激烈的市场上，产品和服务已不足以吸引新的市场，甚至不足以维持既有市场。市场的开拓与巩固需要依靠精神力量，品牌情感正是吸引消费者的牢固纽带。

  情感可以维系品牌忠诚，如果一种品牌不能引起消费者的情感共鸣，品牌就难以赢得消费者的信任。正是因为品牌情感的存在，产品才既有使用价值，又有文化价值，它变成了一种有性格、有生命、有风韵、有魅力，进而能与消费者心心相印的精神产品。品牌情感赋予了品牌一种灵性，给消费者带来心灵的体验和美妙的幻想，满足了消费者的情感需求。正如 d/g＊国际公司总裁马克·戈贝在《情感品牌》中所说的那样："在这样一个商品的海洋之中，所有的产品都在为相同的消费者兜里的每一个美元而战，在所有品牌之间

---

① 陈永成：《品牌价值识别体系与品牌定位》，中国营销传播网，2011 年 1 月 11 日。

创造出最重要也最本质的差异的,只有情感的接触和碰撞,建立一种恰如其分的情感乃是你对一个品牌能够做的重要的投资。它是你对消费者所做的承诺,允诺他们领略这个品牌的世界所拥有的美妙之处。"

马克·戈贝认为,情感品牌与传统的品牌概念有着本质的差异。他将二者作了对比,并提出了"情感品牌的十大要求"。这十大要求具体如下。

(1)从消费者到人。消费者购买,人生活。在交流的圈子里,我们通常将消费者视为我们必须攻击的"敌人"。也就是说,我们(制造商、零售商以及他们的交流代理机构)与他们是对立的。类似"击溃他们的防线,破解他们的语言,制定战略以赢得战争"这样的术语在日常生活中仍然随处可见。其实不必这样,我们可以用更好的方法,以积极的方式在消费者心目中制造购买欲,而不是控制或贬低他们。我们可以在一种互相尊重的基础上通过一种双赢的、合作的方式来实现我们的目标。

(2)从产品到体验。产品满足需要,体验满足欲望。对于已经在市场上拥有一定影响力的产品,要想吸引更多客户,保持客户对产品的兴趣,至关重要的一点是创新品牌,增加品牌的情感含量,给客户以联想空间。只有这样,才能使产品与消费者产生情感上的共鸣,保持鲜活的生命力。

(3)从诚实到信任。诚实是意料之中的,信任是令人兴奋而亲密的。在当今的商业社会中,诚实是必需的,信任则是另一回事。信任是一个品牌具有的最重要的价值之一,它需要公司付出相当的努力。信任是你期望从朋友那里得到的东西。

(4)从品质到偏好。今天,以公道的价格提高商品的品质已经是理所当然的了。但创造销量的不再是品质，而是消费者的偏好。如果你想在商界立足，就必须提高品质，这是消费者所期望的，你最好不要让他们失望。而对于一个品牌的偏好，才是真正通向成功的关键之所在。

（5）从臭名昭著到引人入胜。出名并不意味着你同时受人喜爱，臭名昭著同样能够令你出名。但是，你如果想成为人们期待、盼望的对象，就必须传达那些与消费者志趣相投、引人入胜的东西。

（6）从标识到个性。标识意味着认知，个性则是关于特色和神奇的魅力。标识是可以描述、形容的，它是一种认知，传达的是品牌与竞争对手之间的一点区别。品牌个性则是非常特别的，它拥有一种神奇的魅力，能够在消费者心中激发一种情感的反应。

（7）从功能到感受。一种产品的功能只是关于一些实用的或者说肤浅的品质，而感性的设计则关乎体验。如果产品的外观和性能仅仅是靠设计来满足功用而不考虑消费者的感受的话，功能本身是不太可能长久维持这种产品的吸引力的。设计是关于人类的解决方案，它的基础是创意，而创意反映的是一套全新的感性体验。通过强调产品能够带给消费者的福利来创造产品的认同，只有在产品的创意对消费者而言记忆犹新且心情激动时才能达到目的。

（8）从充斥到展示。充斥意味着随处可见，情感的展示则是需要消费者感知的。品牌的展示可以对消费者形成一种强烈的冲击。它可以与人们形成一种稳定而持久的联系，尤其是当它被精心策划成一种时尚节目的时候，更容易与消费者达成情感上的默契。

（9）从交流到对话。交流的目的是告知，对话的目的是共享。许多公司与消费者进行的交流,主要都是关于信息的,这些信息通常都是一种单向式的建议,"希望您接受它并且喜欢它"。真正的对话意味着一种双向的交流,是厂商与消费者的会谈。现在数码媒体的发展已经为我们提供了进行双向式交流这种革新的技术条件,并将最终帮助在人们与厂商之间建立一种令人满意的伙伴关系。

(10)从服务到关系。服务是一种销售行为,关系则意味着一种承认与感谢。在商业交易之中,服务涉及一种基本的效率。服务的好坏可以促成也可以破坏一桩买卖。但是,关系却意味着品牌的代表者真正地致力于理解并且领会他们的消费者究竟是什么样的人[①]。

二 品牌竞争是市场竞争中最核心的内容

(一)市场竞争已经由产品竞争转向品牌竞争

在消费者为中心的买方市场,那种低层次的广告战、价格战已难以打动消费者,需用高质量、高品位的产品和全过程、个性化的服务来引导、刺激、激活消费。在产品与服务日益同质化的时代,其物理属性已相差无几。质量、价格、促销、广告等诸多方面几乎大同小异、难分伯仲,甚至可以相互替代。品牌时代的产品和服务不再靠使用价值获得消费者信赖,而主要依靠品牌,即依靠企业形象、企业商誉(高层次的知名度与美誉度),唯有品牌能给人们以心理暗示,成为消费者情感与精神的寄托。于是,人们纷纷把眼球转向品牌(品牌企业、品牌产品与品牌服务),品牌已成为企业的市场核心竞争力,品牌竞争也是良性的竞争、健康的竞争。品牌代表企业形象,是一面旗帜,能为企业占领、扩

---

① 〔美〕马克·戈贝:《情感品牌》,向桢译,海南出版社,2004,第15~18页。

大市场带来丰厚效益。品牌的魅力无穷，已成为企业决胜市场的战略工具。正如美国营销学家所说："拥有市场比拥有工厂更重要，而拥有市场的唯一办法是拥有占统治地位的品牌。"

在市场经济中，需求矛盾的平衡、价格变动的确定、企业经营的地位等都是通过竞争体现出来的，竞争是市场经济的本质，也是市场经济发展的动力，推动市场经济由一个阶段向一个更高的阶段发展。随着市场经济的发展，竞争变得日趋激烈，在各个领域全方位、多层次、持续地进行，由产品竞争转化为品牌竞争，品牌竞争成为当代市场竞争的焦点。

1. 品牌竞争的领域不断扩大

市场经济的向前推进使品牌化趋势日益发展并形成主流。不仅在工业消费品等传统领域品牌化趋势日益加强，而且在某些农副产品、生产资料、建筑产品、房地产物业管理、商业市场、服务行业、旅游业等其他原来不讲品牌或无品牌的许多领域也出现了品牌化趋势。

2. 品牌竞争的内容不断丰富

各种竞争的内容和形式日益集中体现在品牌竞争上。产品之间的竞争不是直接以产品与产品之间的竞争体现出来，而是以产品的品牌之间的竞争体现出来。价格竞争、服务竞争等也是通过品牌之间的竞争体现出来。

3. 品牌竞争力反映了地区经济的整体实力

品牌竞争反映了企业之间、地区之间的经济实力的竞争，而经济实力是市场竞争取胜的后盾。企业有了强势品牌、市场领先的品牌、有生命力的品牌，企业就能生存、发展、壮大，由小变大，由弱变强。一个城市、一个地区有几个强势品牌，就能带动该城市、该地区的经济发展，提高其整体实力。

4. 品牌竞争力反映了企业、地区竞争的综合实力

品牌竞争体现了市场经济的新趋势，既是高新技术的竞争，又是管理的竞争，更是人才的竞争。在当代，不仅发达国家以拥有众多世界名牌为荣，而且许多发展中国家或地区纷纷提出创名牌的目标，以期赶上先进国家，缩小与发达国家之间的距离。因此，品牌竞争不仅将在一国国内市场竞争中大显身手，而且在国与国之间的国际竞争中也越来越重要。

（二）品牌是企业经营中最重要的资产

靠品牌的优势打造企业的核心竞争力，靠核心竞争力提升企业的无形资产。一个强大的品牌不仅有利于消费者理解一家企业，凝聚着消费者对其产品的认知程度，而且是企业宝贵的无形资产。这种无形资产一旦形成，使消费者愿意为品牌支付高价，投资者也愿意为品牌承受较高的股价。品牌是知识经济时代营销的基础，强大的品牌具有增加销售额和赢利的力量，品牌的重要性超过了以往任何时代。越来越多消费者的消费观念，更多地建立在企业提供的品牌价值与其提供的商品、服务价值的一致上。品牌能使消费者产生购买的联想，能够代表商品所凝聚的商业价值和商业信用，品牌资产、品牌个性、品牌形象、品牌忠诚度等都能不断把市场对品牌的认知度转化为可估价的无形资产。

（三）只有品牌产品才能拥有较高的市场占有率

各类消费品中，品牌优势巨大，市场占有率较高。据联合国工业计划署的统计数据显示，当今世界共有名牌商品约8.5万种，而其中90%以上的名牌所有权归属于工业发达国家和亚太新兴工业国家或地区。世界名牌占全球品牌不到3%，销售额却占到了全球的50%左右。如近年来，格兰仕微波炉产品以超过 2200 万台的产销量占有了国内市场 80%、国际市场 30% 的份额。2010 年，中国手机市场上的占有率诺基亚为 33.6%，摩托罗拉为 24.1%，三星为 9.0%，三大名牌合计占有率为 66.7%。美的空调 2009 年出口份额实现逆市扩张，出口占有率从 2008 年的 18% 增长到 2009 年的 24%，稳居行业第一。品牌产品之所以拥有较高的市场占有率，是因为品牌产品具有相对较高的边际效用。在相同类型、不同品牌的商品在功能、价格相同或相差不大的情况下，消费者愿意购买边际效用高的商品，导致名牌产品的销路好于非名牌产品[①]。

（四）商标是品牌的护身符

品牌的价值真正能够在市场上体现出来，必须将品牌注册成为商标。美国之所以能够成为超级经济大国，就因为美国在国际市场有 135 个世界性的驰名商标。所谓世界性，就是这个商标在 70 多个国家都会受到保护（加入马德里协定组织的国家，国际上的 77 个国家都可以保护这个国家的商标），其产品可以销售到这些国家。可口可乐便是这样可以销售到全世界每一个角落的世界性商标。一个品牌要成为世界性驰名商标，当属十分不易之事，一个国家到另一个国家去注册商标，由于各国的法律不同，各国的文字不同，不仅需要花费很多资金，还要很长时间，因此，其市场价值便会更大。世界性商标不光是企业的宝贝，也是国家的国宝，哪一个国家有很多的驰名商标，那这个国家必然是一个强国[②]。

[①] 樊哲银：《消费者青睐名牌产品的经济学分析》，《消费导刊·理论版》2007 年第 10 期，第 21~22 页。

[②] 董葆霖：《打造走向国际的中国民营企业品牌竞争力》，台州民营经济网，2006 年 8 月 24 日。

（五）品牌竞争的核心是争夺心理资源

品牌一旦植根于消费者的心里，契合了消费者的心理需求，就可以产生高额的附加经济效益。品牌之所以能产生这么大的效益，是因为消费者愿意为品牌支付额外价格。认知心理学中的内隐理论（Implicit Theory）认为，每个人都有一套自成体系的理论观点，这些理论观点一直指导着自己的判断、决策和行动。消费者之所以愿意为品牌支付额外的价格，是因为消费者内心认同这样的购买行为，认为这样做值得，符合自己的认知。品牌传播的核心就是要影响消费者的观念，在消费者的心理空间占据一席之地，并影响消费者内隐理论体系的形成。要想在消费者的心理空间占据一席之地并非易事，因为各行各业的品牌太多，品牌竞争太激烈，通向消费者心理的信息通道像一座独木桥，只能容许少量信息通过。人的信息加工能力有限，能产生效益的心理资源更稀缺。1956年，美国认知心理学家米勒发表了一篇重要的论文《神奇的数字7±2：我们加工信息能力的某些限制》，明确提出短时记忆的容量为"7±2"，即一般为7，并在5~9波动。这就是神奇的"7±2"效应。人的许多心理规律都受这个信息加工能力的影响，如品牌的记忆。一个行业可能有几十种品牌，但消费者通常只能在同一时间内记得7个左右的品牌。可见，心理资源的争夺是品牌竞争的核心[1]。

三 知识经济更需要品牌在消费升级中发挥作用

知识经济会促进消费升级，消费升级是一个永远不会停止的过程，描述的是消费者随着经济的发展，其消费质量和水平呈排浪式及阶梯式提高的状况，具体可表现为消

---

[1] 余贤君：《心理学眼中的品牌传播》，《中国广告》2009年第4期，第18~21页。

费的结构型升级和消费的质量型升级。消费升级是经济增长、社会发展的主要表现，是人们所追求的人生及社会发展的重要目标，是推动经济发展及社会进步永不衰竭的动力，是知识经济时代的发展在人们生活领域表现出的重要特征之一。

品牌是消费升级的重要内容之一；品牌是消费者辨识消费品品质、功效、性价比等指标的综合的、表象的、易于识别的标准和代表；品牌是消费者在消费升级中对消费品信任的凭证和依据；品牌是消费品生产者与消费者对消费品品质保障的契约；品牌，尤其是名牌、大牌，代表着时尚、身份、地位、潮流等可以向他人炫耀，以示品牌消费者高人一筹的载体。

（一）品牌是消费升级的重要标志

众所周知，人们对低端产品的要求一般不重视品牌，如技术含量低的产品。我们去购买一个脸盆的时候，肯定不会用很长的时间去思考选择哪个牌子比较好，但是对那些高端消费，如购买一辆汽车、买一台笔记本电脑，在进行这些消费的时候，消费者将会先从产品的品牌知名度进行考虑。随着消费升级，人们的消费意识也越来越强烈，在进行消费时将会更多地考虑品牌，而对品牌的重视也正是消费升级的体现。

（二）品牌是消费升级的重要内容

在过剩的经济大环境下，消费品市场很自然地会振兴起一群信奉新奢华生活的消费者，这是消费者本身由于经济能力提升以后，渴求从商品及服务找"情感"价值的必然历程。例如，同样是白酒行业，却只有高端的品牌才受到大众的追捧，这里一个关键的原因在于随着大众从实物消费转移到情感消费阶段，人们对消费品的选择也更倾向于满足心理情感的需要，而名牌商品正好可以满足消费者的这种需求，对商品品牌的追求正是消费升级的一项重要表现形式。

（三）品牌是消费品生产者与消费者对消费品品质保障的契约

品牌能给消费者带来特定的属性，商品或企业的品牌就代表着对消费者的承诺。例如，"海尔"就代表着"质量可靠、服务上乘"，"麦当劳"就代表着干净、便捷。在享受这些品牌的产品和服务时，企业就能尽到自己的义务，消费者就能享受自己的权利，消费者通过品牌的购买就可以保证自己的购买利益。

（四）品牌是消费者在消费升级中对消费品信任的凭证和依据

品牌是一个整体概念，它代表着产品的品质、特色、服务，在消费者心中成为产品的标志，消费者避免购买风险的方法主要有两种：一是从众，二是品牌忠诚。品牌有助于消费者避免购买风险，降低消费者购买成本，从而更有利于消费者选购商品。在信息爆炸的今天，对生活节奏日益快速的人们来说，如果你心中拥有一个了解信任的品牌，那它将有助于你在购物时更轻松快捷地作出选择。

（五）品牌是消费者愿意支付消费升级后的消费品相对较高价格的理由

在消费升级的过程中，人们收入提升后带来消费观念的转变，相比起来，消费者更愿意消费那些能给自己带来心理满足的知名品牌，更倾向于购买品牌形象良好的消费和服务，即使可能付出更高的价格。因此，消费升级必然将给品牌的发展带来机遇，抓住消费升级机遇的企业，通过品牌的发展，必将成为市场的宠儿①。

（六）品牌是满足消费者个性化需求的内核

现代化的生产能力及技术水平，加上现代的营销手段及物流技术，使产品的生产和消费的趋同性日益加重。就产品的物理功能来看，其内涵的差异越来越不明显，在这种情况下，品牌可以让每一件产品都具有独特的市场性质，产品通过品牌被赋予了生命，具备了满足消费者精神（心理）需求的功能，这样使原本没有多大差别的产品之间形成了较大的差异，这种差异化恰恰提供了消费者可以无限拓展的心理需求空间，满足了消费者个性化的需求，给消费者始终保持追求个性需求的状态提供了理由及可能。

四 品牌的赶超是企业（区域、国家）实力真正意义的赶超

（一）品牌的差距是真正实力上的差距

改革开放以来，我国的经济得到了快速的发展，我国的经济总量已经迅速缩小了与发达国家的距离，并且这种快速发展的态势在今后很长的时间内还将继续保持。同时，我国企业品牌建设从无到有、从少到多，也经历了飞速发展的不平凡时期。由20世纪80~90年代的品牌启蒙时期到20世纪90年代中期的品牌发展时期，随着中国企业发展的速度和规模日益扩大，创造出不少知名品牌。中国加入世界贸易组织后，越来越多的企业经过原始积累、技术水平的提升、市场环境的磨炼，逐步地成熟起来。同时，更多的国际知名品牌也进入了中国市场。中国的市场已不再是中国企业的市场，

---

① 王信东：《消费升级杂谈》，《经济学家茶座》2009年第3期，第83~87页。

更多的是国际企业参与和竞争的市场。在国外品牌大量涌入中国市场，带来先进技术、管理和品牌运作经验时，促进了中国企业经营者经营观念的深刻变化。在这样的形势下，中国企业和中国的企业家们开始认识到建立国际品牌、参与国际竞争的紧迫性，开始注重从质量、技术、广告宣传、销售服务等方面提高我国产品的国际竞争力、品牌竞争力和影响力。从目前的情况看，尽管我国本土品牌经营发展较快，但与世界著名品牌相比，还有相当大的差距，突出地表现在三个方面。

1. 知名品牌太少

目前的现状是"制造大国，品牌小国"。2010年，我国的对外贸易额位居全球第二，其中出口额全球第一，但是我国品牌的地位却与之极不相称。我国有100多种产品的产量都占到了世界第一位，我国每年出口1.5万多亿美元的商品中，标有我国自己品牌的商品仅占1/3左右，有1/3的商品没有品牌，另有1/3的商品是OEM（贴牌生产）。国际知名的民族品牌更是凤毛麟角。许多有中国特色的产品进入外国市场，却以该国品牌的面目出现，只是在商标的不显眼处才标出Made in China。中国目前有约170万个品牌，却没有一个进入美国《商业周刊》推出的全球最有价值的100个品牌的排行榜，这表明我们的企业规模上去了，产品数量丰富了，但是知名品牌价值太少。知名品牌的缺失已经成为中国企业分享国际市场经济利益致命的"短板"。

2. 品牌的市场价值较低

虽然随着我国经济实力的不断增强，很多民族品牌价值处于攀升状态，但是必须看到，我国民族品牌成长过程毕竟太短暂,品牌价值、品牌实际竞争力、品牌管理经验等方面与发达国家特色品牌相比还处于劣势,中外品牌价值相距甚远。例如,同为饮料品牌,2010年品牌中国1000强评估的"王老吉"品牌价值为27.85亿元人民币(约合4亿美元),而世界著名品牌可口可乐的价值高达687亿美元。另据北京名牌资产评估有限公司与睿富全球排行榜资讯集团共同研究并发布的"中国2006年度最有价值的品牌"中,名列前10位的品牌,其总价值只有449.77亿美元,也仅为可口可乐价值的65.47%。即便是2010年位于品牌中国1000强榜首的中国移动,价值1349.88亿元(约合200亿美元),与世界一流品牌也存在着不小的差距。青岛双星鞋与美国耐克鞋的制造成本只差3~5美分,然而两者的市场价格相差了整整5倍。这些差距都说明,我国民族品牌要想真正走向世界,还有很长的路要走。

3. 品牌所形成的企业赢利能力较低

品牌对于企业经营来说最重要的作用是能够提升企业市场竞争力,形成企业较高的赢利能力,我国企业品牌在形成企业赢利能力上较弱。统计结果表明,"2007中国企业500强"的营业收入、利润总额、资产总额分别相当于"2007世界企业500强"的10.7%、6.5%和7.8%,即在相同的收入水平,我国企业500强的平均赢利能力仅为世界企业500强平均赢利能力的60.75%。在营业收入增长率、资产增长率指标上,中国企业500强高于世界企业500强,但在利润总量增长率指标上,世界企业500强高于中国企业500强,显示中国企业500强与世界企业500强的赢利能力有一定差距。世界企业500强企业大多数是名牌企业,因此,企业赢利能力上的差距很大原因在于品牌效应转换成企业赢利能力上的差距。

国际品牌的竞争,实际上是国家间经济综合实力的竞争。国际品牌的差距,实际上是国家间经济综合实力的差距。一个国家是否拥有国际驰名品牌,拥有多少国际驰名品牌,已成为衡量该国经济实力和国际竞争力的第一标志。对于一个国家来讲,民族品牌的国际形象,往往意味着人们对国家竞争力和软实力的信任以及信心。

(二) 品牌差距的追赶难度更大

改革开放以来,我国经历了经济持续30余年的高速发展,迅速缩小了我国与发达国家的经济差距,在很多领域,许多产品的生产数量都实现了超越,体现了非常迅猛的赶超速度。与此同时,虽然我国在品牌建设中也取得了历史性突破,品牌观念深入人心,品牌建设基础性工作不断加强,扶持政策体系和工作机制初步建立,知名品牌影响力逐步扩大,自主品牌创新不断提高,海尔、联想、华为等一批自主品牌启动了走向世界品牌工程,且逐步走向国际市场。但由于各方面因素,与世界知名品牌相比,尚存在很大差距,而且赶超的速度相对经济规模的赶超速度显得较为缓慢。

1. 我国 GDP 的赶超足迹

宏观上看,我国的经济总量 GDP 在改革开放初期(以1980年为例)位居世界第7位,我国 GDP 相当于当时世界第一美国 GDP 总量的 10.78%,相当于当时世界第二日本 GDP 总量的 29.33%;2010年,我国的经济总量 GDP 已经超过日本,排行世界第2位,我国 GDP 相当于现在世界第一美国 GDP 总量的 41.36%,相当于现位居世界第3位的日本 GDP 总量的 1.1 倍(见表 5-1)。

表 5 – 1 1980 年世界各国（地区）GDP 总值排名
（按当时汇率）

	美国	日本	西德	法国	英国	意大利	中国
1980 年 GDP（亿美元）	27956	10279	8261	6824	5367	4546	3015
1980 年 GDP 排名	1	2	3	4	5	6	7
2010 年 GDP（亿美元）	146241.8	54742.0	—	—	—	—	60483.7
2010 年 GDP 排名	1	3	—	—	—	—	2

资料来源：http://zhidao.baidu.com/question/1116393.html 和 http://www.8pu.com/。

2. 我国企业规模的赶超足迹

美国《幸福》（FORTUNE，即《财富》杂志，在20世纪80年代，中国的报刊曾把它翻译为《幸福》杂志）杂志于1990年开始，每年评出世界500家最大工业公司排名表，1994年改为包括服务业在内的世界500家最大公司。排名的主要依据是营业额，另外还包括利润额、资产额、股东权益和雇员人数等指标。《幸福》杂志的排名并不代表任何国家政府和国际官方组织，但在世界上颇有权威性，为各国广泛采用。

排名世界500强第一位的公司1990～1993年是美国通用汽车公司，1994～1995年是日本的三菱公司（两年营业额分别为1758亿美元和1843亿美元），1996年又是美国通用汽车公司（营业额为1683亿美元）。2011年美国沃尔玛以4218.49亿美元居第一位。500强排名最后一位公司的营业额1994年为78.43亿美元（日本东洋制罐公司，该公司1993年排名第245位），1995年为88.61亿美元（巴西电讯公司，当年新排入），1996年为91.69亿美元（意大利一家银行公司，当年新排入）。1996年排名最后一位公司的营业额只占第一位公司营业额的5.6%,两者相差18.36倍。2011年排行榜最后一位企业营业额为194.84亿美元,只占第一位公司营业额的4.6%,两者相差21.65倍,最大企业与最小企业的差距有拉大的趋势。

1994年之前,中国尚未有一家企业进入世界500强行列;1994年,《财富》改变排名标准,将服务业包括在500强之内;从1994年起,500强的排名表上出现了中国内地企业的名字。1994年入选的中国内地企业是:中国银行、中国化工进出口总公司和中国粮油进出口公司,它们分居500强的第207、第209和第342位。1996年不包括中国香港(已进入2家)和中国台湾(已进入1家),中国有3家公司进入世界500强,分别是中国银行(营业额204.1亿美元,排第164位)、中国化工进出口总公司(营业额179.5亿美元,排第204位)、中国粮油进出口公司(营业额119.9亿美元,排第370位)[①]。

在《财富》杂志发布的2011年世界500强排名中,中国有69家企业入榜,超过了2010年54家的纪录。其中,中国石化、中国石油、国家电网三家央企进入前十名。三者分别位列第5位、第6和第7位。中国的上榜公司数量达到69家,超过日本(68家),仅次于美国(133家),创造历史纪录。中国石化、中国石油排名最高,分列第5位和第6位。69家入榜企业中内地企业61家(比上一年增加了15家),数量上已经超过德国、英国和法国[②]。1996~2010年,中国500强企业规模与效益逐年增长,年均营业收入由123亿美

[①] 杨华生:《世界500强与中国企业》,http://www.66163.com/fujian_w/news/smrb/,2011年4月8日。

[②] 《财富》(中文版):《2011年世界500强排行榜》,财富中文网,2011年7月7日。

元上升到433亿美元。企业平均净利润额也从5亿美元增加到27.8亿美元。作为衡量公司赢利水平的重要指标，世界500强的平均利润率为3.9%，而中国500强的利润率平均为6.0%，其中三家石油企业的利润率为7.0%，中国移动的利润率为16%，五大国有银行的平均利润率为24%[①]。1996年，中国最大企业的营业额为当年世界最大企业营业额的11.07%；2011年，中国最大企业的营业额为当年世界最大企业营业额的64.82%。2011年世界最大企业营业额为1996年世界最大企业营业额的2.28倍，2011年中国最大企业营业额为1996年中国最大企业营业额的13.40倍，这些数据都说明了我国企业规模追赶世界先进水平步伐的强劲。

3. 我国上榜大企业的产业结构特征

中国61家企业进入2011年《财富》世界500强企业排行榜，这61家企业总收入为28906亿美元，占同期国内生产总值的47.8%，几乎占到全国GDP总量的半壁江山，总利润为1761亿美元，平均利润率为6.09%。同期美国133家上榜，企业总收入为76628亿美元，占美国同期国内生产总值的52.3%，超过美国GDP总量的半壁江山略多一点，总利润为4844亿美元，平均利润率为6.32%。因此，用两国这些上榜企业的产业结构进行分析有较好的对比性。

《财富》中文网在进行中国与美国上榜企业行业分布的对比时指出：首先，美国上榜企业分布在35个行业，而中国的上榜企业则分布在22个行业，美国有国际大企业的行业分布更为广泛。双方都有企业上榜的行业只有17个，因此，对美国大企业而言，有18个行业在国际上不会遇到来自中国的

---

① 赵建华：《54家中国企业进入2010年世界500强排行》新华网，2011年4月8日。

强大竞争者，对中国企业则在国际市场上只有5个行业没有来自美国的世界级竞争对手。有中国企业却没有美国企业上榜的5个行业具体是建筑材料、船务、工业机械、贸易和公用设施。有美国企业却没有中国企业上榜的18个行业是食品饮料、电子及电子设备、食品服务、信息技术服务、半导体、烟草、计算机软件、建筑和农业机械、家庭及个人用品、互联网服务、管道运输、商业航空、娱乐、食品生产、制药、食品和药品零售、保健及其他。中国有4家汽车企业上榜，美国也只有3家。其次，中国上榜企业最多的行业是金属产品，共有8家企业上榜，美国金属产品行业则只有1家；美国上榜企业最多的行业是保险，共有15家企业上榜，而中国保险业只有4家企业上榜[①]。

从对比结果可以看出，中国上榜的大企业绝大多数属于生产资料性质的基础类的重化工工业，这是工业经济时代典型的产业类型，这些产业（行业）或其产品，一般对品牌的依赖性较弱，赢利能力相对较低；美国上榜的大企业绝大多数属于生活资料性质的最终消费品类的现代服务业，这是知识经济时代典型的产业类型，这些产业（行业）或其产品，一般对品牌的依赖性较强，赢利能力相对较高。

4. 我国进出口总额的赶超足迹

一个国家进出口总额的大小，不仅反映了这个国家参与国际市场分工程度的深浅，反映了该国产品国际市场占有率的大小，还反映了该国运用全球资源能力的大小，能从一个侧面反映一个国家经济实力的强盛。1950年中国进出口总值仅11.35亿美元，1977年发展到148.04亿美元，年均增长

---

① 《财富》（中文版）：《2011年世界500强排行榜》，财富中文网，2011年7月7日。

9.9%。1978年以后,对外贸易快速增长。2010年进出口总值从1978年的206亿美元猛增到29727.6亿美元,年均增长16.81%。1950年,我国出口总值在全球排名第27位,经过30年徘徊,到1980年上升到第26位,此后排名直线上升,2007~2008年便上升到第2位,目前全球进出口前三强为美国、中国和德国。美国2010年为32000亿美元,德国2010年为24000亿美元。我国占全球进口总额的比例已由1978年的1%上升至2010年的10%左右。

5. 我国品牌的赶超足迹

目前,世界上有许多研究品牌价值的机构,每年推出世界品牌价值排行榜,如世界品牌实验室于2005年开始推出的《世界品牌500强》、美国《商业周刊》与纽约专门从事品牌价值评估的国际名牌公司(Interbrand)于2001年开始联手推出的《全球品牌百强榜》。我们以世界品牌实验室所给出的《世界品牌500强》的相关数据,以及美国《商业周刊》推出的全球最有价值的100个品牌排行榜的数据,研究我国品牌的赶超足迹。

(1)世界品牌实验室排行榜的状况

世界品牌实验室(World Brand Lab)由1999年诺贝尔经济学奖得主罗伯特·蒙代尔教授(Robert Mundell)担任主席,是世界经理人集团的全资附属机构,致力于品牌评估、品牌传播和品牌管理,其专家和顾问来自哈佛大学、耶鲁大学、麻省理工学院、牛津大学、剑桥大学等世界顶级学府,其研究成果已经成为许多企业并购过程中无形资产评估的重要依据。

世界品牌实验室发布的《世界品牌500强》排行榜(The World's 500 Most Influential Brands),其评判依据是品牌的世界影响力。品牌影响力（Brand Influence）是指品牌开拓市场、占领市场并获得利润的能力。世界品牌实验室按照品牌影响力的三项关键指标市场占有率（Share of Market）、品牌忠诚度（Brand Loyalty）和全球领导力（Global Leadership）对世界级品牌进行了评分，1分表示一般，5分表示极强。世界品牌实验室通过对全球5810个知名品牌的调查分析，根据品牌影响力的各项指标进行评估，最终推出了世界最具影响力的500个品牌[1]。

2005年，世界品牌实验室首次推出了《世界品牌500强》排行榜，这是在2004年该机构推出《世界最具影响力的100品牌》排行榜的基础上开展的第二届评价。海尔是进入2004年《世界最具影响力的100品牌》排名唯一的中国内地企业品牌，排名第95位。在2005年《世界品牌500强》排行榜中，入选排行榜的国家28个，美国共占据249席。前10强美国占9席，前100强美国占70席，法国以46席排第二，日本以45席排第三。入选排行榜第一的品牌是可口可乐，第二是麦当劳，第三是Google。共有4家中国内地企业品牌进入，海尔排名第89位，联想排名第148位，央视排名第341位，长虹排名第477位[2]。

由世界品牌实验室独家编制的2010年度《世界品牌500强》排行榜，脸谱（Facebook）击败微软从2009年第十名跃居第一，苹果从2009年第十三名晋升至第二，而2009年冠军微软则屈居第三。2010年《世界品牌500强》排行榜入选国家共计28个，其中美国占据500强中237席，比2009年少4席，仍是当之无愧的品牌强国。法国以47个品牌数位居

---

[1] 《百科名片·世界品牌实验室》，http://baike.baidu.com/view/939539.htm。
[2] 《2005年度〈世界品牌500强〉排行榜揭晓》，宁夏新闻网，2005年4月20日。

第二,日本以41个品牌入选席位排第三。入选品牌数量前十名的国家还有英国(40个)、德国(25个)、瑞士(21个)、中国(17个)、意大利(14个)、荷兰(10个)和瑞典(8个)(见表5-2)。2010年中国内地有17个品牌入选,其中中央电视台、中国移动、中国工商银行和国家电网位列前100名。中国入选品牌数位居第7位[①]。

表5-2 2008~2010年《世界品牌500强》
品牌入选数最多的10个国家

单位:个

	美国	法国	日本	英国	德国	瑞士	中国	意大利	荷兰	瑞典
2008年	243	47	42	38	23	21	15	11	13	8
2009年	241	46	40	39	24	22	18	11	10	8
2010年	237	47	41	40	25	21	17	14	10	8

资料来源:《2011年世界500强企业揭晓 中国17品牌入选》,http://hangzhou.51zjxm.com/2010年12月24日。

(2)美国《商业周刊》排行榜的状况

美国《商业周刊》2001年首次推出了全球最有价值的100个品牌的排行榜,可口可乐以689.5亿美元的品牌价值位居榜首。在排行榜上位居品牌价值第2~10位的依次是微软(650.7亿美元)、国际商用机器(527.5亿美元)、通用电气(424.0亿美元)、诺基亚(350.4亿美元)、英特尔(346.7亿美元)、迪士尼(325.9亿美元)、福特(300.9亿美元)、麦当劳(252.9亿美元)和美国电话电报公司

---

① 《2011年世界500强企业揭晓 中国17品牌入选》,http://hangzhou.51zjxm.com/,2010年12月24日。

(228.3亿美元)。在前10位中,除诺基亚为芬兰所有外,其余9个均为美国品牌。在全部100个品牌中,美国品牌占了62个,其余的38个品牌属于德国、日本、英国、法国和瑞士等国[①]。

在《商业周刊》2009年推出的全球最有价值的100个品牌的排行榜中,可口可乐以687.3亿美元的品牌价值仍位居榜首。在全部100个品牌中,美国品牌占了51个,其余的49个品牌属于德国、日本、英国、法国、韩国、加拿大和瑞士等国。从《商业周刊》2001年首次排名全球最有价值的100个品牌看,到2009年止,没有一家中国品牌上榜[②]。

6. 我国品牌追赶步伐的艰难

无论从哪个品牌排行榜都可以清楚地看到,国家经济强大的支撑力是企业的强大,企业强大的支撑力是品牌市场力量的强大。美国之所以为世界经济之最,不仅是由于美国的大企业多,在世界500强企业中(以2010年为例)美国有140家入围,占28%(第二的日本71家,占14%),为世界第一,更在于美国的大品牌、知名品牌多,在世界品牌500强中(以2010年为例)美国有237家入围,占47.4%(第二的法国47家,占9.4%)。尽管近些年由于中国等新兴国家的迅猛发展,尤其是2008年世界金融危机以来美国的经济霸主地位受到挑战,其相对地位在不断下降。美国在2009年世界企业500强入围数为160家,在2009年世界品牌500强入围数为241家,显然实力优势有所松动,但其世界经济霸主地位,尤其是美国竞争力核心的制造业、IT

---

① 《美〈商业周刊〉首次推出全球最有价值品牌排行榜》,http://www.chd.cei.gov.cn/,2001年8月2日。
② 田成杰:《2009年度全球最佳品牌100强》,http://www.chinavalue.net/Blog/Blog。

业、现代服务业等行业其实力变化不大，有些还在强化。可以说，品牌的强大是美国经济强大的根基，而且品牌的实力及霸主地位一旦形成，其竞争者更难撼动，这一点对于其他品牌大国，同时也是经济大国的日本、欧洲一些国家同样适用。

对比我国企业在规模和品牌这些年追赶世界先进水平的步伐，可以看出明显的差别。从改革开放到1994年，大约用了15年时间，我国便有企业入围世界500强，1999年我国便有了进入世界100强的企业，中国石油化工集团公司排1999年世界500强的第73位。到了2010年，中国有54家企业入围世界500强，占到世界500强企业总数的11%，而且这种追赶的势头还在强劲地持续。在我国企业入围世界企业规模500强后的10年，我国企业入围世界企业规模100强后的5年，海尔成为2004年《世界最具影响力的100品牌》（世界品牌实验室的排行榜）排名唯一的中国内地企业品牌，排名第95位。到2010年，我国入围世界品牌500强的品牌数才17个，占总数的3.4%，而且入围数还有反复（2009年是18个）。在另一个十分有影响力的品牌排行榜——美国《商业周刊》全球最有价值的100个品牌的排行榜中，至今尚未见到中国品牌的身影。

7. 规模追易、品牌追难的成因

如果说企业规模代表一个国家经济发展状态的数量指标，则企业品牌就是代表一个国家经济发展状态的质量指标，最终体现为国家软实力的重要内容。一般而言，质量的提升总是会比数量的扩张要更困难，国家软实力的提升总是要难于硬实力的提升。

（1）品牌追难是我国经济发展模式的必然结果

我国企业在规模上追赶世界先进水平相对容易，对比我国企业品牌追赶世界先进水平相对困难的现状，从一个侧面正好反映了我国改革开放以来经济发展模式的状况，我国已经历了30多年的高速增长，创造了世界近现代经济发展的奇迹，但这些成绩的取得基本是建立在粗放型、量的扩张型的高增长模式之上。一定时期的高投入也是必要的，然而，长期高投资率在推动我国经济较快发展的同时，也导致了经济发展中大量的结构性、体制性和素质性问题。高投入必然带来高能耗，必然带来高污染、高排放，使生态环境压力很大。高投入还难以避免地带来重复建设，使一些行业产能过剩。这种模式过于依赖低成本优势，轻自主创新，轻品牌培育。发展到今天，这种模式无论从资源、环境还是国际市场等来讲，都是不可持续的，而且路子会越走越窄，出路在于转型升级、集约增长、创新发展，要重视品牌的作用，启用品牌的力量，变过去的"又快又好"为现在的"又好又快"。

（2）让消费者认知品牌价值的难度更大

考量我国企业在规模上追赶世界先进水平的路径，不难发现，其中有我国企业通过市场的培育而成长壮大的企业，如入围2010年世界企业规模500强第397位的华为集团，也有通过体制变化、国家垄断等因素形成的企业壮大。如在2010年世界企业规模500强排行榜中我国三家巨型企业进入前10名，中国石化、国家电网和中国石油分别位列第7、第8和第10位，这些企业都是具有垄断性质的央企，这些企业的壮大在很大程度上取决于其垄断地位，取决于通过企业兼并所获得的"$1+1=2$"，甚至"$1+1>2$"的效应，当然，这些企业的壮大也是企业自身努力的结果。但是品牌的市场价值并不能从企业的垄断地位中获得，甚至有时垄断地位还会起反作用，也不存在通过企业兼并获得的"1+1=2"，甚至"1+1>2"的效应，倒有可能出现"1+1<2"的现象。因为品牌的价值必须基于市场的土壤，来源于消费者的认知，品牌价值的增长不仅取决于企业自身的努力和发展，更取决于消费者的认可、忠诚和"买账"，让消费者认可、忠诚和"买账"，远比规模扩张要难得多。

（3）国家软实力的提升难度更大

国家软实力（Soft Power of the Nation），虽然到目前为止还没有一个大家都认可的定义，但毫无争议的是，国家软实力代表着一国的综合国力，大致包括政治软实力、经济软实力、科技软实力和文化软实力等内容。一个国家的经济软实力主要体现在知名品牌、无形资产、服务业和经济组织方式等优势上[①]。知名品牌的核心价值不仅体现在产品的质量、有没有自主知识产权等反映产品自身品质的指标上，还体现在市场环境、市场制度、文化氛围等体现软实力的指标上。如世界著名的英国商标公司制定的一套计算方法，从以下七个方面对品牌价值进行评估：①领导能力，商标影响市场的能力；②市场，商标交易的环境；③稳定性，商标生存的能力；④国际性，商标越过地理和文化边境的能力；⑤趋势，商标对其行业发展的重要性；⑥支持，商标交流的有效性；⑦保护，商标拥有者的合法权利。这些代表软实力，甚至许多代表国家软实力的指标，其实现的难度已经大大超出企业自身经营的操作范围，需要举国之力才能实现。

---

① 王韩民：《四条主线整体提升国家软实力》，新华网，2010年11月24日。

第二节 品牌创新策略

一 品牌创新

品牌创新可以表述为：企业依据市场变化、企业发展不同阶段的发展目标和条件、环境变化及市场竞争态势，特别是消费者需求的变化，在技术创新、设备创新、材料创新、产品创新、组织创新、管理创新以及市场创新的基础上，实行对品牌识别要素新的组合、品牌的营销传播新的组合等，并希望消费者能够认知一个在原有品牌基础上的新因素、新形象、新理念、新发展。品牌创新的目的在于实现消费者头脑中的品牌形象更新和发展，从而为消费者提供更大的价值满足，即更好地满足消费者对品牌的功能需求和情感需求。品牌创新的动因在于：审美疲劳是品牌创新的内驱力，对于消费者来说，任何一个品牌形象都需要不断地推陈出新，才能保持其对品牌的关注度和忠诚度，否则审美疲劳会使消费者对一长期没有变化的品牌失去兴趣；市场竞争是品牌创新的外在压力，在大浪淘沙、不进则退的市场竞争中，长期没有变化的品牌很容易被消费者怀疑该企业的发展能力，怀疑品牌的市场价值"现值"的发展趋势；科技进步是品牌创新的催化剂。现代社会，科学技术进步越来越快，技术上的创新往往带来产品的创新甚至行业的革命，必然要求品牌不断创新来反映科技进步的变化。因此，从这个意义上讲，品牌创新是品牌策略的永恒主题。

二 品牌创新的原则

成功的品牌创新应该遵循五大原则。

第一，消费者原则。品牌创新的出发点是消费者，创新的核心是为消费者提供更大的价值满足，是提升消费者价值满足的"档次"，包括功能性和情感性满足。"消费者原则"是一切原则中的根本原则，忽略了消费者感受的品牌创新注定是没有前途的。

第二，及时性原则。品牌创新必须紧跟时代前进的步伐，及时迅速地满足消费者对产品或服务的需求变化。创新不及时，产品或服务必将落伍，品牌必然老化。

第三，持续性原则。世界上没有一劳永逸的品牌形象，没有永不变化的环境，更没有静态、不发展的消费者，品牌创新必须持续不断地进行，才能满足消费者不断变化的实际需求。

第四，全面性原则。对影响品牌形象的所有因素都应该进行变化，才能达到较好的效果。例如，品牌的定位创新常常需要进行科技创新，科技创新往往需要通过产品创新来实现，产品创新也常常要求广告等传播形式的创新，等等。抽象地讲，品牌创新的全面性原则，其本质是一种"全面品牌创新"，是以品牌创造与品牌培育为核心的综合性一体化创新，把创新纳入品牌运营的所有环节中，通过有效地整合和协调，形成系统性。

第五，成本性原则。任何品牌创新都是有代价的，包括可能的巨额研发费用、营销费用、管理费用等，而且随着市场竞争的加剧，这一代价呈现递增的趋势，因此，必须考虑和追求较高的品牌创新的"性价比"。

三　品牌创新的机会与挑战

（一）国家经济转型战略为品牌创新创造了良好环境

一个国家的产品量增加，如果主要靠资源投入数量的增加，叫做粗放型、外延式的经济增长；如果主要靠技术进步和生产率提高,叫做集约型、内涵式的经济增长。所说的经济转型,就是从粗放型的经济增长转到集约型的经济增长上来。这种转型是经济发展形态从工业经济到知识经济转型的必然要求,是经济发展目标从一元到多元转型的必然体现,是经济发展结果从规模赶超到品质赶超转型的必然结果。《"十二五"规划纲要》要以科学发展为主题,加快转变经济发展方式为主线,要"坚持把科技进步和创新作为加快转变经济发展方式的重要支撑",这反映了我国经济发展转型战略的内在要求。品牌博弈的背后是国家经济实力的对比和较量,是经济发展高端阶段的重要体现,中国企业只有走品牌化才能有出路,才能在日后世界经济发展较高平台上有立足之地。在目前的经济条件下,中国政府应积极推动企业创品牌,要把企业品牌化战略纳入国民经济发展的总体规划中,积极引导有实力的企业走品牌国际化路线。同时,政府应努力创造品牌成长的环境。对一个国家来说,品牌具有鲜明的民族性,它是民族工业的精华和骄傲,是国家经济实力的重要标志。品牌是企业创造的,但品牌却是在社会这个大摇篮中不断发育成长的。品牌需要良好的社会环境,如经济环境、政治环境、法制环境、文化环境等,这些都需依靠政府在其中发挥积极宏观调控、政策支持的作用。所以,政府支持鼓励企业增强技术创新能力,形成独立的、自主的知识产权,增强新产品开发能力和品牌创建能力,提高产业核心竞争力,形成强劲的品牌成长能力,是经济转型的要求和内容,已成我国经济发展的当务之急。国家经济转型战略也为品牌创新创造了良好的环境氛围。

(二) 企业具备了品牌创新的动力和实力

"有牌的产品是块宝,没牌的产品没人晓",品牌对于提升企业竞争力所具有的不可替代的重大作用，是企业蕴涵巨大价值的宝贵无形资产，能够作为企业自主创新重要的"软资源"，能发挥部分替代资本、资源、技术、劳动力等生产要素的强大作用。今天的企业对于品牌的价值早已是"心知肚明"，所以，企业已经有了创建和创新品牌的动力。"动力"只能解决"愿不愿意做"的问题，而"实力"才能解决"能不能做"的问题。企业品牌创新的实力主要来源于技术创新实力和资金运作实力，经过30余年的高速发展，我国企业技术创新实力和资金运作实力均有了大幅增加。国际专利合作条约（PCT）国际专利拥有量是衡量一国知识产权水平及技术创新能力的重要指标。我国由于起步较晚，世界专利申请量、授权量相比发达国家长期处于弱势。但2005~2010年，连续5年我国PCT国际专利申请的增长速度均居世界前列，这是很好的发展趋势。广告费是创建品牌支出较大的费用，我国的国内广告经营额从1981年的1.18亿元增长到2009年的2041.03亿元，增长了1730倍，增长速度远远快于同期国内生产总值的增长速度。2009年，中国广告市场总投放达到5075.18亿元，2010年，中国广告市场总投放同比增长16.1%，增至5890.70亿元，仍以较大幅度超出同期我国GDP的速度在增长，这些数据均说明我国企业创建和创新品牌的资金实力在增强。

（三）企业创新能力尚不能适应我国经济发展的要求

企业的创新能力是企业发展潜力的重要衡量指标，也是其核心竞争力的最重要组成部分。目前，我国企业的创新主体地位尚未完全确立，自主知识产权优势企业数量明显偏少，技术进步受到隐性抑制，绝大多数企业缺乏专利战略意识，企业发明专利申请比例低、授权率低，而国外专利申请人绝大部分是企业。中国目前的创新能力与美国、欧洲各国、日本等发达国家和地区相比还有明显的差距。这种差距也不是短时间内就能够彻底改变的。从 PCT 国际专利的年度申请量和授权量来看，我国知识产权产出水平仍然远远落后于发达国家。2009 年，我国 PCT 申请量仅是美国的 17.4%、日本的 26.6%，仅占世界的 5.1%。在 2009 年 PCT 国际专利申请百强企业排名中，我国仅有华为和中兴两家公司入围，远远落后于日本的 31 家和美国的 29 家。企业创新能力是品牌建设最重要的技术基础，我国企业创新能力还远远不能适应经济发展的要求。

（四）品牌短视症现象严重

虽然许多企业已经具备了品牌创新的动力和实力，但与西方国家相比，中国的市场经济历程实在是太短了，中国品牌的成长过程也毕竟太短暂，甚至太急促。在这样一个特殊的历史转型时期，中国的市场经济体系尚未真正形成，法制经济尚在探索和实践中，这就决定了中国品牌的成长道路从一开始就充满了艰辛和曲折，她的发育和成长也就不可避免地带有先天不足的缺陷，决定了中国品牌成长条件的稚嫩，也注定了中国企业创建品牌的一些非理性化做法。如面对市场的诱惑，一些企业违规经营，患了非常严重的品牌短视症，企业品牌观念淡薄，争创名牌的意识不强；有的企业甚至不能正确处理长期利益和短期利益的关系，法制观念淡漠，在市场秩序不规范、市场监管有缺陷、市场违规成本较低的情况下，做出一些自毁品牌的卑劣行为，严重影响甚至损坏了产品、企业、地方乃至国家的品牌形象。

（五）竞争品牌不断提高的竞争门槛

品牌在市场上的竞争，其本质就是性价比极高的获取利益能力的竞争，已经站在品牌高地上的品牌，已经获取并正在获取超额利润（利益）的品牌，这些品牌是不会轻易让出这种来之不易的竞争优势的，品牌也是市场中企业间经济竞争的最后的防线，也是最坚固的防线。所以，我国企业在品牌创新中既要完成自身的塑造、创新，也要在竞争中不断扩大影响力，最终实现品牌的超越，这必将遇到竞争对手的强力对抗，要越过越来越高的竞争门槛。

四 知识经济条件下的品牌创新

品牌创新应该体现在品牌策略实施的所有环节上，如产生品牌积累的企业管理与市场营销方法，包括4P与品牌识别在内的所有要素。主要有：品牌化决策、品牌使用者决策、品牌名称决策、品牌战略决策、品牌再定位决策、品牌延伸策略、品牌更新。但在知识经济条件下，除了常规的品牌创新策略外，更应该关注在工业经济时代关注度较低的一些环节，在这些环节上突出品牌创新会取得更好的效果。

（一）变品牌竞争为品牌体系的竞争

如果说工业经济时代是科技竞争和速度（数量）竞争的时代，是"硬实力"的竞争，知识经济时代便是科技竞争和品牌（质量、品质）竞争的时代，是"硬实力"和"软实力"融合的竞争。同时，品牌竞争也会逐步由单一的品牌竞争转向品牌体系的竞争，构成品牌创新的重要内容。

1. 品牌体系的含义

品牌在现今的市场竞争中，无论是企业品牌的建设、品牌的市场功效及其发挥的作用，还是品牌在消费者心中的形象，都已经从单一的品牌向品牌体系转换。品牌体系是指品牌按照构成品牌各要素之间特定的逻辑关系，影响品牌的各因素之间的联系组合而成的整体或系统，品牌体系强调的是品牌的立体化、整体化和复合化。

2. 品牌体系的构成

由于品牌体系是品牌按照构成品牌各要素之间特定的逻辑关系、影响品牌的各因素之间的联系组合而成的整体，这种逻辑关系及联系都是多维度的，因此，品牌体系也是多维度的。

（1）产品品牌、企业品牌和企业家品牌的"三合一"

对企业建设品牌来说，品牌通常分为产品品牌和企业品牌。所谓产品品牌就是以该企业某种产品名称命名的品牌，企业品牌就是以该企业的名称命名的品牌。从现代企业打造完整的品牌体系的要求看，一个完整的企业品牌体系除了包括产品品牌和企业品牌外，还应该包括企业家品牌，即品牌的"三合一"。产品品牌和企业品牌，是企业品牌建设体系中两个相辅相成的元素，缺一不可。产品品牌是企业品牌的微观基础和条件，企业品牌是产品品牌的宏观表现，没有产品品牌的企业品牌是不存在的，没有企业品牌的产品品牌是不长久的。产品品牌和企业品牌在市场上的表现有很强的一致性：消费者既可以因为信赖企业品牌而信赖产品品牌并购买该产品，也可以因为认可产品品牌而更加信赖企业品牌。产品品牌和企业品牌之间形成了相互呼应的格局，企业品牌为产品品牌"保驾护航"，产品品牌为企业品牌"锦上添花"。所以，企业在塑造、创新产品品牌的同时，一定要同时塑造、创新企业品牌，反之亦然。企业家品牌对建立深层次的企业品牌和产品品牌而言也具有举足轻重的作用。可以说，企业家的形象是企业形象的一个重要组成部分，企业形象就是企业家形象的折射和放大。企业家的价值观是企业价值观的出发点和浓缩，企业家的风格是企业品牌个性的集中展示。企业家用其经营理念、企业文化、用人理念等因素塑造、创新品牌效应，对企业品牌功能发挥更大的促进和提升作用。知名企业家作为社会名流而存在，自身的美誉度为企业增加了不少无形资产，频繁的社交活动和公众亮相率实际上给企业品牌做了免费广告。相对于产品品牌或企业品牌，企业家品牌的效应是由"活生生"的人来直接体现的，与消费者沟通会更直接、更具象、更亲切、更人性化。传播学的认知平衡论认为，如果消费者对一个企业家有好感，也会对其企业的产品和服务有好感，反之亦然。企业家品牌的建立在市场竞争中的作用日益明显，企业家品牌一旦形成，往往独具风格，很难受到竞争对手的挑战。但是企业家个人品牌也是一把双刃剑，一旦企业家个人形象受损，将迅速影响企业形象[①]。

　　由于企业经营的业务领域和经营模式的不同，使得产品品牌与企业品牌的具体表现形式也不尽相同：其一，产品品牌和企业品牌之分，仅是对于"多元化经营"企业而言的，对于"一元化经营"的企业来说，其产品品牌即为企业品牌。其二，对于生活资料市场的产品来说，产品品牌和企业品牌的重要性需要具体情况具体分析，也可能产品品牌重要于企业品牌，也可能产品品牌与企业品牌同等重要，也可能企业品牌重要于产品品牌，从而形成企业打造品牌的重心有所不同，两种品牌在市场上的表现程度和突出地位也有所不同；对于生产资料市场的产品来说，企业品牌的重要性大于产品品牌，产品品牌往往只是区分不同产品的"型号"而已，企业应以打造企业品牌为主。其三，对于有形的实物产

---

① 任珅：《企业家品牌的重要意义》，新浪网，2010年8月18日。

品而言，既可以做产品品牌，又可以做企业品牌。其产品品牌，主要以产品的实物形态、包装、销售渠道在市场上的实力和形象定位等代表其品牌形象；其企业品牌，主要以该企业的 LOGO 代表其品牌形象。对于无形的服务产品而言，由于服务产品的无形性，导致打造产品品牌有许多技术上的障碍，所以更为适合做企业品牌（对于纯粹的服务型企业而言，只能做企业品牌），此时，企业的 LOGO 不仅代表企业的品牌形象，而且代表其服务产品的品牌形象。不论在哪种情况下，企业家品牌都会发挥其独特的作用。因此，产品品牌、企业品牌和企业家品牌的"三合一"，在知识经济的背景下是品牌创新的重要内容。

（2）产品品牌、企业品牌与城市（区域）品牌的"三合一"

知识经济加快了世界经济全球化和网络化的发展，不仅使产品间、企业间的竞争越发激烈，而且使城市间、区域间的竞争也日益激烈，并且竞争不断升级。每个城市（区域）不仅为资金、技术、人才、市场而竞争，而且为注意力、声誉和品牌而竞争。品牌竞争是城市（区域）竞争的制高点，品牌优势是城市（区域）的关键竞争优势。城市（区域）品牌是一个城市（区域）在推广自身城市（区域）形象的过程中，根据城市（区域）的发展战略定位所传递给社会大众的核心概念，并得到社会的认可。城市（区域）品牌包含的内容很多，当然经济层面的内容很重要。反映城市（区域）品牌经济层面乃至社会层面基础的支撑要素便是其所属的产品品牌及企业品牌，是其优势领域所聚合的品牌集群。同时，当今市场上产品或企业间的竞争也都深深地印上了城市（区域）的烙印，城市（区域）品牌的因素已经成为产品或企业品牌的重要构成要素，产品品牌、企业品牌与城市（区域）

品牌的"三合一",打造竞争的格局已经十分明显。所以,产品品牌、企业品牌的创新必须与城市(区域)品牌的创新相协调、相一致,对城市(区域)品牌创新形成支持;城市(区域)品牌创新必须统领、引导产品品牌、企业品牌的创新,形成系统性的品牌集合,在城市(区域)产业集群的基础上打造品牌集群,发挥品牌规模效应。

目前,我国城市(区域)已经形成大大小小的产业集群数千个,一些区域的产业集群发展特点尤为明显,形成色彩斑斓、块状明显的"经济马赛克",是我国经济版图中最活跃的力量,是区域经济发展的生力军。产业集群的发展集聚了行业创新资源,扩大了品牌影响,成为城市(区域)发展的经济名片。

城市(区域)品牌是一种公共资源。城市(区域)品牌的创建以产业集群为基础,以提高产业集群的市场综合竞争力和创建知名品牌为目标,以城市(区域)的历史、文化为背景,以注册商标为存在方式,以产品、服务为载体,以市场化运作为基本模式,以城市(区域)品牌的特殊功能和运作方式为手段,整合、优化资源,实行统一的标准和规范,营造后发优势,促进城市(区域)产业集群的持续、稳健发展。创建城市(区域)品牌对于提升城市(区域)产业竞争力具有不可替代的重大作用,城市(区域)品牌是蕴涵巨大价值的宝贵无形资产,作为自主创新的重要"软资源",能发挥部分替代资本、资源、技术、劳动力等生产要素的强大作用。

(3)产品品牌、企业品牌与国家品牌的"三合一"

如果城市(区域)的范围扩大至国家范围,产品品牌、企业品牌与城市(区域)品牌的"三合一",便成为产品品牌、企业品牌与国家品牌的"三合一"了。而这个"三合一"主要体现在国家与国家的市场竞争中。世界品牌实验室研究发现,"国家品牌"对一个企业或产品品牌的贡献率达到了29.8%,可谓至关重要。譬如,"德国制造"这一品牌对德国经济增长作出了显著贡献。"德国制造"的商标在世界市场上绝对可以令人们趋之若鹜。而且这不仅是指德国的机械设备或者汽车,来自德国的管理人员也会比来自土耳其或是南非的经理更容易得到职位。国家品牌形象,意味着一旦消费者形成对一个国家产品的总体印象,他就会带着这个印象看这个国家生产的所有产品,并依据这个印象作出取舍的判断[①]。

国家品牌有三个特性:一是公共性,由政府授权的组织或行业协会拥有,成员企业或被授权企业共同使用,属于公共资源;二是持久性,浓缩和提炼集群内企业品牌精华而形成,能产生广泛的、持续的品牌效应;三是国际性,在世界主要国家和地区广泛进行商标注册,在国际市场上有很大影响力。国家品牌不以某一个有形产品或企业为依托,而是以国家为载体;不为单个企业所享有,而是国家内所有生产相同产品的相互关联的企业共同享有;是国家内众多企业产品质量和信誉精华的浓缩和提炼,一旦一个国家的主要产品以国家的名义形成品牌,就会有力地推动国家市场扩张和产业集群发展,不会因为某个企业兴衰而改变。

(二)强化消费者在品牌定位及品牌价值增值过程中的互动性

1. 品牌的定位取决于消费者的认知

一个品牌的成功建立,以及品牌良好、准确、清晰的市

---

① 刘瑞旗:《中国服装品牌的制度环境》,中国网络电视台网,2010年3月26日。

场定位，最终需要并表现为消费者对其产生心理认同、好感，并产生以消费该品牌产品为安全的心理预期，以消费该品牌产品为荣耀（高兴、舒服等）的心理情结，变成消费者消费心理的"代言品牌"；一个品牌市场价值的实现及增值，最终需要并表现为消费者在其所能关联到的消费群体中能够经常地、自发地产生维护该品牌形象的行为，形成持续不断地购买该品牌产品的行为。品牌的本质意义，从产品品牌层面来讲，品牌是企业与消费者沟通过程中产生的。品牌不仅属于企业，品牌更属于消费者，在某种意义上说，品牌代表了消费者的一种生活方式、一种精神模式。也只有当企业所希望传递给消费者关于品牌的内涵、属性及定位，被消费者真正有效地接受，并变成自觉的认知，形成与消费者自身价值体系的高度契合，形成品牌属性相对于消费者消费心理的归属感，这样的品牌定位才算成功。所以说，品牌形象的塑造和市场定位，不仅仅取决于企业的主观理解、认识及努力，更取决于消费者进行的品牌内涵定义、消费者的认知和感悟。这是一个伴随消费者消费品牌产品的长期的互动过程，在互动中企业和消费者互相作用、互相融合、互相"借力"。在这种互动中，品牌的知名度越高、对社会生活的影响面越大、与消费者生活的关联性越强，其消费者所起的作用就越重要，常常起决定性作用。

从企业在品牌塑造过程中关于品牌的内涵、属性及定位等方面的意图、规划，以及落实这些意图或规划的方案或措施，与消费者真正有效地接受并变成自觉认知的最终市场表现或结果对应关系看，大致可以出现以下几种情况：①两者高度吻合。这是企业塑造品牌成功的标志，是企业最想得到的结果。②两者有偏差，但消费者所认知的结果要好于企业的初衷。这更是企业塑造品牌成功的标志，更是企业最想得到的结果。③两者有偏差，但消费者所认知的结果要差于企业的初衷。这是企业塑造品牌失败的表现，也是企业最不想得到的结果，对于这种情况，需要企业极为重视，认真检讨，及时采取相应措施，尽快改变这种状况。不论出现哪种情况，企业在品牌塑造过程中都需要十分注重与消费者的互动，关注消费者的消费心理变化，充分尊重消费者的消费行为，变将所有品牌塑造的活动完全围绕企业自己的感觉、依靠自己的努力、运用自己的资源"单干"的做法，为同时围绕企业和消费者的感觉（以消费者的为主）、同时依靠企业和消费者的努力、同时运用企业和消费者的资源，形成"合作"的做法，取得互为促进、良性发展、双赢的效果，这本身便是企业品牌塑造的全新观念，是品牌塑造和维护的创新之举。

2. 发掘与消费者互动中品牌定位的创新

既然消费者在品牌定位中能够发挥决定性的作用，则消费者在品牌定位中的创新就是十分重要的事情，而且这种创新作用会随着消费者在市场中的主动地位越来越显著，品牌对于企业和消费者的重要性越来越明显。因此，企业必须重视、发掘和积极引导消费者在品牌定位中的创新，使得这种创新能够得到同时有利于企业和消费者的结果。

ZIPPO打火机的定位过程便充分体现了消费者不断创新的作用。美国人乔治·布雷斯代是ZIPPO的创始人，1932年，他发明了一个设计简单、不受气压或低温影响、定位于好用的"一打即着"和良好的"防风性能"的打火机。20世纪40年代初期，ZIPPO成为美国军队的军需品，随着第二次世界大战的爆发，美国士兵很快便喜爱上了它，并且在美国大兵主动创新其定位的互动过程中，ZIPPO 打火机的定位发生了嬗变：①它可以解决任何问题。ZIPPO 随着大兵们走遍了战场的每一个角落，大兵们还利用作战间隙，在 ZIPPO 上刻画上他们的美好向往和祝福，美国大兵所到之处都留下了 ZIPPO 叮当的声音。在残酷的战场上，百无聊赖的深夜，士兵们用 ZIPPO 来点火取暖，或者用它暖一暖冻僵的握着家书的双手来体会一下家的温暖，还有些人竟然用 ZIPPO 和一只空钢盔做了一顿热饭。在大兵们看来，他们几乎可以用 ZIPPO 来做任何事情！②防弹打火机。在一次战斗中，一名大兵左胸口受到枪击，子弹正击中了置于其左胸口袋的 ZIPPO 打火机上，机身一处被撞凹了，但却保住了大兵的命。战后，ZIPPO 能够防弹救命便广为流传，成为护身符。③信号灯。一名美军飞行员黑夜驾机飞离机场后不久，发现飞机出现故障，不得已只好采取紧急迫降的行动。同时，他利用 ZIPPO 打火机的火焰发出求救信号，并以火焰引导前来救援的直升机迅速发现其迫降位置而安全获救。④防水功能。一名大兵在洗衣服时不慎将 ZIPPO 打火机也同时放到了洗衣机里，当他发现并找到打火机时，心想经过长时间的水浸，打火机一定不能用了，但当他转动打火机轮，竟然一打即着，好用如初。⑤可以保存于任何地方。1960 年，一位渔夫打到了一条大鱼。在清理内脏的时候，他赫然发现一支闪闪发光的 ZIPPO 打火机在鱼的胃中。这支 ZIPPO 不但看上去崭新依旧，而且一打即燃，完好如初。单凭这一点，便可以断言 ZIPPO 可以放在任何你伸手可得的地方。⑥工艺品。现在很多人购买 ZIPPO 并非用来点火，而是作为收藏，第一代 ZIPPO 早已成为收藏家们的囊中之物，与其他品牌的打火机迥然不同的是永恒的设计、世界著名的"咔嚓"声，ZIPPO 打火机成为打火机中的代表,深具收藏价值,也成为全世界成百上千万使用者可信赖的伴侣。

3. 消费者消费方式的创新,丰富品牌价值的内涵

品牌的价值及增值来源于消费者对该品牌的忠诚,体现于消费者持续不断地对该品牌产品购买的行为,以及在消费该品牌产品过程中所感受到的品牌产品对于消费者物质和精神层面需求的满足感,尤其是这种满足感以各种方式和途径在消费者群中的展示、组合、变异及扩散。消费者在持续不断消费某品牌产品的过程中,通过不断创新消费的方式、消费的意识、消费的组织形式等,可以促进和丰富这种满足感在消费者群中的展示、组合、变异及扩散,进而不断地丰富品牌价值及增值的内涵,这不仅能够提升品牌价值,更能够提升品牌的品质。也正是从这个意义上讲,不仅产品品牌的价值,甚至产品的价值,都应是消费者创造的。

如消费者群体(品牌社群)便是以品牌为中介或平台,相对于个体消费的创新消费方式,可能创造出超出品牌(产品)本身价值的增量价值,哈雷—戴维森摩托车手俱乐部的案例便能很好地说明这个道理。1903年,远在美国中部聚居着德国移民的小城密尔沃基,哈利和戴维森兄弟俩像所有美国男孩一样,怀着"能跑得更快"的梦想决定制造摩托车。在崇尚户外活动的美国,哈雷很快家喻户晓。"二战"期间,哈雷同"印第安"、"威利斯"等品牌一道为盟军制造军车。战后,哈雷在继续为执法和公务部门制造摩托车的同时,也研发竞赛摩托车并且取得好成绩。

哈雷是美国文化的组成部分。美国的历史虽然短了些,但是这200多年的历史一直是赢家的历史。摩托车是男人的休闲工具,哈雷摩托车的造型、排量、汽缸的排列形式、坐垫的布局等都反映了美国男人的需要。哈雷的成就，固然有它的经营者善于抓住商机、不断进取的一面，更深层次的，是经过百年的岁月沧桑，哈雷浓缩了激情、自由、狂热等诸多品格，已经成为一种精神象征。20世纪60年代的"嬉皮士"如同一群在社会生活中左冲右突的困兽，但他们最终在哈雷那里找到了自己的精神家园。那种纯金属的坚硬质地，炫目的色彩，大排量、大油门所带来的轰响，甚至烫人的排气管，都让他们疯狂。为了与狂热、叛逆、不羁的风格相配，他们从此穿上印有哈雷标志的外套、破了边的牛仔裤和粗犷的皮靴，身体上刺着哈雷的标志，也给社会带来冲击和震撼。对他们来说，这甚至比遵纪守法更能表达爱国精神。20世纪80年代后的美国，"嬉皮士"们早已不见踪影。但哈雷迷不但没有减少，反而增加。1983年，哈雷车主俱乐部成立，使哈雷迷们更加亲密。到了2002年，成员已超过65万。哈雷也在不知不觉中由叛逆群落向主流社会渗透。特别是20世纪90年代后，白领人士面临日益增大的心理压力，他们越来越渴望有一种可以释放和解脱的方式。这时，哈雷当然是首选。扔掉西装革履，穿一身"哈雷服"呼啸而过，如同纵马驰骋，真切地触摸大自然的灵魂，远比坐在密闭的轿车中过瘾。但是，他们这种放纵很不彻底，身上的刺青是贴上去的，摩托车也许是租来的，只是愿意在短时间内远离尘嚣。哈雷俱乐部除了骑车之外，生活中如同家庭一般而人人平等，不管你是亿万富翁还是车迷穷鬼。"从不落下一位兄弟"，在很多哈雷俱乐部不仅仅是口号。当年一位美国小伙子在马尼拉跟俱乐部一起骑车，因为事故导致车辆失控后人陷入昏迷，当他醒来后发现自己躺在病房里，俱乐部的"兄弟"为他安排抢救和治疗。他感觉到这个俱乐部的魅力，很快便成为俱乐部的会员。几年后，他成了美国 IT 巨头中国公司的财务总监，出于对哈雷的爱好，他创立了该 MADDOG 俱乐部的中国分部。总之，加入哈雷摩托车俱乐部的成员对哈雷摩托车（哈雷品牌）的价值感受已经大大超出一辆普通摩托车的价值。

随着当今通信技术的迅速发展和市场全球化的加剧，市场上形成了一个个由消费者组成的实际的或虚拟的消费群体，其作用和影响力或对企业的意义有别于以前相对孤立的单个消费者。这种新的消费现象主要体现在以下三个方面：①消费者与企业的联系在加强。今天的消费者与相互竞争的各个企业的联系有所增强，企业面临着如何与消费者接触的问题，它们需要新的沟通媒介来更好地与消费者沟通。②消费者与消费者的联系在加强。消费者不仅通过电话、网络和无数的甚至跨越国界的兴趣组织进行交流，而且更重要的是通过开展实际活动进行面对面的互动交流。组织群体和社会网络对个体行为的影响在速度和强度两个方面不断提高。③消费者与第三方的联系在加强。产品评论和价格、服务对比增强了消费者与提供信息的第三方的联系，市场变得更加透明，消费者的满意度也相应提高。总之，消费群体对个体消费者关于品牌的认知、偏好和忠诚等都会产生显著的影响[①]。

消费群体能够提供给成员的价值包括：①信息价值。通过成为社群成员获得非成员无法获知的信息。②自我认同价值。有利于消费者表达自我、强化或改变形象识别。③体验价值。参与社群活动获得品牌体验。④社交价值。消费者是社会人，有社交需求，通过产品品牌的媒介形成的社交群是

---

① 舒建华、严沃苹：《浅议品牌社群的利用与发展》，《企业活力》2008 年第 8 期，第 36~38 页。

更纯洁的社交群,更能发挥社交给人们带来的精神层面的愉悦。

(三) 品牌文化创新

一个品牌的竞争力或者说消费者接受品牌的本质内涵,是一个综合力的结果和表现,体现在品牌的构思、设计、生产、营销、服务等企业的整个经营过程。同时,需要企业建立相应组织、制度、管理模式、企业文化等作为品牌发展过程的支持系统。在这些影响不同品牌竞争力的因素中,有些因素是会随着社会进步、科技进步等的变化,越来越容易趋同化,如产品设计、制造技术等在高新科技日新月异的知识经济时代,不同品牌之间的差异会越来越小,即使某个品牌在特定的情况下在这些方面有了较竞争对手较大的优势,但很容易被后来者追上,这就导致不同品牌所体现的物质功能差异会越来越小。但还有些因素是不容易随着社会进步、科技进步等的变化发生趋同趋势的,品牌文化就是最容易保持个性的要素。所谓品牌文化,就是指文化特质在品牌中的沉积,是品牌活动中的一切文化现象。成功的品牌文化,通过文化因素突出品牌内涵,将文化价值具体化,形成品牌附加值的核心要素,即品牌的文化理念(精神功能),以及品牌文化理念所倡导的独特人生观(审美观或价值观)和前沿科学的行为方式(工作方式或生活方式)。这些理念能够恰如其分地满足消费者心理需求和审美需求,获得他们世界观和价值观的认同。所以,品牌塑造的高级阶段是塑造品牌文化等满足消费者心理需求的要素,并通过不断的创新,形成差异化,最终形成品牌的竞争优势。

品牌文化创新也可以既包括品牌文化塑造者(品牌产品的制造者)所进行的创新,也包括品牌文化接受者和传播者

（品牌产品的消费者）所进行的创新，哈雷摩托车文化的演化过程也可以视为消费者进行文化创新的过程。

（四）服务品牌价值创新

2010年，我国第一产业增加值占国内生产总值的比重为10.2%，第二产业增加值比重为46.8%，第三产业增加值比重为43%。目前，北京市的产业高端化发展态势和服务主导型经济特征明显，第三产业的比重达到75.5%以上。服务经济规模和贡献率已经达到发达国家城市平均水平，金融服务、信息服务、科技服务、商务服务四大行业占服务业的比重达到49%。由此可知，服务业在我国经济中的地位日益重要，我国经济增长离不开服务业的拉动。同时，我国人均自然资源占有率较低，劳动力资源相对丰富，发展服务业符合我国的现实国情，我国的服务业具有较大的发展空间。经过这次金融危机，国家对经济转型更加重视，在转变经济发展方式的选择中重要的一条就是加快发展服务业，进一步提高服务业发展水平和服务业在国民经济中的比重。服务业对提高经济运行效率和满足消费需求具有重要作用。另外，从全球范围来讲，服务业发展迅速，并在国民经济中占有日益突出的重要地位。在许多发达国家，约2/3的国内生产总值来自服务业。如美国服务业产值占GDP的比例由1948年的54%上升到2004年的79.4%。

服务业的发展带来了理论界和实践界对服务营销的关注。自从20世纪70年代后期花旗银行的副总裁林恩·肖塔克发表文章《从产品营销中解放出来》开始，服务的营销问题便得到了广泛的重视。服务与有形产品相比，具有不同的特征。菲利浦·科特勒将服务定义为"一方能够向另一方提供的任何一项活动或利益，它本质上是无形的，并且不产生对任何东西的所有权问题,它的生产可能与实际产品有关,也可能无关",并把其特征概括为无形性、可变性、易变性和不可储存性。法国服务营销专家皮埃尔·艾利尔和埃里克·郎基尔德认为服务有三个基本特征:服务是非实体的;服务机构与消费者之间存在直接关系;服务生产过程有消费者的参与。由于服务产品与有形产品相比,具有不同的属性及特征,因此,其品牌的塑造和创新也具有独特性。

1. 服务品牌的价值

(1) 服务品牌可以降低消费者的购买风险

由于服务的特殊性质,消费者在消费服务时其品牌敏感度更强。如由于服务的无形性和产品生产、消费同时性等特点,导致消费者在接受服务之前,难以对服务产品形成正确的认知。即使在服务消费完成之后,消费者发现对某些服务也难以评价。同实体产品具有较强的识别性品质相比,服务产品更强调经验性品质和可信度品质。由于对服务的评价较为困难,对于消费者来说,购买的风险增强。有良好形象的服务品牌,在某种程度上可以使无形的服务产品有形化,便于消费者对服务产品形成客观的认知,有助于消费者对消费风险进行评估,降低购买风险,因此,更容易获得消费者的青睐和认同。

(2) 服务品牌可以满足消费者的消费需求升级需要

国际经验表明,人均 GDP 超过 1000 美元之后,将触发社会消费结构的升级。2010 年,中国人均 GDP 达到 4000 美元以上,国内居民的财富积累达到了消费升级的临界点。我国正处于生存型消费稳定、发展型消费加快、享受型消费启动的关键阶段。居民消费总体从重视生活水平的提高向重视生活质量的提高转变,从追求物质消费向追求精神消费和服务消费转变，从满足基本生存需求向追求人的全面发展转变。品牌除了给消费者带来功能性利益外，还可能带来情感性利益和象征性利益。消费者服务消费需求逐步升级，服务消费品牌意识也不断增强。企业可以通过服务品牌的创新，全面满足消费者服务消费需求升级的需要，特别是满足消费者心理层面的需求。

（3）服务品牌是服务企业提高市场竞争力的重要内容

研究表明，与有形产品相比，消费者对服务品牌更容易形成品牌忠诚度。许多国外服务企业凭借其卓越的品牌形象不断扩大自己的市场影响力。如花旗银行、联邦快递、UPS、普华永道等都是各自行业内的佼佼者。与我国制造业通过市场竞争的洗礼和不懈的品牌塑造、创新工作，已拥有一些具有一定国际影响力的品牌如联想、海尔、华为等的情况相比，我国服务业的品牌意识形成较晚，缺乏具有较强市场影响力的品牌，面对强大的竞争对手，所处的竞争环境非常严峻，品牌塑造和创新也显得更加急迫。相对于有形产品的品牌而言，企业对服务品牌价值的重视程度更要加强。

2. 影响服务品牌塑造、创新的因素

服务具有特殊的性质，影响服务品牌塑造、创新的因素众多，许多因素企业本身难以控制，使服务的品牌塑造、创新工作面临较大的挑战。

（1）服务的无形性特征增加服务品牌塑造、创新的难度

对服务进行品牌塑造、创新，与对实体产品进行品牌塑造、创新有很大不同。虽然服务常常包含某些有形的要素，但服务最基本的特征是无形性。服务的这种无形性特征影响服务产品的展示和品牌信息的传递，使消费者难以对品牌形成清晰的认知，造成品牌塑造、创新工作更加困难。因此，

如何克服服务的无形性特征的影响,向消费者展示品牌的核心价值和品牌能够为消费者提供的独特利益,是服务品牌塑造、创新工作必须要解决的问题。

(2) 企业家、员工是服务品牌形象的重要组成部分

在服务产品中,员工不仅是服务的提供者,员工本身也是服务产品的重要组成部分。消费者对服务品牌的印象在很大程度上取决于其对服务提供者的看法、感知及认同。与实体产品相比,企业家尤其是员工在服务品牌塑造、创新中的作用更加重要。因此,如何通过员工的表现准确地传递品牌信息是服务型企业塑造、创新品牌必须关注和需要认真加以解决的问题。

(3) 消费者的参与及互动对服务品牌的成功运作具有重要影响

在典型的服务产品生产和消费过程中,不仅员工是产品生产的重要组成部分,而且消费者既要实现服务产品的消费,同时也要参与到产品的生产过程中。消费者不仅与企业员工进行互动,消费者之间的接触和相互影响也直接关系企业品牌的运作。更为重要的是,品牌价值的最终体现取决于消费者的认可程度,而其认可程度的强弱大部分取决于其在服务产品的生产消费过程。因此,服务品牌的塑造、创新需要考虑如何正确地对在消费者参与服务产品的生产及消费过程中的行为及其心理进行相应的引导,使其在服务品牌的塑造、创新中能够发挥积极的作用。

(4) 消费者对品牌的感知差异性影响品牌形象的统一

一方面,同有形产品具有很多可以作为评价线索的可识别特征不同,服务的无形性和生产与消费同时、同步性的特点造成消费者对服务品牌评价产生障碍。消费者在接受服务

之前，无法对其产生准确的认知，许多服务产品的品质只有在消费者消费的过程中，及至消费过程结束后才能够作出相应评价，同时，还存在一些服务产品即使在消费者完成消费过程后，仍然感觉难以评价。另一方面，服务产品的评价与消费者的亲身体验直接相关，对同样的服务，不同的消费者的主观感受可能存在差异，导致对其产生不同评价，直接影响到企业塑造、创新统一的品牌形象。

3. 服务品牌塑造、创新策略分析

基于服务的特殊属性，作为服务型产品提供者的企业，其品牌塑造、创新策略需要突出以下方面。

（1）准确进行品牌定位，体现品牌的竞争优势

在传播过度的年代，如同有形产品需要品牌定位一样，提供服务的企业要想在激烈的竞争中占有一席之地，也需要对其所提供的服务进行准确的品牌定位。同时，由于服务的无形性特征，品牌定位工作更加重要。准确的品牌定位可以帮助品牌在目标消费者头脑中拥有清晰的品牌形象，强化消费者的品牌联想，凸显企业的竞争优势。如美国西南航空公司的品牌定位是低成本的短途航空旅行提供者，体现了该航空公司与众多竞争者的明显差异。准确的品牌定位为品牌的塑造、创新打下良好的基础，品牌定位如果失误，则会导致以后的品牌塑造、创新工作失去方向。因此，品牌塑造、创新工作的首要任务是调查消费者需求，根据目标消费者的需求，结合企业的核心竞争力，确定企业服务产品的品牌定位，并把品牌定位信息准确地传达给消费者，使消费者对该品牌能够提供的利益具有清楚的认知。

（2）塑造、创新独特的品牌个性，加深品牌的感染力

由于服务的无形性和不可储存性，塑造、创新有感染力

的品牌个性会提高品牌对消费者的吸引力，增强与消费者的联系。如中国移动的动感地带在这方面就做得比较成功，通过塑造、创新"我的地盘听我的"的年轻、个性、动感的品牌个性，吸引了大批年轻消费者的注意。品牌可以给消费者提供功能性价值、情感性价值和象征性价值，而具有个性的品牌不仅给消费者提供功能性价值，更能够给消费者提供情感性价值和象征性价值，深化与消费者的关系，提高消费者的品牌忠诚度。

（3）设计品牌符号系统，增强品牌的识别性

服务品牌需要克服服务产品无形性的特征，把品牌内涵通过建立品牌符号系统的方式有形化，方便消费者理解和记忆该品牌。品牌识别系统包括品牌名称、品牌标志、服务场所的有形展示、品牌的代言人等，这些品牌的专有符号有助于把服务品牌的内涵外在化，传递丰富的品牌信息，增强服务品牌的可视性。如中国银行的中国古代钱币的标志，表现了中国银行国有大行稳重大方的气质。与其他航空公司穿制服的空姐相比，新加坡航空公司身穿民族服装的美丽空姐独树一帜，传递了该公司的品牌价值是提供梦幻般的旅行。而动感地带选择的代言人周杰伦体现了动感地带自由不羁的品牌形象，受到了目标消费者的追捧。

（4）加强关键时刻管理，提升服务品牌的品质认知

现在体验经济的思想日趋深入人心，对于服务业而言，使消费者拥有良好的品牌体验更是塑造、创新品牌的关键所在。员工与消费者都是服务产品的组成部分，消费者与员工的接触直接影响到消费者对企业的品牌印象。服务的无形性、参与性和过程消费的特征，使服务产品的质量控制比较困难。斯堪的纳维亚航空公司的首席执行官简·卡尔松提出

了关键时刻的理念，这里的关键时刻又被称为真实瞬间（Moment of Truth），是服务提供者将服务质量传递给消费者，并和消费者产生互动关系的过程。这种关键时刻是消费者对企业服务的真实体验，也是他们品牌感受的重要节点，是其对服务品质认知的最重要来源。对于企业来说，应该根据所提供服务的过程特点，寻找出企业与消费者接触的关键接触点，制定出相应的行为规则，加强关键接触点的管理，对关键时刻发生的时间、员工与消费者的互动行为加以控制和引导，创造令消费者满意的服务体验，提升其对服务品牌的品质认知。

（5）关注品牌的整合营销传播，全面塑造、创新品牌的整体形象

品牌信息只有传达到目标消费者并被其认可方才有效。服务企业同样需要通过多种方式传播品牌信息。传统的品牌传播方式如广告、公共关系等依然可以发挥相应作用。同时，由于服务的特殊性质，整合营销传播的思想对服务的品牌塑造、创新更加适用。星巴克没有进行大范围的广告宣传，但这不影响消费者对其品牌形象的认知。星巴克的经营者认识到"我们的店就是我们最好的广告"。星巴克认真地经营每一家店，并把其作为传播品牌信息的最重要的媒体。星巴克的每一家店都精心设计，以求与周围环境形成和谐的美感，而店内的布置和背景音乐烘托出优雅的氛围，加上追求"为每一位消费者调制属于他的专有咖啡"的友好而专业的工作人员，这一切持续不断地向外界传播星巴克"生活的第三空间"的品牌形象。

（6）注重进行内部营销，使员工成为品牌信息的准确传递者

由于员工是服务品牌的重要组成部分，要想把品牌信息正确地传达给消费者，首先需要把品牌的内涵传达给企业员工，使其能够全面理解和掌握，并通过员工的工作准确地传递给消费者。为了发挥员工在品牌塑造、创新中的重要作用，简·卡尔松等人建议在服务企业中，应该将组织结构扁平化，并将它颠倒过来，将同消费者接触的员工置于倒金字塔的顶层，管理者所做的不仅是控制员工，而是应该为其工作提供更多的支持和指导，激励其为消费者提供更好的服务。同时，塑造、创新明星员工也是服务型企业塑造、创新品牌的一种重要策略。一方面，可以激励内部员工，为其工作提供标杆和榜样；另一方面，明星员工也是服务品牌的一个重要识别符号，加深了消费者对品牌信息的理解。如著名培训机构新东方通过塑造、创新许多明星教师来扩大自己的品牌影响力。

（7）合理引导消费者的期望和行为，提高服务品牌的满意度

消费者预期的服务质量和其体验的服务质量的差异影响消费者对服务质量的感知，消费者对服务质量的感知直接影响到其对品牌的满意度和忠诚度。而服务的无形性和生产与消费同时性的特征，使消费者在消费之前难以对服务品牌建立正确的期望。同时，消费者对服务品牌的评价主要来自其消费体验，同有形产品消费具有许多统一的评判标准相比，消费者对服务的评价主观程度较强。提前告知消费者企业所提供的服务的具体特征，可以帮助消费者建立正确的品牌期望，增加消费者与服务品牌之间实现满意"匹配"的可能性。如在国内洗衣行业管理混乱、许多洗衣企业通过宣称"没有洗不掉的污渍"来吸引消费者、实际服务效果却不理

想的情况下，法国洗衣品牌福奈特通过宣传正确的品牌信息"不是所有污渍都能够洗掉"，引导消费者对洗衣服务产生合理的期望，对品牌形成正确的认知，反而增强了消费者对品牌的信赖感，提高了品牌的满意度。消费者参与是服务品牌的另一个重要特点，消费者不仅直接参与产品的生产，服务场所内的其他消费者的行为也会影响其对品牌的评价。因此，服务企业也需要适当地引导消费者行为，形成员工与消费者之间、消费者与消费者之间的良好互动，为服务消费创造一种和谐的氛围，提高消费者的品牌满意度。

（8）塑造、创新和宣传品牌文化，扩大品牌的影响力

随着消费水平的提高，人们已从单纯的产品消费过渡到文化消费。现代市场竞争的焦点也从物质层面的产品竞争过渡到心理层面的文化竞争。浓厚的文化底蕴是品牌生命力的保障。品牌文化不仅体现在企业的经营管理中，而且也融入消费者的消费行为中。对于服务企业来说，塑造、创新品牌文化是提升其品牌内涵的重要途径。良好的品牌文化会对消费者和企业员工产生影响，加深其对品牌核心价值的理解并规范其行为。有感召力的品牌文化甚至会感染消费者，引发其产生强烈的共鸣。麦当劳的 QSCV 的品牌文化，通过对 Q（Quality，品质）、S（Service，服务）、C（Clean，卫生）、V（Value，价值）的不懈追求和宣传，不仅为企业员工塑造、创新品牌指明了方向，而且也扩大了其对消费者的影响力。

第六章
分销渠道策略创新

营销渠道的出现就是为了更好地满足市场需要,市场及其需要一直在不停地变化,营销渠道的最主要功能就是商品流通,流通的商品的性质、生命周期等也在不断变化,为应对这些变化,营销渠道需要创新。

营销渠道一词最初是用来描述连接生产者与使用者之间的贸易渠道。卢·E. 佩尔顿等认为,任何使得交换发生或为交换的发生作出贡献的、存在于个人或/和组织之间的连接通道,都是一个营销渠道。并将营销渠道定义为:在获得、消费和处置产品和服务的过程中,为了创造顾客价值而建立的各种交换关系[1]。伯特·罗森布洛姆采取营销渠道的管理决策观点,将营销渠道定义为:与公司外部关联的、达到公司分销目的的经营组织[2]。安妮·T. 科兰等认为,营销渠道就是一系列相互依赖的组织,他们致力于促使一项产品或服务能够被使用或消费这一过程[3]。

---

[1] 〔美〕卢·E. 佩尔顿等:《营销渠道:一种关系管理方法》,张永强等译,机械工业出版社,2004。
[2] 〔美〕伯特·罗森布洛姆:《营销渠道——管理的视野》,宋华等译,中国人民大学出版社,2006。
[3] 〔美〕安妮·T. 科兰等:《营销渠道》,蒋青云等译,中国人民大学出版社,2008。

尽管各学者对营销渠道定义不同,但在研究中对渠道的理解都相同。因此,本章对营销渠道的理解是:将产品、服务或信息从生产者到消费者所经过的一系列相互依赖的组织。这些组织是通过一系列的渠道流相互联系的。安妮·T.科兰认为,渠道中的营销渠道流有实物拥有流、所有权流、促销流、谈判流、财务流、风险流、订购流、支付流及信息流。在传统的营销渠道中,实物拥有流及所有权流在渠道组织间的传递是必不可少的,而且是层次性的。知识经济时代,服务业的比重越来越重要,信息在渠道组织间的权重在不断增强,渠道组织之间的营销流的分配及传递顺序也相应有所变化。

第一节 信息技术对分销渠道的影响

新一轮信息技术革命深入人们的私人生活和公共生活领域,使人们的生活方式出现了崭新的形式。首先带来了通信手段的巨大变化。新技术可以满足语音、数据和视频的多媒体应用要求,实现网络资源最大限度的共享。同时,物联网、云计算等的出现,使人类信息共享发生着一场深刻的革命。技术进步不但可以提供同步信息交换,而且可以提供多主体共享的信息共享形式,可以实现远距离交流,打破了传统的信息共享的地域限制。由于信息技术的使用,人们的生活方式也发生了很大的改变。信息的搜索更加方便、快捷,对文化生活的需求不断增多,足不出户就能游遍世界。渠道终端的个性化需求越来越被制造商重视,对渠道终端信息的重视也导致传统的渠道关系有所改变。

一　信息技术对渠道终端的影响

信息技术对渠道终端的影响主要表现为消费者与制造商沟通方式的变化及消费者行为方式的变化。传统的制造商与消费者之间似乎只有通过广告才能直接沟通，制造商与中间商也是由制造商的营销人员进行沟通。随着网络的普及，渠道组织间的沟通方式开始多样化，而消费者行为的变化及信息知识的重要性，使得渠道组织间更积极地进行信息交流。

（一）沟通方式的创新

微博、视频分享等上千种社会媒体工具可以帮助人们分享信息、感受、信仰和态度，而营销的主要对象就是人。因此，有效地利用各种社会媒体对组织品牌的宣传、形象的提升有重要意义。这里社会媒体主要承担了渠道信息流的作用。任何使得交换发生或为交换的发生作出贡献的、存在于个人和组织之间的连接通道，都是一个营销渠道。

1. 微博

微博因网民聚集度高成为网络营销的新渠道。微博能成为一种营销工具的基本条件就是它的受众规模。截至 2010 年 10 月底，仅新浪微博，其注册用户数就已经有 5000 万，用户平均每天发布的微博内容则超过 2500 万条。因此，微博被越来越多的企业当做一种新的沟通渠道进行品牌宣传。

微博营销具有立体化、高速度、便捷性、广泛性等优势，企业可以通过发布图片、链接、视频等方式对产品进行描述，以更快的传播速度来对自己的产品或企业进行更直观、更具有影响力的宣传。微博中的博主们通过粉丝、关注与被关注构成了信息传播关系，在组建微博的过程中，会形成一张具有联接、从属、权力、控制、利益和信任等属性的人际关系网络。这张网络既有社会政治意义，也有商业价值，成为一种基于人际关系的信息、资源、交流和分享的传播平台。微博的盛行打破了传统媒体的控制与单向度传播，改变了消费者的生活方式，也同时改变着我国的媒介生态环境。微博的重要意义在于它有一个意见领袖，有研究说微博中的粉丝是以 45 度仰角在仰望着那个你关注的人。人人都以 45 度仰角望着信息的来源，层层向上，就形成了一个金字塔的结构。Yahoo Research 调查结果表明，信息的来源主要是名人、博主、媒体机构代表以及其他正规团体和普通用户代表。

同时，微博具有信息筛选功能。就像传统中间商对产品进行筛选，以方便消费者购买，微博的粉丝们接收到的信息也都是经过筛选的，45 度仰角的关系，又增强了粉丝们对所接收信息的信任度。由于这种信息筛选效果是靠着人际系统所达成的，因而比传统搜索引擎依照技术计算出来的更有人情味。微博这一社会媒体具有信息传播、筛选功能，尽管现有的微博是以人为单位，而不是以组织为单位的，组织依然要利用好微博这一渠道。企业可以在微博上用话题、搜索、群组、私信、关注等耐心地从海量的碎片信息中寻找本企业的目标客户，用对话、知识、问候、奖励、活动等黏住目标客户，利用数据挖掘和数据梳理鼓励用户用口碑、转发、聊天等工具，提升忠诚客户的参与能力，成为目标客户群的意见领袖。

2. 社交网络

社交网络（SNS）的发展非常类似于马斯洛的人类需求五层次。存储（Storage）就是社交网络中用户的最低需求，而且有约 2/3 的人群就仅仅停在这一阶层。他们只要求 SNS

网站可以简单地存放自己的照片、文件及收藏的网址。不过每个社交网站都有一定的目标客户，而且网站不仅有与联系人保持联络的基本用途，还有助于获得新客户、留住老客户，与客户群体交流沟通。全球最大的创新办公空间解决方案供应商雷格斯（Regus）进行的一项全球调查显示，44%的中国企业利用社交网络成功获得新业务。这些渠道可以让组织知道消费者对本企业产品和服务的态度，并给予消费者参加公司活动的机会。因此，社交网络（SNS）在中国已经成为企业拓展业务的主要渠道。

SNS有运用六度分割理论创建的"朋友圈"集聚效能，具有极强的信息针对性，可以进行精准营销与细分市场。企业通过社交网站让用户享受企业的真诚服务，拓展与优化企业的营销渠道。SNS网站是集平面、视频、互动、娱乐的多功能网站，企业通过策划一些吸引用户参与的互动活动，将线下产品植入网络活动，让用户参与对产品的认知与体验，实现用户和企业之间的有效沟通，推动着网络营销的持续发展。如2009年5月，中粮旗下的悦活果汁在开心网上以"线上种植、虚拟榨果汁"形式，进行"种植大赛"。用户参与网络线上活动，可以在网上抽取牧场小白兔，同时可以在线下获得赠送的实物果汁，与亲朋好友共同品尝。中粮的这个活动，选择了悦活果汁产地的4个场景，让参与者了解果实的生长成熟过程。

每个社交网站的定位各不相同，目前比较成功的SNS主要定位于娱乐类、校园类、商务类和婚恋类。这样企业就可以根据需要选择自己的目标市场，在相关的社交网站组织营销活动，达到精准营销的目的。

3. 移动媒体

我国手机的人均拥有量不断提高，2010年电子信息产业统计公报显示：2009年，中国手机9.98亿部，名列全球第一，其中智能手机超过20%。以手机为代表的移动终端充分利用了人们的碎片时间，让人们可以随时随地上网。过去手机的核心价值就是一种普通的通信工具，以3G为代表的手机技术革命，将手机发展成为具有媒体化特征的智能终端。手机技术的演进，使手机营销信息迅速变得更加个性化以及相关联化。手机信息的透明化以及个人信息的授权保护等因素，促使移动媒体在作为营销渠道时更加高效和可信。

手机移动媒体除了承担信息流的传递，还可以承担渠道中支付的功能。随着电子支付行业市场的扩大，给移动支付平台之类的公司带来了很多新的机会。移动支付具有快速便捷性、安全性等属性，消费者可随时使用电子钱包进行电子支付，这使得移动媒体可成为银行、支付宝等的补充渠道。

（二）消费者行为方式的变化

具有购买力和需求的人构成了市场，因此，消费者是市场营销的主要关注对象。他们的举动对营销活动都有重大影响，渠道作为营销策略的一部分，其构建也是围绕着消费者进行的。

目前，消费者行为模式已从传统的 AIDMA（Attention – Interest – Desire – Memory – Action）模式发展为 AISAS（Attention – Interest – Search – Action – Share）模式。AISAS 模式指注意、兴趣、搜索、行动和分享。与 AIDMA 模式相比，AISAS 模式强调了互联网时代下搜索（Search）和分享（Share）的重要性。这两个特性充分体现了互联网对于人们生活方式和消费行为的影响与改变。知识经济时代，消费者决策模式也发生了很大的变化。

中国互联网络信息中心（CNNIC）发布的《第26次中国互联网络发展状况统计报告》（以下简称《报告》）数据显示，截至2010年6月，中国网民规模达到4.2亿，突破了4亿关口，较2009年底增加3600万人。互联网普及率攀升至31.8%，较2009年底提高2.9个百分点。宽带网民规模为36381万，使用电脑上网的群体中宽带普及率已经达到98.1%。农村网民规模达到11508万，占整体网民的27.4%，半年增长7.7%，低于城镇网民相应增幅。我国手机网民规模达2.77亿，半年新增手机网民4334万，增幅为18.6%。其中只使用手机上网的网民占整体网民的比例提升至11.7%。

《报告》显示，我国网民的互联网应用表现出商务化程度迅速提高、娱乐化倾向继续保持、沟通和信息工具价值加深的特点。2010年上半年，大部分网络应用在网民中更加普及，各类网络应用的用户规模持续扩大。其中，商务类应用表现尤其突出，网上支付、网络购物和网上银行半年用户增长率均在30%左右，远远超过其他类网络应用。社交网站、网络文学和搜索引擎用户增长也较快。在手机上网方面，《报告》称，我国网民手机网络应用平稳发展，网民在信息获取和交流沟通类应用上使用率较高，截至2010年6月，手机即时通信使用率位居首位，达到61.5%。手机搜索以48.4%的使用率排名第二。搜索和分享的都是信息，因此，这两个特性的变化也就是信息传递方式的变化。传统经济下，信息的传递方向是单向层级式的，传递的媒体主要就是电视、报纸、杂志等。信息技术的发展和网络的普及使得信息的搜索和分享更加方便，尤其是社会媒体的出现，改变了人们接受和传递信息的方式。手机、微博、社交网站等新兴媒体对传统的电视、报纸等有很大的冲击作用。

二　信息技术对制造商的影响

信息资源是企业生产及管理过程中所涉及的一切文件、资料、图表和数据等信息的总称。随着信息技术的飞速发展，企业信息资源的来源呈现多元化趋势。在知识管理理念的背景下，企业要在把握住显性知识的基础上，充分地挖掘市场中的隐性知识，将其与企业内部信息进行分析整合，形成有用的竞争情报，使企业管理者清楚地了解和掌握企业的各方面信息，并依此制定合适的投资经营策略。在知识管理的框架下，建立企业知识库，保存和收集企业的各方面资料和信息，建立信息化的知识库，利用专业的获取、识别、分析和处理工具，对收集到的各种信息资源进行分类整合，为企业决策提供支持。

三　信息技术对渠道关系的影响

信息技术能够减少信息搜索成本、企业间的协调成本以及交易合同的监控成本，采用信息技术协调方式可以减少交易行为的不确定性，信息技术是减少企业间协调成本的有力工具，并提高企业间的整体绩效。通过实施信息系统来实现企业之间的信息交换和业务交互，供应链关系治理效果将得到提高。

在营销观念还处于产品或推销导向时，渠道之间的关系主要是交易关系，渠道中制造商占主导地位，拥有的渠道权利也较大。随着营销理念的创新和市场竞争的日益激烈，消费者购买行为对渠道的影响越来越重要。而一直以来，都是中间商与消费者直接接触，掌握了大量的消费信息，因而在渠道中的权重也不断增强。在知识经济时代，信息及知识的重要性日益凸显，有研究表明，均衡的渠道关系更有利于中间商向制造商的知识转移。

(一) 伙伴型渠道关系

伙伴型渠道关系是指发生在供应商与制造商之间的深层次合作，是双方在一定的时期内共享信息、共担风险、共同获利的高度协调关系。这种合作关系形成于集成化供应链管理环境下，在供应链中具有一致目标和利益的企业之间，以有效保证渠道各方利益，获得整体渠道竞争力。信息技术为渠道成员间信息交换提供了一种手段，信息技术的采用在合作伙伴之间共享信息起着重要的作用，具有战略意义。信息技术采用行为包括信息共享程度、通信质量、伙伴成员参与企业间决策和计划的程度等，其中通信质量是伙伴间关系发展的基础，信息共享是伙伴间关系发展的核心，成员参与是伙伴关系成功的关键。

伙伴型关系渠道的特点在于：第一，企业间全面的系统整合。伙伴关系不仅在操作层、战术层实现合作企业间的整合，更实现了在战略层次的系统整合，使各合作方有共同的战略目标与战略规划，同步进行战略管理。第二，更广的合作范围。不仅使企业在物流、资金流方面实现融合，在信息流上也实现高度集成。第三，信任度更高。通过信息的共享能够促进深层次的相互了解，并增强双方的融合程度。第四，基于长期共同利益的更持久的合作，双方将不再局限于短期利益的得失，而是更在乎整体与长远利益的维持，通过增强渠道的稳定并提高效率来支持进一步的合作。

要建立长久稳定的伙伴渠道关系，首先需要选择符合合作条件的对象。这要求企业自身有特殊的需求，所选伙伴有满足这些需求的能力，与潜在的伙伴可以建立退出壁垒，即双方不能轻易地解除合作关系。

（二）互惠依赖关系

信息技术集中性与信息交换强度增加，会加剧供应链成员之间的权力依赖关系；信息技术正式性与信息交换质量增加，会使渠道成员间的互惠关系得到加强。企业间的信息系统在运作业务上有较好的连接，可降低协调成本，并促进彼此在供应链关系上的依赖，更多地采用关系治理策略。信息技术采用将会影响企业间的信息交互程度和合作关系深度。合作意味着制造商和供应商之间高层次的信息处理和交换能力，信息技术能够有效解决组织间的不确定性和投入资产专用性，从而影响关系治理。渠道成员之间相互信任，可以加大产品设计开发、生产制造以及市场等方面的信息共享程度，缩短产品设计周期，降低生产制造成本，从而提高网络组织的运作效率。

在选择了适当的合作对象后，企业便可以在双方合作意愿的基础上构建共同愿景和发展相互信任，为建立伙伴关系奠定基础。首先，通过合作方的相互交流了解到各自的利益诉求，寻找共同的利益与整体渠道的价值观，在将来渠道发展和规划方面达成共识。其次，在此基础上，发展相互信任。通过此举有效避免彼此间的猜忌与怀疑而造成的行动迟缓、资金不到位等问题。在渠道正式工作开展之前，渠道合作成员就双方的权利和义务进行明确的约定，以确保之后合作的顺利进行。通过事先的约定，在发生了问题之后就能有据可依，找到合适的解决方法，进一步减小问题所带来的损失。关系双方应在分销计划的制订与执行、高效的协商机制（如定期的高层经理会议）等方面达成共识，为伙伴关系的运行做好准备。

在渠道运营的过程中，动态的环境和不可预期的风险会给渠道造成影响。作为供应商，还可以建立以分销商为主体的客户关系管理系统，从信息提供、管理决策咨询、促销等方面对分销商进行帮助和服务，消除或减少合作中的障碍。同时，通过建立有效的奖励机制，给予价格、产品经营权上的相关优惠，能更好地增进分销商的积极性，巩固伙伴关系。冲突是不可避免的问题，这是由渠道成员个体利益差异、经营战略和策略的变化而造成的。合理地解决渠道冲突，防止不良因素对渠道整体运营的影响是必须予以注意的问题。具体的情况根据事件所发生的严峻性程度而采取相关的解决措施，如和解、仲裁、依靠法律手段以及渠道重组等手段。

第二节　分销渠道策略创新

渠道设计是指在对市场分析的基础上，改善现有渠道或建立新渠道。渠道设计的决策阶段包括确认渠道设计决策的必要性、设立并调整分销目标、明确分销任务、设立各类可行的渠道结构、评估影响渠道结构的因素、选出"最佳"渠道结构、挑选渠道成员。营销渠道设计的目的就是产品或服务能够更好地被终端用户使用或消费。渠道设计的核心就是设立可行的渠道结构。

一 营销渠道长度创新

渠道的长度结构也称渠道的层级结构,指渠道的层级数量的多少。通常情况下,可分为零级渠道、一级渠道、二级渠道及三级渠道等。每一行业因其行业操作过程、市场特性及其他因素的限制,渠道长度并不完全相同。

渠道长度的创新也就是减少或增加渠道的层级。由于渠道层级的多少与分销成本在最终产品价格中的比例正相关,为了缩减成本,提高企业的赢利能力和市场竞争力,在满足终端用户的基础上,企业一直在追求着渠道的扁平化。信息技术能够使企业的组织结构扁平化,提高信息在企业各部门间的流动频率和范围。

渠道扁平化出现的原因有渠道纵向一体化的影响、当前消费文化的影响及信息技术的影响。

(一) 渠道纵向一体化的影响

渠道纵向一体化主要是因为信息不对称和需求不确定引起了交易费用增加。一方面,全球经济的高速发展改变了市场主体——从卖方市场转向了买方市场。市场主体的改变使得接近最终消费者的渠道成员的权利增加,在厂商博弈中,制造商的话语权不断下降。渠道成员机会主义行为也会带来交易成本的增加,企业进行纵向一体化的动机增强。另一方面,随着信息技术和传播手段的日益发展,产品的生命周期缩短,产品同质化严重,顾客忠诚度下降。此时,制造商趋向于采取品牌竞争的方式,而品牌权益的建立需要下游渠道成员的通力配合,这就增加了下游渠道成员采取投机行为或进行恶意讹诈的机会,也会增加交易费用,进而使厂商可能会采取纵向一体化的策略。

(二) 当前消费文化的影响

消费文化对渠道扁平化的影响也很重要。首先，当前的消费者越来越追求独立性和个性化，这就要求企业在提供品质优良的产品和服务外，更要达到消费者个性化的需求。因此，厂商必须充分掌握消费者的需求信息，而从下游渠道获得的消费者信息不仅滞后而且还不完整，为了缩短与消费者之间的距离，厂商也可能精简渠道层级。其次，当前消费者行为的不确定性增加和承诺的丧失，使得企业需要时刻关注顾客的行动，及时地调整应对措施。对多数顾客流失率高的企业来说，渠道扁平化是个不错的选择。最后，在后现代性的影响下，消费者更多地采取行动导向，而不再只寻求中心的、本质的、一致的自我形象。他们通过积极的参与和持续的形象转换来寻求在各个非连续的、不同时刻上的良好的情感体验。厂商为了跟上消费者越来越快的变化步伐，会尽可能地贴近最终消费者，以指导厂商对消费者的相应变化作出调整。这就要求渠道结构能够精简、长度能够缩短。

(三) 信息技术的影响

信息技术是渠道扁平化形成的基础。网络技术在商业中的广泛应用，很大程度上颠覆了此前金字塔形结构渠道的经济学依据。渠道中分销成本的比例构成也发生了很大程度的变化。这些使得在网络技术普及的今天，渠道扁平化结构具有相对意义上的经济性。其次，网络技术的迅速发展给企业带来了许多新的营销运作模式，如网上直销、网络团购等。传统经济条件下，商品传递到最终消费者手中必须经过每一层营销渠道。在信息技术蓬勃发展的今天，一些数字化的商品，如音乐、图书、软件等，可以通过网络从厂家直接传递给最终用户。一些不能数字化的商品,也可通过采用信息技术省略掉或是大大减少原来由渠道成员承担的部分职能,使渠道得以精简。同时,人们获取信息、传递信息的方式在网络技术的影响下也发生了很大的变化。传统经济下,消费者获取商品信息的主要方式是通过传统媒体,而且信息的传递是单向的,消费者接受信息也是被动的。网络技术的发展,使一些新兴媒体得以普及,消费者获得信息的方式开始多样化,他们不仅是信息的接受者,同时也可能成为信息的传播者,厂商与消费者之间的沟通更加方便,也更加快捷。为了削减分销成本,厂商有理由精简原先只承担信息传递这一营销渠道流的渠道成员。

渠道扁平化的实施需要企业有足够的资金保障,有很强的管理能力。对于一些中小型企业来讲,他们本身资金实力不足,管理和营销水平落后,渠道扁平化并不是他们目前最需要的。同时,由于原有的渠道商力量还很强大,即使大企业在进行渠道扁平化时,也会遇到很多障碍。目前制造商的产品销售中,传统渠道的销量还占到60%以上,因此,企业多采用传统渠道与现代渠道并存的双渠道或多渠道模式。

二 营销渠道广度的创新

渠道的广度结构指企业使用多种渠道的组合,即企业根据消费者行为特点,进行长渠道和短渠道的结合、宽渠道与窄渠道的结合。随着网络技术的发展,第三方网络平台越来越成为渠道设计时的重点考虑对象。目前,主要的渠道组合模式有混合渠道模式、水平整合渠道模式及垂直整合渠道模式,见图6-1。

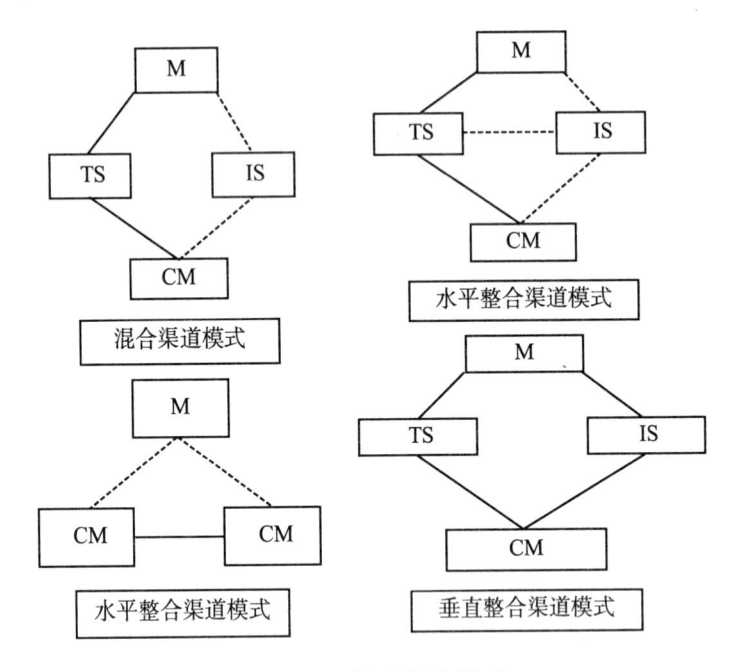

图 6-1　渠道组合模式

注：M 表示制造商，TS 表示传统中间商，IS 表示网络平台，CM 表示终端用户，实线与虚线分别表示不同的渠道。

（一）混合渠道模式

混合渠道模式指制造商在保持原有的渠道外，增加了网络平台销售。其中根据网络平台的构建主体不同，增加的渠道有本企业官方网站销售和第三方平台销售。第三方平台根据是否承担产品流，又有"淘宝"模式和"京东商城"模式。

企业自有网站应具有信息发布、产品管理、会员管理、订单管理、邮件列表、论坛管理、在线帮助、站内检索、广告管理、在线调查、流量统计等功能。为了获得用户欢迎和信任，要保证信息有效性强、网页下载速度快、网站简单易用、网站功能运行正常、网站链接有效、用户注册/退出方便、保护个人信息、避免对用户造成滋扰。

如果第三方网络平台承担产品流,则此网络平台就相当于传统的中间商,所不同的就是它直接与终端用户接触,而不需要再增加新的渠道层次,如京东商城。统一采购,统一配货,京东有自己的物流送货,其优势是给消费者以信心,质量和退货问题,有京东做担保;统一采购进货,也可以拿到相对低价;自建物流渠道,商品能迅速到达消费者手中,增加消费者良好的购物体验和信心。然而其劣势也是明显的,自建库存要占用其大量的成本,自建物流渠道,也会增加物流成本。

如果第三方网络平台不承担产品流,则此网络平台只是一个信息交流平台,如淘宝。淘宝向商家提供了一个网络的分销平台,把商家资源聚合集中向用户展示,帮助消费者节约成本,方便消费者购物。进行信息资源和资金的整合,消费者可以在淘宝网上搜索,结合网店的信誉和评价选择需要的产品。企业在淘宝上进行分销时,不会带来增加分销渠道所需要增加的库存成本,有效改善了企业的资金流状况,提高了企业的资金效率,由此实现降低资金成本,从而提高企业的经济效益。

作为第三方网络平台的网络团购,其发展颇受关注。团购网站的鼻祖 Groupon 于 2008 年 11 月在美国上线,并迅速在全球掀起了团购热潮。国内效仿 Groupon 的团购网站也呈井喷式发展,有统计表明,国内团购网站从 2010 年 3 月开始,经过短短几个月的发展达到 1664 家之多。2010 年国内网络团购行业信用调查报告显示,国内网络团购消费者集中于北京、上海、广州等大城市,年龄为 25～35 岁,具有大学学历的普通白领女性职员为主。具体构成情况为:①性别构成，国内网络团购消费者性别比例是女性为51.6%，男性为48.4%；②年龄构成，18岁以下的消费者占比为1.6%，19~24岁的消费者占比为15.4%，25~30岁的消费者占比为40.3%，31~35岁的消费者占比为22.2%，36~40岁的消费者占比为8.9%，41岁以上的消费者占比为11.6%；③收入情况的比例构成，月收入在1000元以下的消费者占比为7.0%，月收入在1001~2000元的消费者占比为14.8%，月收入在2001~3000元的消费者占比为23.7%，月收入在3001~4000元的消费者占比为23.3%，月收入在4001~6000元的消费者占比为18.2%，月收入在6001~9000元的消费者占比为7.9%，月收入在9001元以上的消费者占比为5.1%[①]。

根据网络团购的消费者构成，企业可以选择适合目标消费群的产品或服务，通过团购网站销售。团购网站目前发展得并不完善，存在不少欺骗消费者的团购，导致团购网站的整体诚信度并不高。Itrust调查显示，2010年国内团购网站平均诚信度为68.7%。为了保证产品或服务的品牌信誉，企业在选择团购网站时，也要慎重考虑。团购网站多以低价和大的折扣来吸引消费者，因此，企业在进行品牌推广时，可以选择恰当的团购网站，以低价吸引消费者注意，来提高品牌知名度；在产品库存较多时，选择团购网站，可以迅速削减库存，进行资金回流。

(二) 水平整合渠道模式

水平整合渠道模式有两种形式：零售商在进行线下销售的同时，进行网络平台销售；终端用户既作为最终消费者又同时兼有中间商的角色。

---

① 数据来源于Itrust中国互联网信用中心（itrust.org.cn）。

零售商网上销售额占总销售额的百分比在持续上升，采用多渠道零售的企业可以享有更大的利润空间，而且其年收入增长率可比单一渠道零售企业高出 100 个基点以上。麦肯锡资料显示，通过多种渠道——实体商店、互联网和商品目录购物的消费者的年消费额要比只通过单一渠道购物的消费者高出大约 4 倍，并且认为，2011 年，互联网无论是作为调查工具还是销售渠道，所起的作用将会占到美国零售业销售额的 45% 以上。

国美、苏宁这些电器零售企业也开始了网上销售和实体商店两种销售模式。国美 2010 年 11 月收购了库巴，开始了其网上销售之路。2011 年 4 月 20 日，国美正式推出了其旗下的电子商务网站，即国美网上商城，全力推进电子商务业务的发展。消费者同时具有中间商角色的水平整合渠道模式中，做得较好的是凡客诚品。凡客达人是凡客诚品的一个社区化营销平台，凡客达人们无须为发货、物流等环节烦扰，仅需按照自己喜爱的风格随意搭配 VANCL 的各种服饰。这里凡客达人既是凡客诚品的最终消费者，同时作为中间商，他们主要承担渠道中的信息流和促销流。

（三）垂直整合渠道模式

与传统营销渠道中生产者、批发商和零售商相互独立不同，垂直营销系统是由生产者、批发商和零售商所组成的一种统一的联合体。这种营销系统有利于控制渠道行动，并通过其规模、谈判实力和重复服务减少等获取利益。

第七章
促销策略创新

第一节 广告促销策略创新

21世纪,随着知识经济的到来,市场营销领域中知识营销取代了传统的营销模式,广告作为营销系统中的一个起着非常重要作用的子系统,其形式创新与否,关系到营销策略的实施。在新型营销理念异军突起的今天,广告促销能否跟上时代的发展,能否科学地组织运作,是今天我们面对的一个关键问题。

一 新型市场营销理念对广告促销的启示

(一) 社会营销理念对广告促销的启示

菲利普·科特勒认为:"社会营销是设计、执行、控制的方案,是希望使目标团体接受社会的某些理念、思想或措施,它是通过对市场的细分与组合、顾客行为的研究、概念的演变与沟通、动力效应、诱导机制、交换原理等手段,使目标团体利益的最大化。"菲利普·科特勒认为,面对环境恶化、资源短缺、人口爆炸式增长、世界性饥荒和贫困等现代社会问题,优秀的企业文化不仅要满足顾客个体的短期需要,也要满足广大顾客和社会的长期利益,协调好顾客需要、顾客利益和长期社会福利之间隐含的冲突。他强调进行人道主义营销和生态营销,即社会营销,这也就是可持续发展战略。

广告是品牌塑造的必要因素,但不是全部要素,企业需要具体的营销手段指导广告促销,将广告诉求固化在受众头脑中。社会营销理念要求广告要更新广告观念,改进广告表现形式。

(二)体验营销理念对广告促销的启示

体验也叫经验。1998年,约瑟夫·派恩和詹姆斯·吉尔摩合作的《体验经济》一书在学术界引起了强烈的反响。他们认为,目前全球经济正在从服务经济引导的信息经济,向体验性活动为基础的经济转化,品牌和服务使个人介入个性化的体验之中,体验成为营销中一个主要考虑的因素。体验营销的核心是品牌体验。为此,品牌需要从利益驱动型的服务向提供可回忆和个性化的体验进化,目标是让品牌积极、有魅力,使顾客不断重复购买。品牌体验主要是消费者在与品牌的亲身接触,如购买、使用等过程中出现的。

传统的广告媒体选择,一般集中于传统的四大媒体。随着新媒体的出现,消费者对媒体的接触习惯日益分化。例如,网络走进千家万户,使得一部分消费者放弃或者很少接触电视、报纸、广播等形式的媒体。网络作为一种高速发展的媒体形式,正被越来越多的人所采用,因此,网络广告具有很大的发展空间。互联网广告具有针对性强、互动性强、表象形式丰富等特点。目前,一些发达国家中网络已成为第四大媒体。博客体验营销作为一种新的博客赢利模式进入中国,广告联盟服务商与厂商可以合作使得博客作者有了抢先试用新产品的权利。

(三) 差异化营销理念对广告促销的启示

国际著名营销大师菲利普·科特勒认为：差异化是建设一系列有意义、有价值的差异，以便使企业的供应品同竞争者相区别的行为。一个企业如何在实践中与竞争对手产生差异化？一般来说，可以从产品、人员、服务、渠道和形象五个方面着手实施差异化。

差异化是品牌塑造的必备条件，而品牌塑造在不断提高产品本身质量性能的基础之上，主要通过广告来实现。因此，品牌只有特质才能生存和发展，而差异化广告则是对品牌特质的投资的主要方式。其实，单就品牌载体——产品、服务而言，从理论上讲，差异化建立的可能已经越来越小，即使有差异也不可能保有较长时间优势。有人做过实验，让消费者戴上眼罩，分别品尝两杯可口可乐和百事可乐，也分辨不出哪个是百事可乐，哪个是可口可乐。然而，两者品牌个性有着明显的差异，可口可乐是正宗的可乐，百事可乐是新一代的可乐。强烈的个性化使两个品牌能分庭抗礼百年。

新型营销理念作为广告促销的指导思想和理论基础，其对广告促销的启示是：广告是品牌塑造的必要因素，但远不是全部，需要具体的营销手段，直到广告促销将广告诉求固化在受众头脑中。新型营销理念要求广告要更新广告观念、改进广告表现、创新媒体策略以及广告促销的差异化。通过对新型营销理念对广告促销的启示分析，有利于企业经营者在应用新型营销理念的同时，也能搞好广告促销，从而提升品牌形象、企业形象，增强企业竞争实力，促进企业快速发展[①]。

---

① 朱晓琳：《新型市场营销理念对广告促销的启示》，《科教文汇》2008年第2期，第31～32页。

二 知识经济时代广告环境的变化

(一) 媒介融合

数字技术的出现和发展,为媒介信息的存储和共享提供了可能,打破了传统上泾渭分明的各种媒体形式之间的藩篱。在媒介形式集体向数字媒介转变的同时,传播技术也快速向数字形式融合,正是互联网的推动促使媒介融合得以脱胎换骨,形成了电子报、电子杂志、网络广播、网络电视、播客、社区等多元化的传播渠道。"一种媒体大融合的趋势正在呈现,它极大地改写着现有传媒市场的版图和游戏规则,使旧有的运作架构和赢利模式日渐式微,催生着与这一时代发展相适应的新型产业模式"①。

(二) 传受模式

新媒体环境下,信息传者和受者的身份日渐模糊和趋同,改变着传统媒体时代单一的传受模式的信息流。新媒体让普通的个体也能拥有话语权,每个人都有可能成为信息的传播者。以往的媒体"推"信息过渡为受众主动"拉"信息,尤其是用户原创内容(User Generated Content,UGC)的勃兴,使得受众在信息传播过程中的参与程度和互动范围得到前所未有的提高。广告营销也在悄然经历了"广告"向"窄告"的转变,也更为依赖广告中的创新元素。

(三) 广告对象

新媒体环境下,消费者的角色不仅从以往的被动接受已然转变为选择性接受、主动传播,并且日益呈现分众化、碎片化、移动化等新特征。在分众时代,广告对象分裂成一个

---

① 喻国明:《解读当前中国传媒发展》,《新闻与写作》2006 年第 9 期,第 17~18 页。

个离散的个体，有效的广告信息传达犹如大海捞针茫茫不可预期。事物都有存在的两面性，当传统的广告传播对象由一个中心极度弱化为多个散点，层出不穷的信息传播方式在突破原有的群体形态的同时，一种新的群体聚合也随之诞生。通过分析不同群体的关注话题，我们可以借助虚拟空间将分散的受众聚合起来，广告对象的轮廓不仅没有模糊反而更趋集中和清晰，所谓"碎片"不碎，"分众"易合，也正是新媒体广告发展的突破点。

三 知识经济条件下广告创新的条件

广告创新是一项艰巨的系统工程，一蹴而就是不可能的。知识经济为广告创新提供了可能。

（一）湿营销催生变革

克莱·舍基在《未来是湿的：无组织的组织力量》一书中为我们描绘了一个未来的"湿社会"，这里的"湿"并非指气候变暖、海平面上升等导致的生态恶化，而是借由电子邮件、聊天室、博客、开放源代码等这些人气聚集的社会性软件，人与人之间恢复了部落社会才有的湿乎乎的关系——充满人情、关注意义、回到现象、重视具体[①]。由此而来的"湿营销"通过社会性软件聚合某类群体，将用户转化为品牌追随者并鼓励与他人共享，进而达到广告宣传、品牌营销目的。在用户参与、用户主导的新媒体环境下，广告加速向营销的转化，媒体经营不再仅限于广告的概念，消费者本身参与营销，在用户体验中形成品牌认知。

---

① 〔美〕克莱·舍基：《未来是湿的：无组织的组织力量》，胡泳、沈满琳译，中国人民大学出版社，2009。

（二）点对点传播，精准投放

在传媒技术的推动下，媒体传播经历了大众—分众—适位——对一的演进过程，当媒介从满足大众需求逐渐转向满足部分用户、满足某方面需求的时候，广告营销的思维也悄然从"广播"迈向"窄播"。以手机、社交网络、博客等为代表的新媒体已经可以做到精准定位广告对象，意味着点对点传播的个性化服务的开始。

（三）广告效果可测量

新媒体环境下，广告发展的重要变化还在于效果的可监测、可衡量，由于新媒体本身就是一个数字化的集成平台，对用户的使用行为进行跟踪监测较传统媒体要简单可行得多。通过点击量、浏览量、停留时间、注册量、留言数等指标来按效果付费已经成为网络媒体广告经营的常态，这或许将改写广告界的那句名言"我知道我的广告费至少浪费了一半以上，但我不知道究竟浪费在哪里"。

四　知识经济时代广告的主要形式及其特征

（一）搜索引擎广告

有调查显示，当网民寻找自己需要的资讯时，超过九成以上的人会首先通过搜索引擎来查找。如今，搜索引擎对网站访问量的影响日趋重要，它本身也成为网络营销的一种手段，具有越来越显著的广告效应。根据互联网数据中心的调查，2009 年中国互联网搜索引擎服务商营业收入规模为 70.1 亿元，较上一年度增长 38%，在互联网广告营销各细分领域中增幅最大。搜索引擎的主流广告模式，如百度的竞价排名、Google 的 Ad.Words 都是通过关键词搜索，然后在结果页面放置广告，以用户点击为标准向广告主收费。这种模式有两大特点：一是按点击付费（Pay per Click）；二是竞价排序，广告主出价高低决定排名。随着网民搜索请求的分散化和模糊化，以往"搜什么就显示什么"的精确匹配原则逐渐被关键字广散匹配所代替。例如，2009年百度推出的凤巢计划，一改之前的精确匹配为广散匹配，在最大化满足用户体验的同时为广告主提供尽可能多的推广机会。

（二）博客广告

博客在中国虽然起步晚，但发展之迅速、影响力之大却是许多互联网应用所难以比拟的。随着博客用户规模的激增，博客网站的广告价值也随之凸显。博客是以个人为中心的媒介，倡导个性与自由，传播特性表现为去中心化、草根化，意见领袖和口碑传播对博客广告尤为重要。博客广告主要有以下三种形式：一是单一博客广告，即在某个广受欢迎的博客上投放企业广告，由广告主付费，与BSP（Blog Service Provider，博客服务托管商）无关，如Keso与和讯网的合作；二是博客广告联盟，即博客作者与网站合作分成；三是个人博客代理，类似于博客经纪人的角色，博主将与自己博客相关的有可能产生收益的所有权益都交给专业代理机构，包括广告投放、博客宣传甚至出版等。从现阶段来看，博客广告在国内仅是刚刚起步，广告方式和赢利模式均尚未成熟。例如，2006年就有客户想在"老徐博客"上投放广告，最终因为博主与BSP之间未能达成广告收入分配协议而不了了之。

（三）社交网站（SNS）广告

网络上的新兴事物可谓日新月异，2008年，随着"开心001"的突然风靡，SNS网站瞬间成为国内互联网行业一大热点，引得众多试水者争相效仿。截至2009年，社交网站用户为1.76亿,在网民中的渗透率达到45.8%[1],其中以学生和白领为主要群体,他们思想活跃,具有较强的消费能力,也是社会潮流的引导者和广告主争相锁定的目标人群。尤为可贵的是,SNS建立在真实社会的人际关系基础上,具有良好的口碑传播效果。常见的SNS广告形式包括普通形象类广告,如网站页面的展示广告;标准化植入式广告,如"争车位"的游戏植入;定制式用户体验广告,即配合客户具体产品与服务而设计游戏组件等的深度、全程式合作。

(四) 手机广告

手机作为一种新媒体形态,带来了"无线营销"时代的繁荣。技术的进步催生日益丰富的产品形式,从早期的短信、彩铃到现在的手机网络、手机电视,一个围绕手机媒体不断成长壮大的产业链正在形成。手机媒体使得移动互联网触手可及,掌上冲浪梦想成真,尤其是3G技术的革新和大规模推广应用。手机将从2G时代的通信工具,真正成为人类的"影子媒体",集工作、生活、娱乐等功能于一身,"无线营销"或许将是最能与消费者亲密接触的传播方式,比如手机二维码、手机支付、手机蓝牙等的应用,正在慢慢融入现代人的日常生活。目标精准、私密性强、保存简单、成本低廉、互动性强等特点成为手机广告在未来"开疆拓土"的制胜法宝[2]。

(五) 植入式广告

"植入式广告"是指把产品及其服务具有代表性的视听品牌符号融入影视或舞台产品中的一种广告方式,给观众留

---

[1] 数据来源于《第25次中国互联网络发展状况统计报告》,中国互联网络信息中心。
[2] 刘若根:《浅析新媒体环境下广告的发展》,《科教导刊》2010年第8期,第16~17页。

下深刻的印象，以达到营销目的。"植入式广告"是随着电影、电视、游戏等的发展而兴起的一种广告形式，它是指在影视剧情、游戏中刻意插入商家的产品或表示，以达到潜移默化的宣传效果。由于受众对广告有天生的抵触心理，把商品融入这些娱乐方式的做法往往比硬性推销的效果好得多。植入式广告的表现空间十分广阔，在影视剧和娱乐节目中可以找到诸多适合的植入物和植入方式，常见的广告植入物有商品、标识、招牌、包装、品牌名称以及企业吉祥物等。

（六）视链广告

互联网的很多技术产品在诞生之初都是为了满足用户的基本上网需求。例如，文字链的出现把用户可能需要的信息串联在一起，用超链接的形式真正实现信息的互联，方便用户快速全面地获取信息。文字链的出现，使网络广告的形式也越发多样化。而当互联网超链接技术从图文发展到网络视频，"视链"以及"视链广告"出现了。网络"视链"技术是指通过滑动鼠标至视频中的人物或者物品上，便会出现该人物或者物品的详细信息介绍，当鼠标离开时，该提示自动隐藏，整个过程并不会对用户观影造成干扰。

一些传统的网络视频广告形式，如贴片广告、暂停广告等，基本上还都属于强制性播放，属于缺乏互动行为的单向传播，很难体现网络营销的特点。与之相比，视链广告的优势则非常明显。首先，与传统视频广告形式相比，视链广告拥有更高的"接触质量"和"接触数量"。视链广告的植入形式，可以争取到现有媒介状况下的稀缺资源——高度专注观看状况下的受众注意。其次，由于视链广告出现的随机性以及与视频情节的高度相关性，且5秒的时间恰到好处，不会遭到受众的抵触与拒绝。而且，广告主可以选择近期热播的影视剧投放视链广告，这些影视作品一直位居排行榜前列，受众数量可观，其广告成本可以控制在一个合理的水平，甚至会低于某些大众传媒。

视链广告拥有更强的用户参与性。视链广告形式在品牌出现后，用户自主选择继续观看与否，鼠标移出浮层出现广告可进入官网进一步了解产品详情，当点击关闭按钮后，视链广告会消失，视频内容将自动继续播放。这种形式将传统视频贴片广告与暂停广告结合，大大提升了用户的参与感。因此，视链广告提升了植入式营销的关注度，同时也打造了一条将观众转化为消费者的直达通道。更值得注意的是，视链这一广告投放形式的创新，还为广告主提供了更多创意空间。广告主可以根据投放目的，在影片上选择视链植入位置、时间、创意形式，在深化品牌影响力的基础上，获得更丰富的品牌联想，最终赢得广泛的认同与品牌价值的提升。

艾瑞咨询的数据显示，2010年在线视频行业市场规模已经达到31.4亿元人民币，其中68.5%为网络广告收入。越来越多的传统广告主开始大踏步进入视频营销领域。面对前景无限的市场，如何创造更多高价值的广告形式，是整个中国视频网站都必须面对的挑战。"视链广告"的出现成功开辟了视频营销的崭新通道，发现了中国网络视频行业技术创新、模式创新的巨大市场潜力。

五 知识经济条件下广告营销策略的创新

（一）广告业必须树立整合营销新观念

知识经济向广告业的渗透并融合，将使21世纪广告业在行业结构和服务上发生新的组合，并遵循新的整合营销观念从事运作。其新观念的基本内容是：广告经营者的服务不再是单一的广告策划、创意、设计制作或广告代理的职能，而是兼有上述一系列整合服务项目的全方位的运作；服务效果的测定也不再仅仅是品牌知名度的提高，更重要的是品牌价值和市场占有率这两个关系到企业命运的经济指标的提高；广告公司不只是一般的联系产销、联系生产经营者与媒体的中介结构，而是与企业命运息息相关的、以企业营销策划为主旨的全方位的服务性机构。

（二）独特的广告创意是广告战略中的灵魂

广告作为知识经济社会的一种信息形态，必将随着商品的不断丰富、竞争的激烈、媒体的发展而不断增加和扩展。但对于某个营销者来说，其本身的商品广告必然会受到竞争对手的广告、非竞争者广告甚至是政治、经济、社会、文化、娱乐等信息的冲击和影响，所有种类的知识信息都在有意或无意地与其争夺受众。因此，创意独特的广告才能吸引受众的注意，诱发其购买情绪和动机，进而作出购买决策。而创意独特的广告应具备的条件是：能够体现商品和企业不同于竞争对手的独特之处；实现商品给消费者的最大的和独特的消费价值；表现适宜于目标受众的文化氛围和知识含量；具有震撼心智的艺术效果。广告是以科学为始，以艺术为终，即广告创意是通过艺术化的方式进行表达，以传递知识性信息为诉求内容，并使其单纯化、清晰化和戏剧化，力争所表现的信息排除众多纷杂的事物而被受众认知接受。

（三）准确的广告诉求定位是赢得消费者的制胜法宝

准确的广告诉求定位是广告能否成功的最关键因素，它决定广告的最终效果。准确的诉求定位，必须根据目标受众的特点，并针对其需求利益通过适当的诉求关系来表现广告的主题。首先，要分析影响消费者购买心理的产品识别，包括感性识别和理性识别。感性识别是指产品形象、品牌在消费者心目中的印象和地位；理性识别是指商品给消费者提供的实际价值和利益。不同的消费者产品识别的方式不同，因而广告诉求必须找准目标受众最重视的一点进行诉求。其次，广告诉求必须实施市场区隔，因为同一种商品对不同受众由于产品识别的差异性，就会呈现不同的利益点，因而主题的表达必须有针对性。最后，广告主题及诉求点的表达必须与其内容相吻合。

（四）提升品牌价值是扩大市场占有率的基本前提

在知识经济条件下，商品的知识含量所占比重对竞争的作用越来越大，商品的品牌知名度和产品的形象好坏，直接决定了产品的品牌价值。而现代消费者衡量商品价值含量的最重要指标就是商品的品牌价值，它也是影响消费者选购的直接因素。许多消费者已养成了长期认牌购买的习惯，而某一产品品牌又是一个企业产品的发展历史、企业状况、经济实力的表现。它既具有经济价值、社会价值、艺术价值和文化价值，也是人类知识、财富、智慧的积累。因此，树立良好的产品形象，扩大品牌知名度，是企业扩大市场占有率的最有效手段。

（五）合理的选择媒体组合策略是提高广告营销效率的先决条件

知识经济的另一特点是新的传播媒体的出现、更新，旧的媒体的逐步衰减，传统的广告媒体面临来自各方面的冲击。Point Cast 公司发布的信息表明，使用者中有 46% 减少了读报时间，23% 减少了读杂志的时间，21% 减少了看电视的时间，而 16% 的美国家庭则阅读网上报纸，每周有 3600 万美国人从网上获取新闻，而互动电视则是新媒体的未来。可见，根据广告媒体的目标市场范围、产品性质、产品特点、消费者特点选择合适的广告媒体是决定广告投入效果大小的关键一环。目前，传统广告媒体面临的最大威胁是网络广告，因为通过网络，消费者可及时、准确、方便地获得世界各地的各类广告信息。

综上所述，知识经济条件下，广告营销的创新是广告业在 21 世纪的通行证，是时代赋予广告界的历史使命。

第二节 公共关系创新

一 知识经济条件下公共关系的新特点

（一）经济全球化必然带来公关对象和工作活动的国际化

所谓经济全球化，就是各个国家和地区充分发挥自己的相对优势，以促进世界经济的发展。这种经济势态必然引起世界经济的三大变化：一是全球的产业结构调整；二是科学技术的飞跃；三是跨国公司的作用日益增强。

在经济全球化的背景下，企业的公关策划、信息咨询、交往协调、商务办理、买卖谈判都得在国际范围进行。它既可以是一个企业或某个产品的运转在各国公司之间进行，也可从事某个国家和地区之间进行的国际活动。这与目前以某地区、某企业、某组织为活动范围相比，其范围和对象都发生了根本性的变化。例如，波音公司的总裁可以坐在西雅图指挥全世界 70 多个国家波音飞机的零部件的生产和零部件的供应，而该公司的公关人员也可以在西雅图与全世界 70 多个国家甚至更多的国家和地区与成百上千的单位进行商贸交易。同样，福特公司的老板也可以坐镇底特律指挥全球福特汽车的生产和销售，它的公关人员的公关活动也同样是遍布整个世界的汽车市场。这就是新经济时代的公关对象和活动范围广泛性的特点。

（二）知识经济时代必然带来公关手段的信息化

新的经济时代要求通信、联络、交通等手段要适应新经济的要求。例如，波音、福特两个公司要与它的生产销售点进行联系，借助于传统的通信、交通方式，则时间、人力、财力的耗费会大大增加公司的生产成本。这就要求助于高科技手段，而高科技手段的实现方式就是依赖于现代的信息网络。

信息技术之所以成为公关工作的重要手段，一是传递信息超前，只要打开电脑，全世界的各种信息尽收眼底，真正做到"秀才不出门，全知天下事"；二是网上商务优点显著，如树立企业形象迅速，向客户源源不断地提供所需信息，宣传产品、销售产品可以突破时空界限而不受时间、地点和活动范围的限制；三是目前全世界上网人数已达3亿，而且以成倍趋势发展，网上用户迅猛上涨，网上交易势必成为商务交易的主要形式。

（三）经济全球化、信息国际化必然要求公关队伍的素质知识化

所谓知识化，要求公关工作者在知识经济时代具有掌握现代科技信息能力的较高素质。

按照这样的设想，适应知识经济要求的公关人员，应该是与讲师、副教授、教授以及工程师、高级工程师、经济师、高级经济师一样具有同等职称的高级公关人员。相信未来公关师的等级标准也会与上述行业职称一样得到社会确定。

（四）信息国际化必然带来公关理论和实践的进一步更新

公关理论将随着人们公关理念的变化有所深化、发展和

更新，公关实践随着公关手段的优化而进一步更新。这就要求公关理论研究人员和学者对知识经济条件下所产生的新课题、新理念、新实践要加强研究力度，对照现有公关基础原则和运作过程、运作技巧进行比较研讨，建立新的公关科学体系或者补充新的内容。

二　知识经济条件下公关创新形式——博客公关

企业博客公关是企业在互联网新技术动力学上发展起来的企业网络公关新形式。博客作为一种更具有亲和性、灵活性、平等性、直接性的企业网络多层次公共关系沟通平台，已成为企业整合营销传播沟通工具组合中的一名闪亮的新成员。企业博客公关不同于企业博客营销，我们按照博客的自有属性，坚持将博客的核心功能定位在对企业多结构、多向性的公共关系的建立、维护和创新拓展上。

企业在传统意义上的公关是"推"式的，有时甚至造成由于过量的公关而给客户带来冗余繁杂的筛选与接受负担。而在新媒体发展时代，互联网以一种"拉"式态度出现在人们面前，企业博客公关也是如此。亚马逊公司的前首席科学家 Andreas 提出了一种"Participation Economy"（"参与经济"）的观点，认为客户的参与价值对企业发展至关重要，而企业博客公关的关键任务便是寻找、开拓、聚集并维护好与企业客户的各种关系。到底谁才是企业博客真正需求的目标公关对象？曾经有专家评论说，在网络海洋中，网民的身份有极大的模糊性，企业无法以简单的经济地位、公司身份等现实区分参数来选择网民中身份准确的目标人群，可以说，企业必须要把所有的网络人群都当做"客户"来小心对待。

博客与其他网络公关途径相比，博客公关更具比较优势。

(一) 博客具有人格化特质与强大的社会化属性

博客的人格化特质体现为真诚、亲密、值得信任。客户或许不容易接受网络广告游说,却会更喜欢与企业在一个博客平台上进行直接与平等的对话。博客内含一种强大的社会化属性可以引发某种交流和讨论,进而通过超链接的扩张与博客圈的群聚,极大地影响到社会的所有关联利益体。博客公关与传统公关途径相结合,将能在第一时间创造第一直接接触点,有利于传统公关活动的效率提高。

(二) 博客公关形成全方位的立体式沟通系统

企业博客通过各种方式塑造或推出意见领袖形象,发表有见地的行业观察评论,将有助于企业在行业地位、权威形象、舆论关系上的长期强化。企业通过博客能灵活创造某种新闻价值,引发新闻关注,并影响主流媒体报道。企业博客可通过社会化书签收藏等多媒体技术应用,形成全方位的立体式沟通系统。

(三) 有利于企业应对公关危机

企业博客的历史公关记录一般能受到良好的存储保护,并能方便地被搜索引擎常年搜索,有助于提升企业的知名度,间接协助企业的线下营销开展。企业通过博客公关,能够长期潜移默化地影响客户意识里对于企业品牌或产品的良好印象与观念认同,从而间接促进现实中的产品销售。在预防或应对企业的危机公关时,博客成为第一线直接的灵活公关手段,通过博客发表企业观点立场,与多数利益相关人群进行即时的沟通,更易于澄清企业负面消息或降低危机对企业所带来的名誉冲击。

企业能通过对博客的持续监测及时发现相关问题,为潜在公关危机做好准备。搜索引擎是企业应用博客进行公关的优势之一,就是因为博客更为丰富、自由、形式灵活等特性,以及博客的日志式更新频次,相比企业网站能在更大范围内获得搜索引擎的关注。通过各种途径增加企业博客在搜索引擎上的可见度是公关的重要任务。同时,企业博客在自身的公关设计中也可根据需要,设计安装符合企业公关趋势和要求的自主搜索引擎。

三 知识经济条件下公关创新形式——网络危机公关

(一)互联网时代网络危机公关的重要性

互联网时代带来的是机遇与挑战并存,这一"双刃剑"效应同样在企业危机公关中凸显。通过互联网进行危机公关,不仅是现代企业公共关系的重要活动内容,而且已成为决定企业兴衰成败、生死存亡的重大问题。从"王老吉"到万科,再到三鹿、伊利、蒙牛等,这些企业的事实经历印证了这一命题,企业网络危机公关的场景每天都在上演。在互联网时代,危机公关是否及时得当,回应网民的效果如何,很大程度上决定着企业的发展态势。开展有组织、有计划的网络危机公关,采取有效的网络危机公关策略,对于争取公众的理解和信任、保障企业正常发展至关重要。

在互联网时代,对于企业来说,危机有三方面基本特征需要特别注意,它们决定了企业危机公关的策略选择。第一,危机具有突发性,它会在某一时空点上突然爆发,令企业防不胜防。第二,危机具有破坏性,它会使企业的经营和声誉受到严重损失。危机的发生总会轻重不同地影响和涉及企业的生产经营活动,威胁到企业的既定目标,严重的将导致企业破产。纵观近年发生的企业危机事件,不少企业,甚至是百年老字号,在危机来临之际,由于没有一套相应的公关措施，仓促应战，结果往往是被动的。第三，危机具有紧迫性，一般情况下，危机爆发之后，企业对其作出反应和处理的时间非常有限。

网络在危机传播的过程中扮演着双重角色，既是起火点，也是灭火器。一方面，网络可能是社会大众和媒体记者获得危机事件的第一个管道，网络甚至可能是危机事件本身的起火点或"扳机"；另一方面，网络所特有的即时性和互动性功能，也使其成为危机沟通时不可或缺的重要工具。因此，可以说，网络如水之载舟与覆舟，既是危机传播的有效武器，也可能是危机发生的第一现场。

（二）网络危机传播与传统危机传播的特点比较

1. 网络危机源头及传播路径更多样化

传统危机信息的来源一般只能通过传统媒体如报纸、电视、广播和杂志等进行传播，来源和传播途径比较单一和固定，当危机发生的时候，直接截断信息来源阻碍信息流通就可以。但是在网络时代，危机信息的来源和传播路径多种多样，危机通过网络传播开来极其迅速，到事件发生时，许多企业才知晓，这时候再采取措施已经来不及。

2. 危机信息传播中公众地位由被动变主动

在网络危机的传播中，公众由过去被动的信息接受者变成了主动的信息传播者。由于技术创新带来的变革，互联网由最初的单纯页面浏览向现在内容更丰富、交互性更强的时代发展，而且交互的手段更丰富，如 BBS、Blog（博客）、Wiki（百科全书）、IM（即时通信）等。这些技术手段大大强化了公众的力量，也使公众的地位逐渐发生了变化。早期互联网的内容主要是从传统媒体转载，传统媒体刊发什么，网络媒体就报道什么，公众就看什么；而现在是公众看见什么、想什么就说什么，人人都有发言权，这样，公众的地位就由被动转为了主动，一旦企业发生了什么事，尤其是不愿让公众知晓的"丑事"，通常都会有知情者第一时间在网上披露。

3. 网络危机传播中公众更容易积聚力量，使得网络危机传播与传统的相比出现更大规模、更大范围、更大效应

随着网络技术的不断发展，3G 技术也随之普及，公众成为信息源的途径越来越多。除了以前的博客、发帖等，公众还可以用手中的手机即时拍下可能引发危机的事件，并第一时间将"证据"传送到网上。在传统媒体当道的时代，危机发生以后，公众仍然比较分散，但是在网络时代，一个人的博客会引起无数人的跟随，形成一股强大的公众舆论力量。

网络危机传播与传统危机传播的特点比较见表 7-1[①]。

表 7-1 网络危机传播与传统危机传播的特点比较

项目	网络媒体	传统媒体
信息数量	接近无限	有限
信息展现方式	文字、声音、图像等综合多媒体展现，超文本链接	文字、声音、图像各自独立展现，线性文本
信息内容	原创新闻少，多为新闻信息汇集，检索方便	一味追求快，新闻是易碎品
信息时效	在强调快的同时，注意新闻的集纳	包含社会各个阶层，被动性强
传受关系	受众概念模糊，参与自由度大，互动性强	传者主导，互动性弱
舆论形成方式	自下而上，舆论自发聚集，并对政府决策形成舆论压力	自上而下，以正确的舆论引导人，并形成舆论强势
政府控制	可控性差	可控性强

---

① 金玥：《危机传播在我国危机管理中的作用研究》，西北大学硕士学位论文，2008，第 36~37 页。

(三) 企业在网络危机公关中的不足

2008年的"三聚氰胺"奶粉事件可以说是众所皆知,该危机给三鹿等集团带来灭顶之灾,使得伊利、蒙牛等集团的声誉降低,民众在一段时间内对牛奶敬而远之。该事件对涉案的企业来说是灾难,对民众来说也是如此。但反过来想,正是三鹿等集团在该案件中的蹩脚表现才使得我们能够发现我国企业在网络危机公关中的不足。

1. 危机意识不够强烈

有的企业对危机的重视不够,即使意识到应该增加危机预防也没有把网络环境下的危机公关包含进去。在网络危机事件发生后,不能作出及时的反应甚至因为不了解网络危机的属性而做出错误的挽救行动。

2. 反应不够迅速

因为危机发生在网络环境中,传播的速度较之于传统媒体上的传播速度更快,许多企业却仍然以对待传统媒体危机传播的速度行事,使得企业在网络事件发生后只能被动接招,不能及时提供对自己有利的证据,不能让自己一开始就处在主动的位置。

3. 没能开诚布公

这是我国企业在处理网络危机公关时的一个最大弊病,因为网络上的言论许多时候来源于企业前雇员或者其他利益相关者,实际上是一种"揭内幕"行为。许多企业没有意识到这一点,就算意识到了也不愿意采取真诚坦率的态度,这样就无法取得公众和新闻媒介的信任。

4. 没有统一口径

一般来说,大多数企业认为在网络环境中,不同意见太多而且信息接受者主动性太强,而忽略了网络危机公关中要确定统一的信息发布机构，以便针对企业的问题发表一致的声明。

5. 忽略了网络媒体与传统媒体的结合

在企业发表声明时往往只注重利用传统媒体发布信息，而忽视网络上信息传播速度更快、范围更广的特点。实际上，应该同时利用两种媒体，整合资源，将信息传播给不同的受众群，增加信息传播的有效性。

6. 没有详细周密的网络危机处理预案

当企业出现危机公关时往往无法准确快捷地抓住解决事情的关键点，企业不一定知道网络危机什么时候会爆发，也无法预见会以何种形式出现，但是企业可以一开始进行预防，不至于危机到来时措手不及。

7. 与受危机事件影响的对象关系处理不当

如今在创造和谐社会的大前提下，更加强调的是企业的社会责任。在网络危机发生之时，企业应该本着人道主义原则处理好与各方面的关系，而不是使相关联的人或单位都陷入信任危机。

（四）如何处理网络环境下的公关危机

既然传统的危机公关方式已显得不合时宜，那么，企业应该如何应对呢[①]？

1. 保持媒介沟通与监测，防患未然

企业公关人员在平时多与网络传播媒体的相关人员和业界的意见领袖们接触，争取他们对企业品牌的认可。这样在没有发生公关危机之前，他们对品牌的认可，可以增加品牌的美誉度。而危机一旦出现，他们也可以通过自身的影响来

---

① 唐瑛：《长尾理论与网络环境下的危机公关》，《商场现代化》2008 年第 7 期，第 104～105 页。

引导危机舆论的方向。企业要建立一套网络实时监控系统，有效地对网络信息进行过滤，将监测的范围从传统媒体到门户网站并向下级网页中论坛、热点博客延伸，从中发现可能发生危机的关键信息，及时警示企业相关部门或人员给予重视。

2. 发现危机，控制源头，巧妙应对

当网络中出现引起关注的负面报道时，企业应该立即启动网络危机应对方案，与危机发生的源头网站进行沟通，及时找出危机源头，迅速处理化解是消除事件进一步炒作和民众猜测的最好方法。网络事件传播的一个特点在于，容易扭曲事实真相并以过激言语刺激各个相关群体的不同反应，冲突双方的关联人往往都只会看到对自身有利的一面并予以反击。这个时候，会出现两种类型的声音：反对意见的声音和鼓励赞成的声音。对于前者，不能一味地删除或阻止，而应该尊重个人意见，允许不同意见者发声，用后者去巧妙地给以应对。每个言论一旦在互联网上发布，即意味着其很难消逝，即使这个页面被删除，却依旧可以用技术留存转向另一个页面。与传统媒体相比，网络上的传播平台太多，更增加了企业控制局面的难度。

3. 勇于承担，公正还原事件真相

当企业危机出现后，应该勇于承担，危机公关中"态度决定结果"。公关传播考虑的是如何影响"人"的心理。现代人都有很强的自我意识和消费者至上理念，如果危机公关采用一种强势的宣传姿态去表达，会很容易激发人们的反感；如果企业放下架子真诚沟通，会使人们产生对企业或品牌的好感。

4. 系统运行，统一对外信息沟通

保健品蚁力神是由著名的笑星赵本山演绎的经典广告，

使产品在市场上独领风骚。但是，2004年11月，美国FDA组织称蚁力神品牌含有处方浓度的昔多芬，警告消费者不要购买、食用从中国进口的蚁力神胶囊，并禁止进入美国。而蚁力神集团策划部对国内媒体宣称没有往美国销售过这种产品。记者却在蚁力神公司的网站上发现了其产品介绍，称其立足辽宁，畅销全国，并出口韩国、俄罗斯、日本、美国等几十个国家和地区。这样明显的口径不一，导致蚁力神品牌在公关危机的处理上给媒体留下了不诚实的态度，从而为危机公关的失败埋下了伏笔。所以，系统运行、真诚面对、统一对外信息沟通是危机公关必不可少的一步。

5. 优化搜索引擎

搜索引擎是解决公关危机的一个重点技术应用区域。搜索引擎使网络行为模式变得更加捉摸不定。当危机出现时，人们希望看到企业的说法，希望解决问题，消除顾虑。但通常情况下，搜索引擎看不到来自企业自身任何正式的回应或者说明，这在现实中增强了大众对"危机"的认同。主要原因是企业危机公关对搜索引擎的认识不够。其实，危机出现时，可以优化搜索引擎，在技术层面上使得公司的声明、新闻、相关链接排在关键词搜索的前列，并利用新闻稿、企业博客和既有的互联网"声誉"化解危机。企业网站公关作用巨大，它是以优化搜索引擎为核心的，是解决公关危机的一个重点技术应用区域。当然这不是一蹴而就的，需要一个完整的技术和服务体系。

第八章
服务营销策略创新

在当前国民经济构成中,服务业是其重要组成部分,服务业的发展水平已经成为衡量现代社会经济发达程度的重要标志。知识经济通过新的科技革命已替代工业经济而兴起,这是经济社会发展的必然趋势。知识经济的出现对中国服务业的进一步发展产生了深刻的影响,推进了服务经济的快速发展。

第一节 知识经济呼唤服务营销

工业经济时代是制造业发展的黄金期,制造业获得了迅猛的发展,而知识经济则为服务业的发展提供了土壤,服务业必将在知识经济时代获得增长。

一 知识经济中服务营销的必要性

(一) 知识经济具有服务经济属性

在第一章中我们分析了知识经济的一些特征,其中一个特征是知识经济是服务经济,知识经济具有服务经济属性。知识经济是建立在知识和信息的生产、分配、交换和使用基础上的经济，在知识经济时代，知识成为主导经济的要素，信息成为经济运行的重要资源，经济增长方式出现了资产投入无形化、经济决策知识化的发展趋势。知识经济时代制造业和服务业逐步一体化，而且服务产业将占越来越重要的地位，特别是提供知识和信息服务的知识产业将成为社会的主流。知识经济将以巨大的能量一方面改造传统经济，包括传统的生产、分配、交换和消费都将从方式到结构上发生改变，形成新的适应新时代的服务业；另一方面将催动新的服务业生长、壮大。知识经济时代无疑是服务业大发展并成为经济主导的时代。知识经济时代为服务营销迅猛发展开辟了广阔的天地。

（二）知识经济中对服务消费需求的增加

随着知识经济的发展，一方面带动了对生产型服务业的需求，在知识经济条件下，社会分工向纵深发展，分工由产业间的分工深入产业内分工，进而深入产品工艺环节的分工。社会分工的深化，使整个经济运行对生产型服务业的需求迅速提高，为了适应企业的需要，以专业服务为特色的工程咨询、管理咨询、市场调研、营销策划、广告策划、企业形象策划、经纪公司等新型服务行业便应运而生了，同时，也促使金融、证券、研发、信息网络服务等服务业的发展。另一方面，知识经济的发展也带动了生活服务业的需求。经济的发展、人们收入水平的提高促进了生活服务业的发展。随着人们消费水平的提高，人们对提高生活质量和改善生存环境的要求将愈来愈迫切，人们不仅要求满足物质生活需求，而且对精神生活的需求更为突出，在这种环境下，满足人们物质生活需要和精神生活需要的生活服务业也会越来越壮大。

(三) 制造业的服务化趋势的增强

知识经济的来临,服务业尤其是生产性服务业与制造业之间呈现一种有机融合的趋势。这种融合的趋势主要由以下两种情况所强化:一种情况是,中间投入中服务的投入增加,使服务业和某些制造业的界限越来越模糊。现代工业生产已经融入了愈来愈多的服务作为中间投入要素,中间需求的扩大是服务业增长的主要动力。从投入的角度看,服务要素在制造企业的全部投入中占据了越来越重要的地位,这是制造企业"服务化"的重要表现之一,即"投入的服务化",这可能最终导致服务在制造企业的全部产出中也占据越来越重要的地位,即"产出的服务化"[①]。另一种情况是,服务从最初的制造业的附属阶段发展到主体阶段。在知识经济时代,制造业企业开始强调服务的相对独立性,更加注重服务的重要性,不再仅仅提供产品,而是提供产品、服务、支持、自我服务和知识的"集合体"。而且服务在这个集合体中越来越居于主导地位,成为增加值的主要来源。基于服务角色的演变,服务在制造业企业的价值链中也变得越来越重要。以前,制造企业的价值大多来自生产过程;现在,增加值主要来自技术进步、风格特性、产品形象以及其他由服务创造的属性。

二 我国服务创新的现状及面临的挑战

近年来,我国服务业发展迅速,企业在服务领域的竞争日趋激烈,与此同时,经济的一体化带来服务的全球化,要求企业具备相当强的国际适应能力和竞争能力,这促使企业

[①] 韩建新、宁阳:《知识经济推进中国服务经济发展》,《理论界》2011年第2期,第17~18页。

加强服务创新活动以提高竞争力。纵观我国企业服务创新状况，仍存在一些问题，面临着严峻的挑战。

（一）服务营销理念不强

由于我国市场经济机制运行的时间还比较短，企业的市场意识、服务意识还很薄弱，企业缺乏服务创新意识，服务创新动力不足。在全球经济一体化中，我国企业不可避免地在国内市场和国外市场上与外资企业展开竞争，外资企业先进的营销哲学和管理经验、完善的营销网络、高效的营销运作体系，必然会在服务市场营销方面产生巨大的营销力，这会直接地冲击我国的服务业，必将加大我国企业服务创新的难度。

（二）服务资源投入能力不足

我国服务企业多以中小企业为主，整体经营规模小，运营资金短缺。中小服务企业无论在硬件设备还是在软件上均投入不足，同时也难以获取先进的技术，致使这些企业的服务能力及竞争能力处于较低的水平。外资企业一般是跨国公司，资金雄厚，实力强大，营销规模优势明显，能产生价格优势和服务优势，我国企业面对强大的国际竞争企业，其生存和发展空间受到挤压。

（三）服务创新管理能力存在较大缺陷

我国企业进行服务创新活动的时间较短，服务创新管理经验不足，服务创新战略导向不清晰，创新管理人才缺乏，因而企业服务创新的管理方法和模式缺乏有效性，创新效率和创新效益不理想。外资企业能够利用现代化的高新技术开展创新活动，如服务组织创新、服务策略创新、服务品牌创新等，在创新管理方面，我国企业面临的挑战更加严峻。

（四）服务创新动力不足

我国市场化程度较低，竞争格局尚未完全形成，多数服务企业对创新激励的政策不到位,激励机制不健全,企业内在的创新动力仍然不足。这种情况的存在影响了企业创新体系的形成,丧失了许多创新机会,没有充分发掘各种不同类型创新的潜力。

综上所述,我国企业在服务营销上还存在诸多问题,面对激烈的国际竞争,我国企业需要进行服务营销的创新,以迎接来自国内外市场竞争的挑战。

第二节 服务营销策略创新

企业服务营销的创新活动是一个系统工程,要结合企业的自身条件和外部环境,对创新活动进行有意识和系统化的组织和管理。

一 服务营销创新的切入点

企业在进行服务营销创新的过程中,要结合企业的资源与优势,制定适合的创新发展战略。同时,企业要确定好服务营销创新的切入点,企业可以从以下几个方面来寻找服务营销创新的突破口。

(一)服务产品的创新

服务作为无形化的产品,一方面,可以独立地提供给消费者,如信息产品、教育培训产品等;另一方面,服务更多地可以和有形产品结合在一起。这种情况下,服务产品的创新与实体产品的创新结合得更加紧密。

产品创新从设计开始,服务创新也从设计开始。要在产品中体现服务,就必须把顾客的需要体现在产品设计上。在产品设计中体现服务,是一种具有前瞻性的创新策略。企业必须建立售前、售中、售后的一体化服务体系，并对体系中的服务项目不断推陈出新。售前的咨询、售中的指导、售后的培训等内容会随着时间的推移使其性质发生变化，原来属于服务的部分被产品吸收，创新的部分才是服务。所以，服务的品质是一个动态的变量，只有不断地更新才能维持其品质不下降。

（二）服务流程的创新

服务的性质之一是生产与消费的不可分离性，基于这一特性，服务流程创新就成为服务创新的关键环节。服务企业要提高服务生产效率，需要科学合理地规划服务作业的流程。一个服务流程往往涉及服务企业的不同部门、不同环节，为了使相关部门、不同环节都能够统一到服务流程中，需要创造性地规划服务业务流程，绘制流程图。服务流程图能使服务企业各个环节、各个部门、各个层次的员工了解服务作业是如何进行的，可以将服务过程中与顾客的互动顺序流程化。流程图有助于企业发现流程的弊端和问题，找出修正的方法和措施，对现有流程进行改进，提高服务生产率[1]。服务流程规划是企业在服务营销中的重要环节，服务流程创新是服务营销创新的关键步骤。

（三）服务技术的创新

通常情况下，一个先进的服务理念的落实，一项创新的服务项目的实施，客观上都需要有相应的设备和技术的支持。从宏观角度来看，服务技术创新是以满足人类需求为目的的软技术的创新活动。这种活动可分为围绕物质生产部门的管理、组织等软技术创新活动以及围绕文化产业、社会产

---

[1] 苏日娜：《中国服务创新现状及营销建议》，《北方经济》2007年第19期，第21~22页。

业等精神生活的软技术创新活动。从企业微观角度来看，企业服务技术的创新主要是引入支持服务项目提供的制度和技术，卓越的技术和严谨的制度是顾客感受、认识服务质量的重要依据。在服务生产中运用标准化技术能够使服务生产具有稳定的产量和质量，并能克服诸多人员服务在时间、空间上的种种限制。

（四）人力资源的创新

企业提供的服务产品和服务项目质量的优劣是与提供服务人员的素质密不可分的，所以，在企业服务营销创新过程中，人力资源的创新是基础和根本。服务人力资源的创新首先要提升服务员工的素质，服务员工的素质是服务营销的核心要素。员工素质包括服务意识、服务态度和服务技能，如果员工有很强的服务意识和先进的服务理念，必然会提升顾客所感知的服务质量，带来倍增的服务效果。员工过硬的、熟练的服务技能可在第一时间满足顾客的服务要求，增强顾客满意度，提高服务生产的外部效率。服务企业可以通过招聘环节、职业培训、职业生涯发展和激励制度等措施，对有关服务递送与实施的员工，在理念、态度、知识、技能和行为方面进行改进，使员工具备良好的服务理念、丰富的服务知识、先进的服务技能。其次，在提高服务员工素质的基础上，要促使企业给予员工较大的工作自主权。在激烈的市场竞争中，谁能提供更多的优质服务，谁就能获得更多的顾客青睐。为此，服务企业要不断推出新产品和新服务以吸引顾客，而吸引顾客意味着必须对一线员工授权，给予他们更大的自主权，只有这样，服务企业才有望提供优质服务。向一线员工授权，意味着一线员工在面临具体服务接触时有更多的决策权，服务行为具有更大的灵活性，增强员工在现场服务环境中的反应能力，提高服务质量，使得到授权的员工为顾客提供更多的服务，赢得更大的顾客满意度。

（五）顾客管理的创新

企业向顾客提供服务的过程也是顾客体验和感知企业服务产品的过程，因此，在进行服务创新时，既要进行企业服务产品的创新，也要进行顾客管理创新的双重创新。顾客管理的创新中，加强顾客期望的管理是一个关键点，要把无条件服务的宗旨与合理约束顾客期望的策略结合起来。企业尽其所能地满足顾客的需要，才能获得顾客的满意，才能在市场竞争中赢取顾客的货币选票，但在策略上必须是灵活和有弹性的，合理约束顾客的期望常常是必要的。顾客的满意不仅仅取决于企业服务产品所感知的品质，同时也取决于顾客对服务产品的期望值。当顾客对企业服务产品所感知的品质与顾客对服务产品的期望值相符时，顾客是满意的；当顾客对企业服务产品所感知的品质高于顾客对服务产品的期望值时，顾客是格外满意的；当顾客对企业服务产品所感知的品质低于顾客对服务产品的期望值时，顾客是不满意的。所以，当企业服务产品所感知的品质是不变的前提下，顾客的满意与否通常取决于顾客对服务产品的期望值。因此，企业有必要严格控制广告和推销员对顾客的承诺，以免顾客产生过高的期望，而在实际服务时要尽可能超出顾客的期望。正确地处理无条件服务与合理约束顾客期望的关系，是企业在服务创新中面临的一个挑战。顾客管理创新中的另一个关键点是对顾客参与服务过程的管理，鼓励顾客积极参与服务过程不但能增加顾客消费的主动性，提升顾客的体验价值，而且能节约大量的服务劳动，在相同时间内运用相同设备可以满足更多的顾客需求，提高服务的效率，是一个双赢的策略选择。

企业在进行服务营销创新时，首先要找到上述创新的切入点，然后可以以一个或同时以几个切入点展开，在此基础上还要进行服务营销策略的创新。

二 服务包装化营销策略

（一）服务包装化的含义

服务包装，是指能够展示或提示服务内容的环境信息。服务包装化策略，就是服务环境的"营销"策略，也就是有策略地设计和提供服务环境，让顾客通过接触环境来识别和了解服务的理念、质量和水平等信息，从而促进服务的购买或交易的策略。

（二）服务包装化的作用

由于服务自身具有无形性，因此，相对于有形产品而言，服务包装化对服务的营销具有更深远的意义。

1. 有利于识别服务理念和服务特色

在激烈的市场竞争中，先进的服务理念能够帮助企业立足于市场，独有的服务特色能够帮助企业在竞争中脱颖而出，而抽象的服务理念、无形的服务特色都需要有形的服务包装或环境得到具体的展现和提示。

2. 有利于烘托和提高服务质量

在服务过程中，顾客不仅会根据服务人员的行为，而且会根据各种环境展示评估服务质量。与服务过程有关的每一个有形展示，如服务设施、服务设备、服务人员的仪态仪表，都会影响顾客感觉中的服务质量。因此，服务包装化为消费者创造良好的消费环境，提高消费者的消费体验，进而烘托了企业所提供的服务质量。

3. 有利于拓展服务销售渠道

服务销售渠道的拓展主要通过发展服务网点的方式来实现，而发展服务网点就涉及服务环境的设计问题。良好的服务环境设计能够展示服务的内容，有助于服务网点的建设和发展。例如，肯德基公司的全球快餐网点的发展，与它对快餐服务环境的精心设计和管理有关，如建筑环境，所有网点的内外装修都按统一的七套图纸进行，无论开在哪里都有统一的装修形象；又如人员环境，对分布在世界各地的快餐店员工都按统一的规范进行服务培训。

4. 有利于开展内部营销

服务包装或环境作为服务的有形线索，不但能够向外部顾客展示服务信息，而且对内部员工发挥潜移默化的提示作用，提醒他们使自己的行为举止与良好的服务环境相称。这样，内部员工更加强化对顾客的服务意识，提升自己的服务技能，企业在做好内部营销的基础上更有利于外部营销的开展。

（三）服务包装化的设计

1. 注重服务包装要素的全面化

服务包装的设计要素不但包括服务地点、建筑、装修、场地、设施、工具、用品等有形环境要素，而且包括信息资料、人员形象、气氛等抽象要素的设计。就是要在服务营销中尽量发挥服务包装或环境作为服务有形线索的作用。

2. 加强服务包装的系统性

企业的服务包装设计涉及诸多要素，是一个系统开发工程，是一项复杂程度高、耗资大、周期长的系统工程，对服务包装化的设计要做好系统总体规划，才能使服务系统具有良好的整体性，也会使各阶段的工作具有连贯性，从而使系统整体功能达到预期的目的和目标。同时，要注意服务包装化系统具有较强的拓展性，以适应未来发展的需要。

3. 关注顾客的需求

在企业的服务包装设计中，要特别关注的是顾客的需求和感受，如果服务企业能够深入了解顾客的需求，根据目标顾客的实际需要进行设计，就可以达到满意的营销效果。企业可根据他们的需求共性来设计服务环境，无疑将拥有更多的顾客。

三 服务品牌化营销策略

（一）服务品牌化的含义

服务品牌，是指服务机构或其他服务部门、服务岗位、服务人员、服务生产线、服务活动、服务环境、服务设施、服务工具乃至服务对象的名称或其他标识符号。服务品牌化，就是服务机构建立自己各种服务品牌和利用品牌来促进营销的活动。

（二）服务品牌化的市场效应

品牌效应就是指产品或企业所创造的品牌所产生经济或社会等方面的影响。从经济角度讲，品牌效应是其因满足社会需要而获得的经济效果，是品牌的信誉、声望产生的影响力。

1. 品牌的磁场效应

服务企业或产品所创造的优势品牌具有很高的知名度、美誉度，必然会在现有顾客的心目中建立起较高的品牌忠诚度，使他们对服务产品反复购买并形成习惯，不容易再转向竞争对手的产品，如同被磁石吸住一般而成为企业的忠实顾客。品牌对消费者强大的吸引力会不断使产品的销量增加，市场覆盖面扩大,市场占有率提高,最终使品牌的地位更稳固,这就是品牌的磁场效应。

2. 品牌的扩散效应

企业的一种产品如果具有品牌优势而成为名牌产品,则会赢得顾客及社会范围内对该服务产品及企业的信任和好感。如果企业通过巧妙的宣传,将这种信任和好感由针对某种具体的服务转为针对品牌或企业整体,那么企业就可以充分利用这种宝贵资源推出同品牌的其他产品或进入其他领域从事经营。如果策略得当,人们对该品牌原有的信任和好感会逐步扩展到新的服务和产品上,即品牌的扩散效应或放大效应。

(三) 服务品牌的建立和发展

服务品牌化或品牌营销,关键是建立和发展品牌。从服务营销的实践看,服务品牌的建立和发展,要从以下几个方面入手。

1. 建立服务品牌的视觉形象

服务品牌的视觉形象,主要有公司或店牌的标准字体及相关的标志、标准图形、标准色彩等,设计良好的服务品牌视觉形象,有利于表现服务理念,有利于服务品牌的建立、推广和促进服务营销。

2. 建立服务品牌的口碑传播

由于服务的无形性,消费者在购买使用前难以感知服务的品质,这会在一定程度上影响消费者的购买决策。因此,对于服务产品而言,企业借助自身的服务能力满足现有的顾客需求,并维系住现有的顾客群体,依靠现有的顾客群体的口碑传播来挖掘更广泛的潜在顾客群体。例如,会所的服务、教育机构的质量等,都是通过老顾客的口碑传播而得到扩展的。

3. 参加服务机构的评级

服务机构的评级可以直接向顾客明示服务规模、质量和水平等服务信息，有利于服务品牌的建立和发展，一家服务机构等级的提高，显然有利于其服务品牌的建立和发展。

4. 重视服务品牌的估价

服务品牌作为服务机构的无形资产，是有价的。通过品牌估价，可以用一个数字非常简明而精确地体现服务品牌所代表的服务规模、质量和水平。市场可以根据某一行业中一家服务机构服务品牌价值的高低及变化来有效地识别其服务的规模、质量和水平。因此，服务品牌的估价对服务品牌的建立和发展是十分重要的。

四 服务承诺化营销策略

（一）服务承诺化的含义

服务承诺，是指公布服务质量或效果的标准，对顾客加以利益上的保证，对服务效果的实现进行担保。服务承诺化，就是企业对所提供的服务的全过程的各个环节、服务内容的各个方面的质量实行全面的承诺，并以此促进服务营销的活动。

（二）服务承诺化的效用

由于服务的无形性、服务的事前不可感知性等特征，使得服务承诺化的做法相对于有形产品而言具有格外的意义。

1. 有利于降低服务消费者的认知风险

由于服务的无形性、事前的不可感知性，消费者在购买前通常要承担较大的认知风险，由于信息不对称或者是消费者购买信息获取的不足，会使消费者的认知风险进一步加大。而企业服务承诺的推出可以应对这类购买风险，可以起到一种保障作用，因而可以降低顾客由于认知风险而产生的心理压力，增强顾客对服务的安全感，可以降低顾客购买决策的时间，从而促进服务的销售，增强服务营销的效果。

2. 有利于提升服务理念和服务竞争能力

企业在推出服务承诺之前，要制定所承诺的服务质量标准。服务质量标准的制定要符合顾客的期望和利益，要对顾客有足够的吸引力，这就推动企业去深入了解消费者对服务的各种要求、需要和疑虑，有利于服务理念的落实和培养。同时，服务承诺的推出具有双重作用，在保证顾客利益的同时，也对企业员工起到约束和激励的作用。服务承诺所承诺的质量标准，增加了对顾客的吸引力，也对服务人员提出了压力和挑战，会激励员工自觉提高自身的服务技能，增强自身的服务竞争力。

3. 有利于信息反馈和顾客投诉的解决

服务承诺的推出是要有明确的服务质量标准作为基础的，明确的服务质量标准成为判断服务是否合格的一种依据，这就有利于顾客意见的反馈。当顾客出现不满而提出投诉时，明确的服务质量标准有利于判断顾客的投诉是否成立，加快了顾客投诉的解决速度，使得顾客与企业的沟通渠道更加畅通。

（三）服务承诺化的基本要求

在服务营销创新中，推出的服务承诺要有营销吸引力和市场竞争力，那么，服务承诺必须满足以下基本要求。

1. 明确而易于理解

企业在推出服务承诺时，必须是清晰明确、简明易懂的，不应该存在模棱两可或引起误解的情况，能量化的条款尽可能做到量化。如快餐服务承诺，"5分钟内用餐"是明确的承诺，而"保证及时用餐"是含糊的承诺。而对于消费者而言，只有明确的承诺才具有可信度，才能产生营销力。

2. 真诚而不缺乏规范

企业推出的服务承诺应该是真诚的，是能够提供给消费者实实在在的利益的，而不是用来吸引消费者注意力的噱头，这样的服务承诺才能让消费者感到踏实。例如，美国花旗银行所属一家旅行社提出"最低价"承诺，顾客如果提出疑问，旅行社立即运用计算机进行价格行情搜寻，并在屏幕上显示所有同行对手的价格。如果顾客的怀疑是对的，就立即兑现承诺，给予赔偿。这是一项比较真诚的承诺。服务承诺的真诚性还应表现在承诺兑现上，即兑现要简便、爽快。如果服务承诺不兑现，或者兑现手续非常繁琐，那么这样的承诺显然是虚假的，没有诚意的。服务承诺不但需要真诚性，还要符合规范性的要求，有力的服务承诺还应与行业规范接轨，增强承诺的社会规范性。

五 服务的技能化营销策略

（一）服务技能化的含义

服务技能，是指服务人员服务的熟练程度，在提供服务过程中所体现的服务技艺和服务能力等。服务技能化，就是培养和提升服务人员的服务技艺和服务能力，利用服务技能来吸引和满足顾客，充分发挥技能在服务营销中的作用。

（二）服务技能化的作用

由于服务的生产与服务的消费密不可分，基本上是同时进行的，因而服务中服务提供者的服务技能对服务品质起到决定性的作用。因此，开展服务技能化的策略具有基础支撑的作用。

1. 有利于增强服务营销的吸引力

服务技能是服务产品价值的核心来源。无形的服务产品之所以能够产生营销力，关键在于支撑服务产品的服务技巧、服务技能的增强，无疑会从根本上增强服务营销的吸引力。例如，在家电等耐用品营销中，安装、维修等服务内容成为产品竞争力的重要方面，在服务提供上的服务人员的技能与技巧的差异带来营销吸引力的不同。

2. 有利于营销要素"人"的管理

"人"是服务营销组合的要素之一，技能是"人"要素管理的中心问题。服务技能化策略的推出可以带动服务人员管理的各个环节。在招聘环节中，服务态度与服务技能是招聘的基本条件；在培训环节中，人员培训的主要目的就是增强服务技能；在激励环节中，良好服务态度的内在动因是人员对技能的热爱。人员的交际能力本身属于技能范畴，参与服务过程的顾客与服务人员的配合程度也与人员技能的高低有关。因此，服务技能化能够推动人员管理的一系列工作的开展。

3. 有利于提升顾客的体验价值

服务产品的营销中，顾客对服务产品的感受与体验是服务产品价值的集中所在，也可以说，顾客对服务产品的感受与体验决定了服务价值的高低。而在顾客的感受与体验中，起到最关键作用的当属服务人员的综合服务技能，服务人员的服务技能传递着服务产品的价值，决定了顾客对服务产品的评价。

（三）服务技能化策略的实施途径

服务的提供主要是由服务人员来完成的，因而服务技能化策略主要通过对服务人员的管理来实现，服务技能化的实施途径主要体现在以下方面。

1. 开展服务技能的培训

企业服务人员的服务意识、服务态度、服务技能和服务综合水平是服务技能化策略的基石，服务技能化策略实施的首要途径就是开展对服务人员技能的培训。建立服务人员培训的制度，制定服务人员培训的方案，采用案例分析、情景模拟等多种方法，提升服务人员的服务技巧与服务能力。

2. 激励服务技能的提升

服务培训是让服务人员掌握服务技能最基本的方式，而服务人员的服务技能能否有效地发挥还要取决于服务人员所受的激励。建立完善的服务激励机制，运用物质激励与精神激励两种手段来发挥激励的作用。具体的方式有很多，可以根据企业的具体情况来选择。例如，以服务能手为榜样，带动全员提高技能水平；举办或参与服务技能的交流和竞赛活动，由此推动服务技能水平的提高；采用服务的技能定价，服务机构可以在服务定价中重视技能因素，并由此进行差价和调价营销；等等。

3. 调节服务的能见度

肖斯塔克提出，服务机构有一条能见度界线。能见度界线，是指在服务过程中服务机构能直接被顾客看到或感知的部分与其余部分之间的分界线。研究发现，服务机构或服务过程的能见度与服务技能的层次及相关的营销吸引力之间存在着某种联系。技能层次较低的服务适当地减小能见度，可以在顾客心理上提高服务技能的层次和营销吸引力，而技能层次较高的服务适当地增大能见度，可以增强顾客对服务的参与感、接近感和可靠感，从而也有助于提高营销吸引力[①]。

六 服务知识化营销策略

（一）服务知识化的含义

服务知识，是指服务人员所掌握的与服务有关的自然知

---

① 《服务的有形化和技巧化营销策略》，http://www.tobaccochina.com，2004年2月9日。

识和社会知识，是服务技能的基础，也是服务技能层次提高的表现。服务知识化，就是提高服务人员的知识素养，增加服务内容和服务过程中的知识含量，充分发挥知识在服务营销中的作用。

（二）服务知识化的作用

知识经济时代中知识的生产、流通和消费，都离不开服务业的发展和支持，知识经济在很大程度上就是服务经济。企业服务营销只有提高自身的知识水平和科学文化素养，才能真正发挥支持和服务于知识经济的作用。

1. 有利于增强顾客对服务质量的感知

在服务过程中，增加服务的知识含量，可以增强服务质量的可靠性、权威性，增加服务产品的透明性，满足顾客感知心理的需要。例如，提供保健服务项目的企业，为了更好地销售企业的保健服务项目，就要向顾客提供更丰富的保健养生知识等。

2. 有利于提高服务技能的层次

服务技能的层次有高有低，知识含量越高，服务技能的层次越高，一般来说，无形技能的营销魅力就越大，而知识能提高服务技能的层次。服务知识化也满足服务消费者较高层次的需要，如社会尊重的需要和自我实现的需要等。

（三）服务知识化的途径

从服务营销的实践来看，服务知识化的途径有以下几条。

1. 提高服务的知识含量

企业的服务是由企业服务人员借助服务设施来提供的，企业在开展服务知识化的过程中，既要提高服务设施和环境的科技含量，又要提高服务人员的文化知识素养，只有二者结合，才能使服务成为知识密集型的产品，更加适应知识经济时代消费者的需要。

2. 开展文化营销

文化营销也是知识营销的一个主要途径。由于文化艺术与理性的自然科学和社会科学知识相比具有感情色彩，文化营销比一般的知识营销更具有"以情动人"的魅力。服务的文化营销，是挖掘服务的文化内涵，重视服务的文化包装，将文化融入服务营销。

七 服务个性化营销策略

(一) 个性化服务的概念

个性化服务是以满足顾客个性化需求为目的的活动，要求一切从顾客的要求出发，通过对每一位顾客开展差异性服务，以最大限度地满足客户所提出的服务要求，使客户服务做到更加周到细致。个性化服务是哲学领域顾客满足的具体体现，体现了企业以人为本的经营理念，是现代企业提高核心竞争力的重要途径。

(二) 个性化服务的作用

1. 适应了知识经济时代个性化的消费需求

在知识经济时代，由于消费者文化水平的提高，他们在消费选择上更想彰显自己的个性，需要选择符合自己要求的、具有一定个性的产品和服务，他们的需求越来越朝高层次、个性化的需求发展。个性化服务的推出，正是迎合了消费需求个性化的发展趋势。

2. 提高顾客价值和忠诚度

首先，顾客可以及时反映对产品的个性化要求，从企业那里能够获得有针对性的服务，从而获得了预期利益的满足，提高了顾客总价值。其次，顾客通过各种信息渠道及时地与服务提供者进行沟通,节省了寻找、挑选、购买服务时消耗的时间和精力,提高了顾客的时间价值。最后,个性化服务可以使企业与顾客之间建立起良好的合作伙伴关系,会提高顾客的忠诚度,创造忠诚顾客群。

(三) 实现服务个性化的途径

1. 构建电子商务平台

在知识经济时代,互联网的出现是实施服务个性化的技术基础。互联网提供给企业与顾客之间连接的平台,顾客可以通过网络平台提出自己的个性化服务需求,让企业及时准确地把握顾客的需求信息,企业可借助互联网与顾客一一对话。同时,利用信息高速公路、卫星通信、声像一体化可视电话等多种技术全方位展示其服务项目,建立征询系统,甚至让顾客参与服务的设计,为企业开展有针对性的个性化服务提供了平台。企业应在规划运作内部资源的基础上,整合其所具有的外部资源,如供给商、代理商、物流商等,提高服务个性化服务的能力。

2. 加强客户关系管理

企业应当把顾客当做一项资产来经营,顾客资源是企业事业长久的基础,为了维系住现有的顾客,企业要加强对顾客资源的管理。建立顾客档案是最基础的工作。首先,顾客档案的资料应是全面的,有助于企业全面把握顾客的概况。其次,顾客档案资料必须是动态的,每一次与客户接触后,企业应及时将这些信息输入档案中,以便企业掌握顾客的最新动态。最后,顾客档案的信息应在企业内各部门之间得到充分的共享,才能实现真正意义上的个性化服务,提高企业效率和顾客价值。

3. 以柔性化生产为基础

服务个性化策略的实施要以企业的柔性化生产为基础,

为了满足顾客的多样化需求,企业必须实现适合于个性化生产的模块化设计和模块化制造。有了柔性化生产运营模式,才可以支撑服务个性化的策略。企业要尽量实现产品的模块化,一旦顾客提出自己的特定要求,便将这些满足要求的部件迅速组装上去,从而可以提高速度和效率。

4. 以扁平化的组织为保障

个性化服务要求企业对顾客驱动的市场作出灵活而快捷的反应,需要变革原有的金字塔形的组织模式,建立扁平化的组织结构,削减企业内部层次,促进信息传递与沟通,发挥员工的创造性,增强企业的敏捷性。

个性化服务是当前企业竞争的一种方式,针对个性化服务的优势,结合本企业的实际情况,选择有利于本企业的竞争模式,才是企业成功之道。个性化服务需要在一定的基础条件下进行,如完善的网站基本功能、良好的品牌形象等。企业需要在借鉴他人成功经验的基础上,根据自身条件逐步建立起一套行之有效的服务体系。

第九章
知识型产品营销策略创新

第一节 知识型产品

知识经济作为一种新型的经济形态会对企业运营诸多方面带来影响,其中一个主要的影响是:企业产品的外延与内涵发生巨大的变化。从产品的内涵看,由于知识成为知识经济的核心要素,这就要求产品中的科技知识含量有所提高;从产品的外延看,知识经济时代产品的范畴进一步扩大,知识、服务、信息及技术等无形产品的比重增加,这些改变要求企业营销手段和营销策略也要作出相应的变化,有所创新。

一 知识型产品的含义

关于知识型产品含义的界定,目前大多数学者认可的、较权威的定义是:知识型产品是指人类在改造自然和社会的实践活动中,为满足社会的需要,通过付出脑力劳动,依靠知识、智力等要素进行创造性活动的成果,是以一定形式表现出来的自然科学与社会科学的成就[①]。

---

① 李长玲:《知识产品的定价策略分析》,《图书馆理论与实践》2006年第3期,第50~53页。

知识型产品是与知识经济的基本特征紧密联系的特定产品，具有高知识含量和高信息含量的属性。知识型产品的劳动主体是科学家、工程师、技术人员以及从事理论研究的各种脑力劳动者，劳动对象是知识、信息、技术、数据等，其劳动成果就是知识型产品。知识型产品作为人类感知、存储、交流的知识的物质表达，是有其具体存在的形式的，知识型产品的表达形式既可以是有形的，如著作、电脑程序、建筑外观设计、商标、计算机软件等实物，也可以是无形的，如声响艺术、行为语言、技术诀窍和商业秘密等。

由此可见，知识型产品是知识属性和产品属性的结合体，知识属性反映了知识型产品作为知识的载体，体现了知识具有的共享性、路径依赖性、互补性、替代性以及专有性等特点；产品属性则体现了知识型产品具有的价值和使用价值，可以在市场上进行交易。在知识经济时代，知识型产品的市场占有率越来越高，已成为一种独立的商品形态。

二 知识型产品的分类

知识型产品有其自身的特殊性，应根据其特性分为不同的种类，并进行不同的界定。

（一）硬性知识型产品

硬性知识型产品是有形的、可以用人的感官感觉到的产品，包括信息科学技术产品、生物技术产品、新材料产品、航天科学技术产品等。对于这部分产品的界定，张守一教授给出了比较准确的界定，即知识对一种新产品的贡献率超出了50%，这类产品就是知识型产品。在这类新产品的研制过程中，知识创新起着决定性的作用，换句话说，没有知识创新就没有这类新产品。当新产品制造出来后，进行大批量生产时，原有的知识价值被分摊到许多产品上，知识对这些产品价值的贡献率比之批量生产前有所下降。但随着知识的创新，更新的产品被创造出来，由于其还处于先进阶段，知识的贡献率要远远高于50%，直到被下一代产品淘汰。因此，这类知识型产品只是产品的知识创新快，产品更新换代越快，其内含的知识贡献率越会长期保持在较高的份额[1]。

(二) 软性知识型产品

这类知识型产品主要包括以下三类。

1. 精神产品

主要有科学思想、理论、文化艺术等，这类知识型产品可以是原创阶段只生产一次，关键点是取得知识产权的保护，在规模化生产阶段可以被大量复制以满足人类精神文化的需要。

2. 技术产品

主要有技术原理、设计方案、产品配方、计算机程序、生产工艺等，这类产品也具有原创一次、重复生产使用的特点，知识产权的保护是关键点。

3. 咨询服务

这类知识型产品是服务机构创造性地运用相关知识对特定的消费个体提供咨询服务。

软性知识型产品相对于硬性知识产品而言，其对物质载体依赖性不强，产品的本质是其多提供的内在价值，这类产品不适合用贡献率的标准来限定。

三 知识型产品的特征分析

知识型产品作为一种智力劳动的成果形式，具有如下

---

[1] 张帆、刘新梅：《网络产品、信息产品、知识产品和数字产品的特征比较分析》，《科技管理研究》2007年第8期，第251~253页。

特征。

(一) 物质载体的多样性

一般而言,知识商品作为智力劳动的结果,其本身可以不具有实物形态,而是要经过某些转化、加工、生产后才能将知识固化于某种载体上,大多数的知识通过依附载体进行交易,才能产生经济效益。知识固化的载体可以有多种形式,同一知识型产品就可以有不同的表现形式。例如,同一部文学可以通过电影形式体现,也可以通过戏剧形式来表达;同一项科研技术可以用文字或数据、图表反映;一种专利技术可以用图纸、文字材料、磁盘、光盘等多种形式记载;等等。无论对知识型产品的生产者来说,还是对知识型产品的消费者来说,不同的载体形式并不影响双方的效益,因为知识型产品中知识可以独立于物质载体而存在,这一点与一般的物质产品有着明显的不同。

(二) 投入的前高后低性

知识型产品属于智力劳动的成果,这就决定了知识型产品的生产投入呈现前高后低的态势,即高固定成本投入,低边际成本的结构。而且这种高投入的固定成本绝大部分是研发费用,属于沉没成本,即如果生产停止,其投入的初期固定成本将无法收回。知识型产品不像其他产品,投入的固定成本在停止生产后可以通过折旧变卖等方式收回部分成本。知识型产品这种独特的成本结构需要有巨大的规模经济的支撑:生产得越多,生产的平均成本就越低。

(三) 专有垄断性

在市场经济条件下,由于知识型产品具有公共性或非排他性,这种情况下,知识创新除了支付研究和开发成本的创新者获得利益之外,其他人在不需要支付任何费用的情况下也都受益，长期下去就会影响创新者的创新积极性。因此，为了使社会获得足够多的知识，必须对这些创新活动予以充分的保护。一般而言，知识型产品的使用和处置具有专有性，在一定时期内形成知识垄断及其市场垄断，知识创新者可以获取超过知识技术产品自身价值的高额收入。大部分知识型产品要受到法律保护，禁止非所有者侵占。

（四）生命周期的短暂性

知识经济时代科技迅猛发展，随着知识生产增长率加快，技术的发展及更新换代的速度加快，知识型产品无形损耗的速度也越来越快。由于信息专有权的衰退期很短，当一种新的知识型产品问世，原有知识型产品的价值将逐渐消失，就会遭到淘汰而迅速退出市场。除此之外，与知识型产品有关的市场信息的广泛传播，使专利产品较容易遭到竞争者快速仿冒，为了维护所有权优势，也迫使知识型企业必须不断更新其知识型产品。因此，知识型产品的市场生命周期呈现短暂性的特征。例如，市场上的数码相机等产品的市场更新速度很快，便很好地印证了这一特征。

（五）效用的间接性

知识型产品是一种知识含量极高的产品，它给消费者提供的是有用的知识和信息，其形式多是无形的。因此，消费者购买知识型产品不能像购买传统物质产品一样，通过观察和触摸其形式产品而了解产品的性能和价值。知识型产品的效益产生需要知识劳动者通过一系列的应用活动，将应用活动与物质相结合，才能将其内在的效益挖掘出来。例如，软件产品只有在使用人把它和计算机硬件结合起来，在具体操作使用的过程中才能发挥它的使用效益。知识型产品如果不加以运用和物化，它只是一种知识载体，并不能获得直接经济利益。

（六）报酬的递增性

与传统物质产品相比，知识型产品属于知识密集型、技术密集型产品，知识具有可重复性、共享性、可组合性，知识型产品如果作为一种生产要素投入生产中，不仅使原有的生产技术得到改善，而且能提高其他投入要素的利用率。知识型产品的运用可以节约或替代部分稀缺的生产要素，在提高智力资源效率方面投资越多，获得的边际效益将越多，因而知识型产品具有报酬递增性。

第二节　知识型产品营销策略创新

知识型产品与传统物质产品相比所具有的特征，要求其营销策略和方式要进行创新。

一　知识型产品的定价策略

（一）知识型产品成本构成分析

知识型产品的形成一般需要经过漫长的研究开发过程，在此过程中，有三类成本构成知识型产品的总成本。

1. 沉没成本

知识型产品的沉没成本是指供给方在研究开发过程中，所投入的人力、物力、资金等成本的总计和风险的补偿。由于知识型产品沉没成本占比较大，而且这些投入难以通过折旧的方式收回，同时，由于沉没成本的投入专用性而使得沉没成本具有锁定效应。再者，知识型产品的研究开发具有极高的风险性，研究开发失败所导致的风险损失也要从研究开发的最终成果或后续成果的收益中得到补偿，只有成功的知识型产品交易才有可能使沉没成本获得补偿。因此，沉没成本在知识型产品价格决策中作为重要的成本因素进行考虑。

2. 转移成本

知识型产品形成中或多或少地需要利用前人的研究成果并加以改进。当知识型产品供给者在研究开发和生产过程中使用拥有专利权的他人的科学发现、技术发明以及管理诀窍时，需要向产权主体支付费用，在知识型产品的形成中我们将其视为转移成本。例如，向技术发明人支付的专利费等。

3. 生产成本

知识型产品主要是人类脑力劳动的产物，因此，在知识型产品的生产过程中，知识的投入占有较大的比重。除知识的投入外，还有劳动投入和资本投入等。我们可以把生产成本分为固定成本（即生产过程中不发生变化的成本）和可变成本（即生产过程中发生变化的成本）两部分来研究。总体来看，这两部分成本会呈现以下变化规律。

第一，知识型产品的总成本和总变动成本以递减的速率增加，而平均成本、平均变动成本、边际成本则呈现递减的变化规律。

第二，与生产初始成本相比，知识型产品生产复制成本很低，这种特性使知识型产品可以通过大量的复制逐渐降低平均成本。自然垄断为知识型产品生产者提供了价格垄断势力，在价格确定上有更大的决定权，既可以制定高价格尽快收回投资，也可以用低价格战略阻止新进入者。

（二）供给要素对知识型产品价格的影响

知识型产品供给价格除受成本因素的影响外，还需要考虑以下因素。

1. 知识产权制度形成的垄断性

知识产权制度对知识型产品生产者的利益和垄断权力进

行有效的保护，可以激发人们提供知识型产品的积极性，同时，知识产权保护也使知识型产品供给形成较高的垄断价格。

2. 知识的密集度和技术先进度

现代知识型产品的生产要素主要是知识技术，知识型产品中蕴涵的知识量越多，提供的技术越先进，能够为需求者带来的效益必然就越大，价格也就越高。因此，知识的密集度和技术先进度是决定供给价格的核心。

3. 转让次数和转让方式

知识型产品具有可多次转让的特性。由于生产过程艰难而复杂，成本较高，但其复制过程简单，成本低廉。因此，随着转让次数的增加，知识型产品的供给价格呈现递减的趋势。

转让的方式主要指转让合同中的授权条款是如何界定授权性质和地域范围的。授权程度越高，地域范围越广，则价格就越高。

(三) 需求要素对知识型产品价格的影响

市场需求是知识型产品交易的原动力之一，需求要素也在很大程度上影响知识型产品的价格。

1. 收益不确定性和风险

知识型产品大多属于创新型产品，购买和利用知识型产品本身就存在着一定程度的风险。如果把知识型产品作为中间投入品进行再生产，则存在着更多的变数和不确定性，如生产的不确定性、产品市场的不确定性、未来收益的不确定性等。由于收益不确定性和风险的存在，使得知识型产品的市场需求受到限制，从而影响到知识型产品的市场价格水平。

2. 需求方的使用能力和市场规模

知识型产品的使用价值具有多维性和衍生性，它的实际使用效益的发挥在一定程度上取决于知识型产品购买者对知识型产品的使用能力和管理水平。市场规模是指利用知识型产品后所衍生的产品的市场规模。市场规模越大，愿意购买某项知识型产品的需求就会愈强烈，需求价格则会越高。

3. 学习成本

知识型产品的使用和消费需要一定的知识转化能力和使用水平。因此，对需求方而言，存在学习成本。学习成本主要包括两点：一是为扫除知识要素进入使用状态的认识障碍所必须支付的学习和培训费用；二是对知识型产品效用实现的不完全性所导致的效益损失。在知识型产品需求方文化素质既定的前提下，一般来说，产品的知识密集度越高，学习和培训费用就越高[1]。

（四）知识型产品的定价策略

通过以上对知识型产品价格影响要素的分析可以看出，知识型产品的价格确定不同于一般物质产品，不能单纯从制造成本角度考虑，而必须考虑知识型产品中智力要素的投入以及知识型产品所传递的价值，还需要从消费者需求等多角度考虑，从而制定合理的知识型产品价格。

1. 撇脂定价策略

在知识型产品进入市场之初，由于知识型产品本身所有的创新性、独特性、差异性，以及借助知识产权制度形成的垄断性，在知识型产品的导入期（此时通常还会处于保护期的前期），可以考虑采用撇脂定价策略。通过制定高价来收回前期研发阶段的高投入，尽快弥补在前期投入的高成本，也为成长期、成熟期的价格回调提供空间，符合知识型产品

---

[1] 徐颖：《识产品价格关联因素及作用机理研究》，《当代经济研究》2009 年第 6 期，第 66~68 页。

价格变化的规律。

2. 载体差异定价策略

知识型产品所具有的载体多样性，使得供应商可以向消费者提供一个知识型产品系列，或者同一知识型产品使用不同的物质载体形式推出，让消费者根据自己的需求选择适合的产品形式。例如，图书可以是电子形式，也可以是纸质形式；文学作品可以是著作，可以是戏剧，可以是影视作品；等等。这种定价方式的优点是消费者根据自身的需求主动去选择其认为适合的产品形式，这样供应商既达到了最大化定价以赚取最大利润的目的，又可以从消费者的购买行为中了解其需求特征。目前，这种定价方式在知识型产品中得到了较多的应用。例如，微软公司经常将其产品分为家庭版和企业版等，而一些书籍供应商则经常推出精装本、平装本和简装本等一系列不同版本的产品供消费者选择[1]。

3. 捆绑定价策略

知识型产品与一般物质产品不同的是：知识型产品往往是系统产品，系统内的各个产品之间相互协同、效用互补，这增大了给其准确定价的复杂性。在为其定价的过程中，不仅要考虑知识型产品本身，还必须考虑与其形成系列产品的其他产品品种的多少和价格的高低。例如，软件产品效用的发挥与其硬件支持密切相关等。如果系列产品的其他产品的品种多、价格低，那么这种知识型产品的推广和普及程度较高，对该知识型产品的需求比较旺盛，可以考虑为其定高价。

知识型产品之间的互补作用可以产生协同效应，基于此，可以采取将知识型产品捆绑销售的定价策略。如保持软

---

[1] 刘彤：《识产品与传统产品定价比较分析》，《商场现代化》2009 年第 3 期，第 55~56 页。

件知识型产品价格不变，捆绑与其能产生互补效果的硬件知识型产品，则可增加软件知识型产品的效应，扩大其销量，搭售产品则随着软件知识型产品销量的提高获得广告效应。因此，捆绑销售的定价策略对消费者、互补产品双方的发展都是有利的。

二 知识型产品的营销方式

与一般物质产品相比，知识型产品有其独特的经济属性。因此，传统的营销方式不再适用于知识型产品，知识型产品的营销方式需要创新。

（一）知识型产品的体验营销

如果消费者必须尝试一种产品后才能对其作出评价，那么这种产品就是经验产品。知识型产品就是一种典型的经验产品。知识型产品是一种知识含量极高的产品，它给消费者提供的是有用的知识和信息，其形式多是无形的，无法观察和触摸。例如，软件产品在没有使用之前，无法知道其具体内容和效益。因此，消费者购买知识型产品不能像购买传统产品那样，通过观察和触摸就能对产品的性能和价值有具体的了解，而需要通过尝试和体验才能感受到知识型产品的效用，所以说，体验式营销方式适应了知识型产品的特性，是一种更加有效的适合的营销方式。知识型产品的提供者可以通过设计体验的环境、设计体验的流程、提供体验空间等多元化的手段，让消费者了解知识型产品的效用和价值，为最后的产品销售打开切入点。

（二）知识型产品的网络营销

知识型产品属于知识密集、技术密集型产品。知识型产品的外在形式有些是无形的，可以数字化，如软件、咨询、音乐等，知识型产品的物质属性较弱的特征，适合了网络传输的要求。因此，对于知识型产品而言，网络营销将成为一种重要的营销方式。

知识型产品可以在网络上进行产品的宣传、介绍产品的性能效用、展示产品的功能、演示产品的操作方法等，可以说，网络给知识型产品提供了广阔的展示平台，知识型产品可以最大限度地利用网络来进行宣传和促销。

知识型产品的无形性、数字化特性，使得网络平台成为知识型产品的重要的销售渠道。很多知识型产品可以在线下载和传输，不需要像传统物质产品那样要进行产品实体的运输和配送，网络的跨越时间、空间的特性，更加拓展了知识型产品的销售空间，极大地降低了产品的销售费用和物流费用，更加有利于知识型产品扩散。

(三) 知识型产品的定制营销

知识型产品中有一类属于咨询管理服务，这类软性产品的提供主要是针对不同消费者的具体要求而生产的，具有个性化、差异化的特性。例如，企业的咨询服务、会计、研发设计等，需求方提出对知识服务的要求，提供方根据需要进行量身订制。因此，定制营销将成为知识型产品的重要营销方式。

三　知识型产品的流通方式——特许经营

知识型产品作为智力劳动的产物，其成果可以被不断复制，而创造知识型产品的路径却是不可重复的，这决定了知识型产品生产者的唯一性，使得知识型产品的所有权变得独有。再者，知识型产品的再生产过程与有形产品的再生产过程有根本的不同，这决定了知识型产品的价值补偿过程与有形产品的价值补偿过程有根本区别。在特许经营中，价值补偿分为两部分：加盟金和特许权使用费。其中，加盟金是经销商获得知识型产品经销权利的市场价格，特许权使用费则是商标生产者获得的商标的生产价值补偿和生产利润。可见，知识型产品的价值补偿和生产利润的获得不是在一次使用商标过程中完成的，而是在不断售出商品的过程中分次实现和完成。特许经营中，经销商获得的利润是由两部分创造的，一是有形产品销售环节创造的利润，二是无形产品销售环节创造的利润。

另外，在经营模式特许经营中，知识型产品（经营模式）的再生产过程，也就是复制过程，是依赖教育培训过程的成功完成的，这就增加了知识型产品流通的难度，这一点也是知识型产品与传统物质产品流通的重要区别。由于知识型产品与有形产品性质上的差别，使得特许经营方式的成功依赖于知识产权保护制度的建设及知识型产品再生产过程，即教育培训过程的顺利进行[1]。知识经济时代进行的重要制度建设和文化建设，则成为特许经营商业模式运行成功的重要保证。

---

[1] 石元蒙：《现代社会知识产品流通方式——特许经营关系中的权利转移》，《连锁与特许》2007年第9期，第53~54页。

第十章
新的产品形态营销策略

在知识经济时代背景下,不仅传统的产品需要营销创新,而且根据经济发展和市场需求的变化,企业经营模式的变化会出现越来越多的新的产品形态。这些新产品形态基本具备产品的主要特质,自然也就会有营销的问题,其营销方式自然就属于营销创新。

第一节 虚拟企业的市场营销策略

一 虚拟企业的运行特征——虚拟化

虚拟企业是人类进入知识经济时代社会组织生产主要的企业组织形式,是与在工业经济时代社会组织生产主要的企业组织形式——实体企业相对称的一个概念。

很显然,企业为了有良好的市场应变能力,同时能够获得更广泛的、更深化的社会分工协作的机会,知识经济时代需要一种完全不同于工业经济时代的组织形式。如果说,工业经济时代组织的根本特征是"实体化",则知识经济时代组织的根本特征便是"虚拟化",采用虚拟经营方式的组织为虚拟企业。

(一) 虚拟企业核心功能专长化、部分组织功能虚置化

实体企业自身具备完成其运行过程所需要的全部功能（如设计、生产、销售、财务、人事等功能），且这些功能的实施都是建立在企业拥有其所有权的基础上的。而虚拟企业在整个业务活动的运行过程中，虽然所有的这些功能也必须发挥作用，但很多功能作用的发挥是借助其他组织所拥有的资源而产生的，组织本身仅在自身最特长的功能上投入相应资源，从而形成自己所专长的功能。这个专长功能一方面是组织（企业）在社会（市场）上的立身之本；另一方面，这个功能又可以被用作社会其他组织功能的组成部分，成为不同企业之间功能协作的承载体。虚拟企业自身不必拥有业务活动所需的全部功能和资源，虚拟企业对自身不专长的功能虚置化。

(二) 虚拟企业运行功能专业化分工协作的灵活性及动态性

虚拟企业在进行一项业务活动时，在自身拥有独特的、专长化的功能基础上，对其他所需的功能和资源，需要利用市场上其他组织所拥有的功能和资源，通过组织间相互合作、优势互补，形成功能虚拟化的运行模式。当这项业务完成后，相互合作的企业彼此间仍然是在组织上没有任何隶属关系的相互独立的企业，当又有新的业务时，可根据新业务所需要的相关功能和资源、相关的企业，再通过合作的方式组成一个新的企业运行体。其合作对象可能是原有的合作对象，也可能是新的合作伙伴，一方面要考虑各组织所拥有的专长功能对其新业务的适合程度，另一方面要考虑其合作成本是否合理。因此，虚拟企业在运行过程中，通过合作关系

形成一个虚拟企业的合作网络,在这个网络上,企业可以有条件地进入或退出,表现出高度的灵活性及动态性。

(三) 虚拟企业运行功能专业化分工协作空间的广阔性

虚拟企业本身在空间上是不连续的。虚拟企业的功能、资源可以散布在世界各地,彼此通过高效信息网络连接在一起,由于信息网络的高效性,使彼此间时间和空间的障碍消失了。运行成功的虚拟企业会在全球寻找运行功能专业化分工协作的对象,进行全球性的资源配置,合作的空间巨大。

实体企业的功能完整化、内部化、集中化,适应了工业经济时代人们生活方式、需求水平和形式及技术发展水平的总体要求。而虚拟企业的功能专长化、合作化及离散化,是知识经济时代人们生活方式、需求水平和科技发展水平的必然要求。因此,可以认为,虚拟企业之所以能在知识经济时代存在和发展,其合理性和必然性在于其高的效率、较高的企业经济效益以及较高的社会资源配置效益。

二 虚拟企业准市场性的性质

(一) 市场和企业

企业是市场的替代物,是经济理论对企业与市场关系的一种新认识:市场交易存在费用(交易成本),如价格发现、谈判、签约、履约等环节产生的费用。通过市场来直接组织生产(即设想企业内部生产各种零部件的车间、班组都成为独立的企业,这些企业遵循市场等价交换的法则形成相互的经济联系),运用市场的经济手段来使各企业实现合作,完成产品的全部生产过程。完全通过市场组织生产有时会产生巨大的交易成本,此时企业作为中心签约主体,代替市场大量的双边签约,签约数量就会大大节约。因为生产各零部件的车间、班组若同属一个企业内部的组织时,它们之间的合作就不用通过市场的经济手段进行了,而是通过组织的行政手段来实施。当然,这种合作也会发生组织费用,但当组织费用相对于交易费用小时,便可以节约费用,这时企业就会代替市场来完成组织生产的任务。

市场和企业是组织生产的两种截然不同的方式,市场以价格机制为主要内容的经济手段来组织生产,企业则以指挥、命令等为主要内容的行政手段来组织生产。尽管两者的手段差别悬殊,但两者彼此可以替代,在经济理性化的基础上,替代是否产生完全取决于交易费用与组织费用的比较。

(二) 准市场企业

如果将企业和市场视为社会组织生产的两种制度安排的极端状态方式,它们的本质区别一是纯粹依靠行政手段来维系组织的运行,二是纯粹依靠经济手段来维系组织的运行。在这两种极端状态之间存在着一系列的过渡状态,社会组织生产的方式可以有第三种选择,即亦有企业性质亦有市场性质的方式,或者说同时使用行政手段和经济手段来维系组织运行的方式,这便是组织间协调方式。这样,企业和市场通过组织间协调方式就成了一个具有连续性变化的生产组织模式的集合,也就是生产的组织形式可以有三种大的模式选择:一是纯粹市场型,此时不需要企业(或者说此时的企业内部的组织简化到不需要行政手段就可以运行);二是纯企业型,此时不需要市场(仅就产品的生产过程而言,对产品的流通过程仍需要市场);三是组织间协调型。而组织间协调型在企业和市场两种极端状态中间,又属连续变化,由量变到质变的过渡渐进的变化方式,即可以市场性多一些而企业性少一些，或者说经济手段运用得多一些，行政手段运用得少一些，也可以反过来。这样，从实际的运行方式考察，现实中纯粹的市场型和企业型方式都不多见，而大量出现的是这种组织间协调型的方式。至于最终选定市场性（或企业性）占多大的重要程度，既取决于其交易费用和组织费用的对比结果，又要考虑生产过程费用的大小。

很显然，由虚拟企业的性质（功能特点专门化、运行方式合作化、组织结构分散化）可以明确地看出虚拟企业便属于这类组织间协调类型的企业。虚拟企业在其核心能力基础上形成的专门的核心功能在企业内部运行发挥作用时，体现的就是企业性，运用的是行政性手段。而在业务活动所需其他功能的使用上，由于将其虚拟化，必须同别的企业合作方能实现，这时就体现了运行方式上的市场性，在合作过程中，必须运用经济手段来维持运行。所以说，虚拟企业本身就具有某种市场的属性，有鉴于此，可称虚拟企业为准市场企业。同时，虚拟企业要正常运作，必须与其他企业交换功能，这也是虚拟企业与实体企业的重要区别[①]。

三 虚拟企业的二维市场

（一）虚拟企业的二维市场

虚拟企业只是社会组织生产产品的一种组织形式，它最终要向社会提供其所生产的产品，即消费者需要的生活资料或生产领域需要的生产资料，就是企业的最终产品。这样就形成了一个虚拟企业最终产品的流通交易市场（简称最终产品市场）。企业的核心能力所体现的核心竞争力、企业的品

---

① 王信东：《论虚拟企业与企业虚拟化经营》，《现代财经》2003年第9期，第23～26页。

牌、企业的运行效率（益）、应变性等相关概念都是针对这个市场而言的，这个市场已为企业和消费者所熟悉，其特性、企业运行的策略等，这里不再赘述。虚拟企业在运营中必然会面对另一个市场，即虚拟企业交换功能的市场。有关这个市场的性质、虚拟企业在这个市场上应如何运行等，对各类企业，特别是对虚拟企业来说，都是一个新的课题，需要进行创新性的理论探索及实践。

（二）核心功能交换市场的含义

我们将与虚拟企业相关的第二类市场定义为核心功能交换市场（与第一类市场，即最终产品市场相对应，简称功能市场）。从虚拟企业性质我们知道，虚拟企业在运行过程中，由于自身所掌握的运行功能不齐全，企业自身无法开展正常的经营活动，企业必须与其他企业合作，通过合作，与别的企业共享这些企业所拥有功能的使用权（或者说功能的使用价值）。同时，本企业也可以将其拥有核心功能的使用权与合作企业共享。这样对于虚拟企业合作群体之间的各企业来讲，通过合作，各企业就可以掌握业务项目所需要的所有功能的使用权，便可以进行完整的经营活动，生产出第一类市场所需要的产品和服务。从虚拟企业的运行过程我们可以清楚地看到，虚拟企业之间部分功能的虚拟及互相间合作以求得对方功能使用权的过程，本质上便是各虚拟企业之间功能交换的过程，因为这一过程是通过经济手段来实现的，显然，此时企业的功能便是这个市场中的交换对象，即商品。这一商品存在使用价值，而且有需求方，有供给方，只要条件成熟便有购买意愿及购买力，完全具备市场的所需要素，所以，我们称这是一种企业功能的交换市场。若参与这个市场交换的各方企业都是典型的虚拟企业，则交换的商品便是各自的核心功能。

（三）功能交换市场或功能产品的特点

（1）属生产资料市场性质。由于这个市场所交换的是企业经营运行的功能（也可包括某些资源，但不是资源的本身，而是资源具有的使用价值），这些功能不是消费者所需的最终消费品，而是企业维持经营运行所需的功能（运行功能层面的中间产品）。因此，该商品属生产资料性质，故而一般生产资料市场相对消费品市场的特征在这一市场上也都存在，如买卖双方都是企业，则该市场具有购买属于专家型购买、理性消费、需求价格弹性较小等特征。

（2）买卖双方购买或出让的仅是功能的使用权、使用价值（对于双方都是典型的虚拟企业而言，其出让或购买的使用权也为双方共同享用。对于双方中一方为虚拟企业，另一方为实体企业，虚拟企业肯定是买方，实体企业肯定为卖方。此时实体企业可以出让其功能的全部使用权，而不要求与其共享），而不是功能的所有权，这是与最终产品市场一个本质的区别。

（3）由于企业虚拟化经营将企业的运行功能作为产品进行交易，这种运行功能作为商品其本质与服务产品的本质是一致的。这样，事实上也确定了各个合作企业的生产性质及产业归属，其中原本就属于服务业的企业自然还属于服务业，还有一些原本不属于服务业的企业，也使其带有了服务业的性质，即通过企业虚拟化经营导致传统制造业转化为现代服务业。如目前虚拟经营最著名的案例美国的耐克公司，在生产耐克鞋时，自己只生产其中最为关键的耐克鞋的气垫系统，而其余全部鞋的加工业务是由外部的具有制鞋加工能力的企业提供，当这些具有制鞋加工能力的企业自己生产鞋时，它是典型的制造业企业，但该企业在与耐克公司合作后，此时企业向耐克公司提供的（也是这类企业向社会提供的）产品仅是制鞋的加工能力，或者说提供的是企业的一种运行功能，而不是鞋的本身，这种加工能力具有纯粹服务产品的基本特征，如无形性、生产与消费时间的一致性、不能储存、不交易所有权等。因此，功能交换市场是生产性服务业市场，功能产品属于服务品。

（4）若买卖双方都是虚拟企业，则在一个交易过程中，肯定伴随两笔交易发生，即甲企业购买乙企业 B 功能的使用权，同时乙企业也要向甲企业购买其 A 功能的使用权，一个企业要同时以买者和卖者两个角色出现。

（5）从运行功能使用权的销售方来讲，可以一次性销售（合作一次），也可以多次销售（合作多次）；可以对一个买家销售（一对一合作），也可以同时对多个买家销售（一对多合作）。从运行功能使用权的购买方来讲，可以一次性购买（合作一次），也可以多次购买（合作多次）；可以对一个卖家购买（一对一合作），也可以同时对多个卖家购买（一对多合作）。

（6）由于这个市场的特殊性，这个市场多数会以生产资料市场的形式出现，如市场的无形化。市场的购买方式主要是新购、重购和修订采购。

（7）这个市场也具有价格发现、合理配置资源的功能。既然是市场，则参与市场运行的各主体就存在竞争、垄断和优胜劣汰。

（8）运行功能作为产品，其生产者和消费者必须形成合作同盟关系，其买卖交易行为便是企业运行分工协作行为。

四 虚拟企业在功能交换市场的营销策略

(一) 品牌策略

品牌策略对每一个虚拟企业来说都是非常重要的,此时需要虚拟企业将自己的核心功能当做名牌商品去培育、去维护,提高其知名度、美誉度和忠诚度,赢得较强的市场竞争能力。这个竞争力表现在与其他的名牌功能商品进行合作的机会增多,这样所形成的虚拟企业群体的综合经营能力就有较强的竞争力,才能赢得最终产品市场的竞争优势。若企业所拥有的核心功能仅是在企业内部相比较具有相对较强的地位,而在功能交换市场却没有知名度和竞争优势,当具有相同功能的企业较多时,这个企业就可能得不到与别的企业合作的机会,这个企业便会在组织经营运行这个环节出现"产品"积压而形成被动。若此局面长期不能得到有效解决,该企业就有被市场淘汰出局的危险。此外,还应注意产品品牌和功能品牌的协调关系,要两个品牌一起抓,两个名牌一块创,互相促进,发挥更大的品牌效益。

(二) 单元核心功能策略与多元核心功能策略

这类似于企业实施单元化经营策略与企业实施多元化经营策略。一般来讲,这两种经营策略各有所长,也各有所短,实施单元核心功能策略的企业可以集中各方面的优势力量培育核心功能,使其更专一、更优秀,但缺点是应变能力差,企业不易做大。实施多元核心功能策略,企业可以在多个方面(领域)参与发展,应变性好,问题是企业会分散力量,特别是企业"元"与"元"之间没有什么内在联系的"散元"式的发展,会造成企业大而不强,大而不专。从最终产品的市场情况看,目前采取这种多元化经营的企业失败的较多。因此，理论界比较推崇"元"与"元"之间存在内在联系的多元化发展模式。所以，对于以功能作为"元"的具体内容的虚拟企业来说，对实施多元或单元策略，更要持谨慎的态度。

1. 单元核心功能策略

企业本身就是单元化的经营方式，即只能从事一种业务项目，或生产一种产品或服务。在这种情况下，在企业运行这一业务项目的过程中，对所需要的所有功能仅保留一种作为其核心功能，这种做法适合于中小企业。

2. 多元核心功能策略

这又分两种情况：①企业本身是单元化经营方式，但在运行项目所需的多种功能中，企业保留两种或两种以上的功能作为其核心功能，如耐克公司在生产运动鞋的经营中，以产品设计和市场营销两项功能作为其核心功能。我们认为对于中小企业甚至一些大企业，这是一种较好的策略，可以避免企业所掌握的核心功能过于单一而产生的局限性，但这个"元"不能太多，否则虚拟企业的优势就会淡化或消失。显然，当"元"多至与所需功能一样时，企业也就成为实体企业了。②企业在最终产品市场就是实施的多元化经营策略（比如有两个以上的业务方向），此时，企业的核心功能肯定也是多元化的，因为即使一个业务方向保留一个核心功能，对于企业整体而言，核心功能便为两个或两个以上。这种情况比较适合于大中型企业。实施这种策略的企业，一定要注意不同业务方向的相关性，相应的，也要注意其核心功能的相关性，这些核心功能要有良好的扩展性，强化其抵御市场风险的能力。

3. 功能创新与强化策略

（1）有关功能的强化问题。由于企业在最终产品市场的业务项目一旦确定，其对应的经营功能也随之大致确定并稳定，所以，在这方面不存在功能创新问题，只存在功能强化问题。企业可以从三个方面强化其核心功能：①不断提高执行功能的硬件和软件的科技含量，提高功能的使用价值，放大其投入产出比。②扩大功能使用价值的市场适用范围，功能与最终产品不一样，产品的使用价值一般是确定的、不易扩展的，而有些功能却可有面对多个领域的扩展性，特别是那些使用专用性硬件（如设备、装备等）较少的功能，如设计、销售等环节的功能。即使是使用专用性设备较多的制造性功能，也应比最终产品的使用价值有扩展的空间，如机加工的功能，稍加改造便可加工多种加工性质相同的产品。因此，在功能的设计、设置使用中，有意识地强化功能这一性质，也是提高虚拟企业灵活多变的市场适应性的重要内容。③延长功能的寿命周期。广义地讲，与最终产品有寿命周期一样，相关功能也应具有寿命周期，即某一功能总有退出功能市场的时候，但由于功能的适应面广，功能的寿命周期应与所相关产品的某一类产品寿命周期相同，而不是与某一种产品的寿命周期相同。如洗衣机，当单桶洗衣机退出市场时，生产洗衣机的某些功能可转至生产双桶洗衣机、全自动洗衣机等，甚至可延伸至其他相关的产品上去，以提高其寿命周期。

（2）有关功能的创新问题。功能创新也包括三方面内容：①生产某类最终产品的技术发生重大变化，如所用原材料、设备、工艺等，使之某些功能也随之发生重大变化，需要创新，这是与技术进步相关的一种创新；②某一功能通过创新增加了一些新的使用价值（这不是扩大使用价值，扩大仅是数量上的增加），这也是扩展功能适应性的重要内容；

③开发、增加企业所需的新功能,这是企业实施多元化核心功能策略的需要。

4. 促销策略

虽然企业运行功能属于生产资料性质,但这种生产资料毕竟属于新的"产品"形态,这种产品的消费过程便是产品买卖双方企业合作的过程。因此,促销策略既能体现为促进销售的方略,又能体现为促进合作的方略,必须要有创新的举措。

(1)价格策略。功能的价格即为企业间的合作成本,这也是企业很敏感的问题。企业的功能在功能市场有无竞争力,价格也是重要的一方面。因此,在控制功能成本的基础上,制定合理的价格策略是企业赢得竞争优势的重要环节。

(2)广告宣传策略。功能市场、功能营销对企业是新事物,而且功能市场属无形市场,功能的买卖不像最终产品那样直接、规范,这一切都增加了这个市场交易的难度。这个市场能否有效地运行,又关系到"功能"这一资源的配置合理与否,关系到虚拟企业的运行是否成功。因此,供需双方信息的充分沟通就显得非常重要,这一方面必须依赖高度发达的信息技术的支持(这也是虚拟企业能够存在的重要物质技术基础),另一方面需要企业自身运用好广告宣传策略。信息技术解决如何沟通信息的问题,广告宣传解决沟通什么信息的问题,同时,这也是企业树品牌的重要手段。

(3)售后服务策略。功能"销售"之后进入"使用"领域即是企业合作的开始,此时会出现大量合作中的问题,需要双方都有良好的售后服务机制和能力。这里所讲的售后服务,就是合作过程中的协调,协调得好,会放大功能的使用价值,增加功能的市场美誉度;协调得不好,会影响甚至抵消功能的使用价值，导致合作失败。因此，售后服务对于这一市场就显得更为重要。

（4）包容性策略。这是针对"功能"这一特殊商品所提出的特殊策略要求。因为功能的使用价值只有在企业的合作中才能发挥出来，合作就意味着互相接纳、互相包容，这不仅需要出了问题的售后服务（协调），更需要在企业的经营理念、功能设立等环节上，从机制等更深的层次上解决好这一问题，把功能的包容性当做功能自身品质的一种，提出较高的要求，从而使企业具有更好的合作性。考虑到当前很多企业在虚拟化经营合作的过程中出现的许多具体问题，甚至合作失败，都是由于双方缺乏合作的包容机制而形成的。因此，功能的包容性好坏甚至比功能的价格高低有时更重要。

包容性一般包含这么几个内容：①各企业要有互相平等的心态，要明确与他人方便便是与己方便的道理；②在企业文化、企业经营观念等方面要树立合作意识，把"海纳百川"作为企业立市之本的思想来培养，作为企业文化的基石之一来塑造；③将包容性体现落实到企业的机构设置和职能的确定，将其视为一项反映企业功能效益的质量指标设置并考核；④建立协调机制，能够及时处理有关包容性方面的问题。

总之，企业的功能市场是伴随虚拟企业和企业虚拟化经营方式的出现而产生的新概念和新课题，企业要注意研究这一市场的新特点和运行规律，对这个市场要引起足够的重视，像注意开拓最终产品市场那样注重开拓功能市场，甚至还要下更大的气力，因为从两市场的对应关系看，功能市场的开拓应早于最终产品市场的开拓，否则最终产品再好，市场开拓得再好，但功能市场出现问题，企业形成不了生产能力,开拓最终产品市场的最终成果便无从谈起。考虑到这个市场出现的必然性,那些准备实施和正在实施虚拟化经营的企业,要尽快熟悉这个市场,打造出较强的市场竞争力,就会抢占市场先机,利用恰当合理的营销手段,结合实际创新营销策略,才能赢得竞争的主动,取得良好的经营效益。应该指出的是,通常所讲的营销活动及营销策略是对商品的生产者及经销者而言的,但由于企业运行功能作为商品,其消费过程便是产品买卖双方企业合作的过程,这个特性决定了有些营销策略必须买卖双方共同实施才能真正有效,如包容策略,这是功能市场及运行功能产品的特殊性所决定的[①]。

第二节 企业孵化器市场营销策略

企业孵化器是一种为初创企业提供必要服务的新型社会经济组织,在培育中小企业和企业家、创造就业岗位、繁荣地方经济等方面已经有卓有成效的贡献。孵化器作为区域经济发展战略或企业的投资战略工具正在被广泛采用,中国目前处于发展的快车道上。孵化器企业的竞争市场已经形成,优胜劣汰的竞争机制推动着孵化器必须增强竞争力,增强持续发展的能力,才能取得良好的经济效益与社会效益。因此,研究孵化器市场营销策略就成为孵化器发展中最重要的内容之一。

一 孵化器的组织特征

(一) 孵化器企业的市场化

自从1987年我国诞生了第一个科技企业孵化器以来,经

---

① 周秀玲、王信东:《论虚拟企业运行中的市场策略》,《商业研究》2007年第11期,第27~29页。

过20多年的发展，孵化器无论在数量、种类、规模、功能上都发生了巨大的变化，为我国科技水平和经济实力的提升均发挥了至关重要的作用。但是，随着市场经济的不断深化，科学技术和商品服务更新换代的速度日益加快，传统孵化器的体制和模式已经不能紧跟时代发展的步伐，暴露出了一些亟待解决的问题。由于我国在孵化器发展初期很多孵化器是由政府直接或间接出资建立的，在这种状态下，很多孵化器具有较强的"行政"色彩，这种体制的缺失和市场定位的模糊，导致我国绝大部分孵化器的发展仍停留在"初级阶段"，服务千篇一律，重形式轻内容，自身也欠缺前进动力，对政府有较强的依赖心理，创新能力不足。从长远来看，这种缺乏活力的发展环境，十分不利于孵化器事业的健康可持续发展。

孵化器的本质是企业性的组织，因此，孵化器要发展，企业化、市场化转型将是唯一的突破方向，只有这样，孵化器才能更大限度地为创业企业服务，从而更有效地促进社会经济的发展。将企业孵化器定位于一个服务型的企业，从市场营销的角度分析企业孵化器的各个产销环节，找出企业孵化器的功能与社会需求的最佳契合点，将孵化器产品的运营与社会需求有机地串联起来，通过对企业孵化器市场营销策略的深入研究，最终为构建一套以社会需求为导向的孵化器新型营销模式提供一些理论依据和实际建议，使企业孵化器所提供的服务和产品能更广泛、更有效地发挥作用，为我国经济和科技水平的快速发展提供持续的动力。

（二）孵化器的特征

企业孵化器是一个特殊的组织，为进入其中的创业企业提供一系列的创业服务。因此，相对于其他组织而言，企业孵化器必然有其独特的特征。

1. 特殊的组织使命和目标

企业孵化器在一个国家科技经济实力持续发展的过程中起着强有力的催化作用，和一般企业以及商业组织不同的是，企业孵化器最明显的特征就是经济效益不是其最根本的目的，企业孵化器更类似于一种教育机构，只是它培养的对象除了具有创业精神的企业家之外，还包括高新科技创业企业以及它们所拥有的高新技术和产品。而这些都是以国家科技发展战略为指导，通过对未来科技的经济发展方向的把握，而制定出的关乎国富民强的战略大计，企业孵化器就担负起了为国家进步提供持续科技创新支持的目标和使命。因此，企业孵化器除了拥有为企业降低创业风险、提高创业成功率的市场目标之外，还肩负着为国家科技进步与经济发展提供创新动能的使命，这是企业孵化器的一个重要特征。

2. 软硬兼备的资源配置

从功能属性可以看出，在资源的配置和利用上，企业孵化器具有区别于一般服务性企业的特征，即场地设施的完备性和服务形式的多样性。首先，企业孵化器的所在地既是自身管理运营机构的总部，同时也是在孵企业的孵化基地。因此，其空间布局、设施配备等方面不仅仅要考虑到自身管理的要求，也要充分地给予在孵企业更高的便利性和兼容性，才能使在孵企业得到更加全面系统的孵化支持。其次，在软服务上，企业孵化器不仅仅强调服务的专业性，同时也强调服务的多样性，因为进入孵化器进行孵化，可能包含了各个科技领域的规模、能力都不尽相同的多个企业，这就要求企业孵化器在提供孵化服务的过程中，除了在专项服务中要做专做精之外，还要有更加完善的服务体系和多样化的服务手段。最后，通过将各种工商业服务机构引入孵化器内部的方法来支持自身的孵化服务，已被越来越多的企业孵化器采用，众多银行、咨询公司、事务所在企业孵化器内部设立办事处，以满足在孵企业在孵化过程中提出的各种要求。

3. 准入、毕业及淘汰机制

与传统服务业不同的是，企业孵化器所面对的消费者虽然是创业企业家和创业企业，但并不是所有的创业企业都有资格进入孵化器接受孵化服务。企业孵化器有着严格的入驻审核标准，通过对高新科技产品及服务的技术水平、市场接受程度、是否能够实现科技成果向市场的转化等指标，对创业企业进行全面评估，只有符合标准的企业，才得以进入孵化器开始其整个在孵过程。通过一定周期内的孵化服务之后，企业孵化器向市场送出完成孵化的企业，在这一过程中，通过对在孵企业的赢利能力、综合管理能力、研发能力以及纳税额等指标的考察和评测，判断企业是否具备了进入市场独立运行的能力。对于那些无法达到企业孵化器毕业标准的在孵企业，孵化器就会通过淘汰机制，停止对其进行相关的孵化服务，同时，接收具有发展潜力的在孵企业，以实现资源利用的最优化。

4. 特定的孵化周期

进入企业孵化器进行孵化的在孵企业需要在一定的时期内完成自身的成长发展过程，之后脱离企业孵化器，完全参与到市场竞争中。因此，企业孵化器针对创业期的孵化周期有着明确的规定，中小型创业企业进入孵化器进行孵化的周期通常为3～5年，同时，根据科技含量的高低及市场需求的吻合程度作合理的浮动调整，尽可能在最短的时间内实现对在孵企业的成功孵化，之后孵化器会重新吸纳新的创业企入驻孵化,形成周期性的孵化循环。

二 企业孵化器的功能分析

(一) 企业孵化器"产出物"的双重性

孵化器的功能是在孵企业通过一系列的服务来降低创业企业的创业成本和风险,提高其创业成功率。但是,从更深层次来分析,这一系列服务的最终受益者是整个社会,即孵化器通过对创业企业的成功孵化以及对科技成果的加速转化来对社会经济的发展产生有力推动,并最终实现区域乃至我国整体经济科技水平的快速提升,对区域的产业转型及升级有所促进。因此,孵化器所提供的产品应该包含两个方面:一方面,就孵化器对社会的关系而言,其"投入"是具有潜力的,顺应市场需求方向的创业初期高新科技企业,"产出"是能够符合市场竞争要求、为社会创造价值的毕业企业。从宏观角度看,孵化器孵化出的高新企业进入市场,为社会不断添入新的经济增长点,促进社会经济和科技水平的发展。因此,这些经过孵化器培育的企业以及这些企业的产品和服务,就成为孵化器的另一个产品,来满足国家对经济和科技实力不断进步的要求。另一方面,就孵化器对在孵企业的关系而言,孵化器为创业企业所提供的一系列服务就是孵化器最为核心的"产品",通过行之有效的服务策略,利用丰富多样的服务产品组合来提高在孵企业独立生存和竞争的能力,使在孵企业产品能搭乘孵化器专业营销的快车,使新产品能迅速占领市场,从而提高初创企业的市场效益,保证在孵企业成功率,也进一步实现了企业孵化器和在孵企业的联动效应[①]。

---

① 孙宁:《科技企业孵化器市场营销策略研究》,北京信息科技大学硕士论文,2011,第14~19页。

(二) 企业孵化器的社会功能

孵化器是知识经济时代的产物,其本质就是为科技创新研究和科技创业活动提供社会化、专业化的资源和服务的一种基础性的服务组织。根据生产型服务业定义,能够提供围绕企业生产进行包括研究与开发服务,计算机及其相关服务,专业服务(如法律、会计、审计、税收等服务),金融服务,市场调研和广告服务,管理咨询服务等服务的企业都属于生产型服务业。毫无疑问,企业孵化器就属于这样一个范畴。但孵化器又不是一般意义上的生产型服务业企业,孵化器工作的意义在于将企业的产生与成长由过去的企业个体行为(即企业自生自灭,企业自己在市场经济的浪涛中经历成长的历程,在个体的竞争中实现优胜劣汰),转变为社会化分工协作的社会组织行为,孵化器便是这样的专职、专业进行促进企业成长的社会化分工的社会组织。毋庸置疑,一个企业的成长是有规律的,企业在发展过程中所遇到的许多问题是有共性的,如企业的产业属性是否符合国家的产业政策;如何解决经营中,尤其是创业初期的各种事务性问题(如融资、各种资格审批);产品的市场表现如何;如何开发市场;等等。如果创业企业能够自觉遵循企业成长规律的要求发展,其成长的路径就会顺畅很多,成长的速度就会大大加快,"成才率"就会大幅提高。但如何掌握企业成长规律,对于创业企业来说是一个很难自己解决的大问题,通常只能是"摸着石头过河",走唯一的"自学成才"之路。孵化器的出现便是将创业企业掌握成长的规律由个体企业的"自学"变为有组织的"助学"、"辅导",用专业的方法提高企业学习的效率,这就是企业孵化器最重要的社会功能。

(三) 企业孵化器消费者的特点

从孵化器的定义不难看出,为处于创业期的高新技术企业、企业家提供创业支持和服务是企业孵化器的核心业务内容，孵化器属于生产型服务业企业。因此，其面对的主要消费者就是处在创业初期、各方面创业资源都非常有限的种子企业，这些企业迫切需要低廉的创业成本、良好的创业环境、系统的创业指导、有效的创业保护等能够使其创业梦想得以实现的一系列的支持和服务。这些消费者（服务对象）有以下四个特点。

1. 创业资源不足

初创企业初期通常没有足够的启动资金，不能凭借自身的能力创建一个具有完整运营链条的企业，在办公场地的租用、办公设备的配备等方面有比较大的成本压力，迫切需要一个能帮助它们以较低的成本来实现自身较快进入运营阶段的途径。企业孵化器的消费者绝大多数具有这一特点，也正因如此，才催生了企业孵化器这一特殊服务型组织的诞生。

2. 人员结构单一

企业孵化器的消费者有时会是一位或几位拥有特殊高新技术的创业家，他们没有固定的公司结构，自身的人员配置也不完整，在运营管理、财务、人事等方面对专业人才的吸引程度非常低，因而很难形成有效的人力资源和组织框架来支持自身的研发和业务扩展。这类消费者除了对基本的场地和共享设施的需求之外，还渴望借助企业孵化器强大的公共平台功能，吸纳同样富有创业精神的专业人才，一同实现创业之梦。

3. 研发能力薄弱

高新技术的市场化、产业化是一个漫长曲折的过程，对于初创企业来讲，其拥有的能够代表科技发展方向、迎合社会需求的专利技术也不是一蹴而就的，需要在强有力的研发支持的配合下,才能顺利完成高新技术成果的市场转化。因此,企业孵化器的消费者对孵化器所能提供的研发环境有着较强的依赖性,他们不但需要必要的共享办公设施,同时也渴望获得更为专业的研发指导、专业仪器设备和实验室的使用。

4. 市场竞争力低

一些创业企业在完成了企业初期的筹备工作之后,并不具备独立在市场上运营的能力,由于产品技术的不完善以及产销链条的不完整,导致这类企业在激烈的市场竞争中缺乏竞争力。此时,就迫切需要企业孵化器针对它们自身产品技术的特点,利用广泛的社会资源,与各类中介服务机构的公关联系以及孵化器内部创业企业的聚集效应,为创业企业提供支持其克服经营困难的建议和方案,以避免其在竞争中迅速被市场所淘汰。

另外,企业孵化器还肩负着向社会输送高质量毕业企业的重任,从这一角度来说,国家科技进步的战略要求和地方经济发展的客观需求成为孵化器致力于培育中小科技创业企业的内在要因。因此,在完成由高新技术成果转化以及创业企业从入驻到成功毕业的孵化过程之后,企业孵化器面对的消费者就是整个宏观经济社会,要接受宏观经济社会对其孵化成果的检验和应用,这就决定了企业孵化器的营销策略在满足不同创业企业消费者创业需求的同时,更要衡量创业企业的技术产品是否符合国家科技发展的战略方向,是否符合社会经济的需求,是否能为地方经济的发展提供动力,是否能够承担一定的社会责任,等等。

综上所述,企业孵化器所面对的消费者也具有双重性,不但要满足创业企业的各种创业需求,更承载了振兴国家科技经济的历史重任。这一特殊属性就注定了企业孵化器作为服务型机构的特殊性,与传统服务型企业有着本质上的差别,而正是由于这一特殊性,才使为孵化器制定有效的市场营销策略显得格外迫切和重要。

三 企业孵化器的市场营销策略

(一) 企业孵化器的产品策略

1. 企业孵化器产品内容分析

孵化器的产业属性归于服务业的范畴,而服务业最为核心的产品内容就是其针对消费者所提供的服务产品,优质的服务产品及服务过程是服务业生存发展的最根本前提,对于孵化器而言更是如此。优化服务产品及服务过程,丰富服务手段和服务内容,不但能够满足创业企业消费者的创业需求,提高孵化成果率,而且使成功的毕业企业进入市场和社会之后,能够为社会宏观经济的发展发挥更强有力的推动作用。因此,服务产品策略是企业孵化器市场营销策略的重中之重。

要制定企业孵化器的服务产品策略,就首先要了解其到底能够产出哪些产品,才能有的放矢地针对自身产品来制定一套行之有效的产品策略。企业孵化器是一种特殊的服务型组织,由于其复杂的社会和市场属性,导致其服务产品也同样具有多样性。

(1) 企业孵化器的服务产品

企业孵化器是围绕在孵企业的创业需求而建立的,针对企业孵化器内部的在孵企业和企业家开展一些服务活动,有效、及时地提供资源,帮助不同类型的创业者开展研发活动、制造活动和传播活动,以降低创业风险和创业成本。因此，企业孵化器的核心产品就是为在孵企业提供的全过程的孵化服务所体现的孵化能力。

企业孵化器提供的服务根据在孵企业的专业类别、企业孵化器的财力、管理能力和周围环境的不同而异。具体表现为以下几个方面。

基础物业服务：提供水电暖设施齐全的办公、小型生产和仓储空间；提供电话、传真、高速网络设施服务；提供安全保卫服务；提供会议室、洽谈室等公共空间。

代理服务：代理企业工商登记和年检、税务、会计、档案存放、职称评定及员工雇用等服务。

办公服务：提供公共秘书、打字、复印、印刷、名片制作；报刊订阅、邮件收发；信息技术支持服务；办公设备租用；等等。

政策支持服务：协助企业申请政府优惠扶植；协助企业办理减免税或税收返还等事宜；协助企业申请各类政府支持计划项目；等等。

资金支持服务：联系银行、担保机构为在孵企业筹措债券融资；联系创业风险投资机构为在孵企业筹措股权融资；设立种子资金（孵化基金），直接为在孵企业提供短期流动资金周转和提供天使投资（股权投资）；协助企业从其他机构或者个人获得股权或债券融资；等等。

企业发展支持服务：企业发展咨询、诊断；协助企业制订商业计划书和企业发展计划；组织和提供培训、研讨会、企业之间经验交流，参加国内外有关行业会议及展览会；市场信息服务；产品营销指导和市场推广服务；联系内外部企业间交流；等等。

技术开发服务：公共技术开发服务平台（实验、检测等);协助企业与大学和研究机构以及大企业沟通联系,利用其设备(开发和测试条件)及信息、人才与专有技术;组织与协助企业开展技术对接与转让,开展知识产权保护工作;等等。

企业公共关系服务:向新闻单位推荐企业经验;协助企业树立企业形象;等等。

生活服务:提供餐饮及健身、文娱设施等。

由此可见,企业孵化器的服务产品从吸引创业企业到在孵企业毕业,几乎涵盖了企业从创办初期到成长的全部过程,是一个全方位的服务体系。帮助和促进新创业企业的成长和发展,是孵化器核心能力的体现,是孵化器能否配用成功企业的主要决定因素。

(2) 企业孵化器的社会产品

从企业孵化器内部的微观层面分析,上述服务产品及整个服务过程构成了企业孵化器的核心产品体系。如果站在宏观角度来看,企业孵化器为社会提供的毕业企业就是其为经济发展、社会进步、科技创新所提供的社会产品,各门类多学科的毕业企业通过孵化器的培育,具备了适应市场竞争的能力。进入社会后,会不断壮大宏观经济的整体规模,在科技创新和发展方面,为我国科技实力和综合国力的进一步增强提供动力。企业孵化器在宏观层面之所以符合时代发展的要求,就是因为其能为整个社会提供这样一种产品——符合国家发展的需要,十分准确地契合了我国政府大力发展孵化器事业的主旨思想。因此,在研究企业孵化器所提供的产品时,这一关键的产品要素是我们所不能忽略的。

(3) 企业孵化器的服务过程

服务过程是企业孵化器将自身孵化能力作用于在孵企业

的一个完整的过程，是孵化器作为生产型服务企业所提供服务产品的一个内容。由于企业孵化器不同于一般性质的服务企业，进入孵化器的在孵企业需要3~5年的孵化期才能完成一个由创业到成熟的过程，其中接受到的所有服务就构成了企业孵化器对在孵企业的一个完整的孵化服务过程。因此，企业孵化器的服务过程相对较长，层次较多。如果要分析企业孵化器的服务过程，就必须先了解孵化器的孵化服务体系，从另一个角度来讲，单个服务项目按照整个有序体系的循序渐进，就逐步构成了企业孵化器对在孵企业的整个服务过程。

首先，创业者根据独特的创新技术或者是创业机会产生创业意愿，从而申请进入企业孵化器，以获得孵化器多方面的服务和支持，实现创业成功的目的。孵化器根据技术特点和市场前景对创业企业进行全面分析，再通过特定的企业入驻标准的审核，来确定是否接纳创业企业入驻孵化器进行孵化。

其次，待创业企业进入企业孵化器之后，孵化器就开始了对在孵企业进行系统的创业服务和指导。在整个过程中，企业孵化器向在孵企业提供了兼顾内部和外部的双重服务。在内部，企业孵化器通过专业投资公司、物业管理服务、行政办公服务、信息网络服务、企业发展服务、公共技术平台、创业导师体系、政府资金资助申报等业务来扶持在孵企业的发展。同时，企业孵化器通过银行、邮政、律师和会计事务所、咨询公司、酒店等第三方机构扩大服务功能，强化服务质量。此外，在外部，资源网络关系向在孵企业提供支持，企业孵化器常年联络社会外部机构，与大学、研究机构等技术创新源头，结合企业咨询、评估、中小企业担保公司、技术产权交易中心、专利事务所、人事代理机构等其他中小企业支持服务机构,组成网络,并且充分利用社会智力资源,使用孵化器以外的专业顾问、咨询小组,或成立专门的专家咨询委员会,对高新技术进行评估和分析研究。

最后,通过这一系列的服务,帮助优质在孵企业最终毕业迁出孵化器,进入市场。此时,企业孵化器会根据企业的具体情况进行跟踪服务,如后续的物业服务、上市咨询服务,并在合作和资金方面给予企业指导。至此,也结束了企业孵化器对创业企业的孵化服务,完成了孵化目标。

整个服务过程不仅要依靠企业孵化器的综合服务,在孵企业自身的技术优势、产品吻合市场需求程度也至关重要。在营销策略的制定上,只有根据不同企业以及不同特性的技术、产品,将服务过程差异化,建立起长效的服务机制,才能最大限度地提高孵化成功率,为社会输出具有竞争力的企业,从而推动区域经济的快速发展。

2. 企业孵化器的产品策略

(1) 服务内容的策略

企业孵化器在具体的服务内容和形式上多种多样,针对技术特点和企业性质不尽相同的在孵企业,企业孵化器能够提供的服务也不尽相同。但是从本质上讲,企业孵化器的服务产品要满足于在孵企业的创业要求,其设计水平、服务质量、服务范围、服务承诺等都是产品策略要考虑的因素。综合考虑上述因素,在对企业孵化器服务产品的设计上,要遵循以下六个要点:①专业化服务。一方面,企业孵化器的服务产品设计要符合创业者和企业的活动规律;另一方面,要融合专业技术、物业、投融资、咨询等专业服务能力,使服务产品具有深厚的专业性。②规范化服务。企业孵化器的服务产品在内容上可以沿着主线大量分散，扩大服务产品的宽度和长度，使产品数量多、形式广、类别全，通过规范化的服务，促进服务质量的不断提升。③社会化服务。充分利用现有的社会资源的同时，开辟社会服务尚不发达的领域，以充分发挥社会资源的潜力，避免社会资源的浪费，进一步扩大企业孵化器的服务范围。④网络化服务。建立政府、大学、研究机构以及企业的交流平台，开展物业、咨询、资金、信息、中介、市场一体化的孵化服务网络，多方合作开展孵化服务，全方位、多角度地实施孵化服务工作。⑤共享化服务。体现对创业企业的服务承诺，对全部在孵企业提供开放的、共享的服务产品，以降低在孵企业的创业成本。同时，针对不同阶段和不同的企业性质，也应将整体服务和个体要求区分看待。⑥个性化服务。服务产品具体到个体企业时要做到个性化、差异化，体现服务产品的特色，采用一对一、面对面的形式，由企业孵化器和在孵企业共同协商，提出符合在孵企业需求的服务方案。

除了上述六个要点外，企业孵化器的服务品种可以按照多个层次进行组合：首先是满足在孵企业的一般性需求的服务组合，包括办公场地、硬件设备和咨询、启动资金等少部分软服务；其次是针对在孵企业在孵化过程中的融资、市场开发、信息服务、人才培养以及对外公关等附加值较高的软增值服务；最后是在文化服务、福利服务、会员机制、毕业后的关心活动等特色服务上构成服务组合，随着企业孵化器的发展和需求的多样化，不断丰富服务样式，以更好地促进和保证在孵企业的成长发展。同时，高质量的孵化服务也能培养出高质量的创新科技企业，从而在社会产品的环节上更大程度地满足国家和社会的需求。

(2) 服务过程的控制

企业孵化器的服务过程是指从孵化服务开始到创业企业毕业或退出孵化器为止的全部时间。孵化器所提供的服务产品和在孵企业的体验是无法分离的，这一特点使在服务过程中信息良好沟通和及时回馈格外重要，整个过程中，对在孵企业的最终孵化效果直接体现了孵化服务过程的连贯性和完整性。因此，企业孵化器应从整体服务过程出发，确定服务运作的原则和方法，制定服务过程中的有效沟通机制，规定员工决断权的使用范围，并鼓励在孵企业参与到整个服务过程的监督工作中，为孵化器相关服务项目的改进提出建议。

对于孵化服务过程的控制，企业孵化器要注意以下几个方面：①专业、迅速地解决问题。企业孵化器在服务在孵企业过程中，要对在孵企业提出的合理要求给予专业、迅速的回馈和解答，遇到一般工作人员难以解决的问题，要迅速向上级主管领导汇报，及时制定方法策略，对在孵企业提出的问题作出积极有效的回馈。②严格规范的服务标准。制定严格规范的服务标准，在日常服务过程中，严格按照服务标准和制度为在孵企业提供服务，如机器设备的定期维修、安全卫生的定时维护、服务人员按时轮岗制度等。建立监察小组，成员可以包含部分在孵企业工作人员，公平公正地对服务过程进行监督和评价。③重视服务礼仪。企业孵化器为在孵企业提供一些支撑资源和服务，应当要求每个孵化器服务人员从自身言谈举止的每个细节做起，强调服务礼仪是现代企业员工的必备素质，切实注重职业办公礼仪，这对培养企业孵化器良好的服务文化具有重要的指导意义，同时也为企业孵化器树立了优秀的企业形象。④强调与顾客的沟通。在服务过程中，企业孵化器的服务团队要善于主动与在孵企业进行沟通，定期开展与在孵企业的座谈会，倾听在孵企业对孵化器服务项目的建议；也可以通过定期制作问卷调查表格的方式，发放给在孵企业，收集在孵企业对孵化服务的反馈信息，便于进一步优化服务质量；指定专门的访问小组，对在孵企业进行访问，交流思想，认真听取一切对孵化器的服务有改善作用的建议。⑤加强外部关系的协调。在整个服务过程中，针对在孵企业与外部专业服务机构之间发生的问题和提出的要求，企业孵化器要起到积极的协调作用，发挥孵化器中介服务平台的功能。另外，经常举办一些联谊会和茶话会，将外部专业的服务机构与在孵企业联系在一起，共同商讨提高服务水平的方法，为在孵企业与外部环境的沟通搭好桥、铺好路。

（二）企业孵化器的定价策略

1. 孵化器收费定价的前提假设

企业孵化器为中小科技创业企业提供发展服务，促进其成长。从商业的角度来说，企业孵化器是像企业一样经营的，企业发展服务属于生产性服务，因此，企业孵化器就是一个从事生产性服务的服务型企业。然而，从赢利模式的角度来看，企业孵化器可以分为赢利性孵化器和公益性孵化器，无论哪种孵化器，都需要有可供自身发展的现金流来支撑其孵化服务的开展。因此，企业孵化器要致力于追求收支平衡，企业孵化器可以通过租金和物业管理费用的方式吸引创业企业的进入，从而实现资金收入。但是，随着企业孵化器的发展，企业孵化器与在孵企业之间的关系已经不能单纯地视为物业公司与房客的关系。因此，企业孵化器的收入来源不仅仅是房租收入和物业管理收入，而应当特别在咨询服务上加大收入力度，并在赢利模式上适当强化这一部分的收入。

　　企业发展涉及很多因素，如资金、场地、研发、市场、管理等，而且每一个因素都涉及很多具体的内容。虽说我国企业孵化器事业在发展初期是以非营利的公益组织的形式存在的，但随着社会经济的发展和科技水平的进步，对企业孵化器所提供服务的要求范围越来越广泛，内容越来越多样，企业孵化器已经没有能力无偿提供全部的服务。因此，为孵化服务制定合理的价格，对企业孵化器的发展就显得异常重要。确定服务产品价格需要考虑的主要因素包括服务价格水平和付款方式等，适当的价格折让、预支垫付等方法也可以用来借鉴。

　　但所有这些孵化器的功能是要在企业毕业时才能完整实现，所以，在在孵企业整个孵化过程中，孵化器应当在一些基本的假设下来制定针对在孵企业所提供服务的价格。①最大化的出租率假设。企业孵化器稳定的现金流收入应当是出租服务，所以要最大化设计出租率。当然，企业孵化器的出租率一般要保证在80%左右，要预留出一部分出租面积作为吸引新的、有价值的创业企业的使用面积。②最小化的孵化失败率假设。为了稳定租金收入和其他服务收入，孵化器要假定最小化的企业孵化失败率。这样的做法可以使孵化器最大限度地为在孵企业提供公共服务，以增加除出租金外的服务性收入，也会使科技企业孵化器的服务效果更加明显有效。③科学收费定价假设。根据企业孵化器的服务能力和设施状况，孵化器要科学评估和设计服务的水平、科学估计服务定价的问题、科学评估服务和设施覆盖在孵企业的程度，力求能多层次、多角度实现多元化的服务收入，制定不同的服务收费等级，增加服务附加值。这种做法无论是对企业孵化器本身的服务水平,还是对在孵企业的服务效果,都具有积极的意义。

2. 孵化器收费定价的依据

企业孵化器的孵化面积和公共服务的最大化利用是孵化器收费定价的主要依据。具体来说,企业孵化器的经营收入来源主要有四个方面,分别是租金收入、物业管理收入、服务性收入和投资收入。

(1) 租金收入。这是国内很多孵化器的主要收入来源,是通过为在孵企业提供空间服务而获取的。资金收入由出租率和出租价格所决定,而出租率受出租价格的影响比较大,租金价格高,会导致出租率的下降,租金价格低,在提高出租率的同时,又增加了企业孵化器的赢利压力。所以说,制定一个恰当的出租价格非常重要。由于企业孵化器的建设受到当地政府的优惠和扶持,因此,相对于普通商业地产写字楼而言,企业孵化器的场地费用成本较低,这也是企业孵化器能够吸引创业企业加入的原因之一。由于制约区域房租价格水平的因素繁多,一般孵化器在出租价格的制定上应该比周边普通商业地产的价格略低,幅度可以根据企业孵化器和创业企业的具体资金状况设定 10% ~ 15% 的浮动空间。另外,可以以多承租签约方式来灵活调整租金的价格水平,如利用全款交付享受折扣的折扣定价策略等。

(2) 物业管理收入。企业孵化器的规模越大,则成本摊薄的效应就会越明显,反之,就有可能造成企业孵化器的亏损。物业管理费用名目众多,其中很多服务虽然不能精确地制定价格,但可以根据市场普遍状况得知其大致的价格范围。为了提高管理效率,节省企业资源,可以将所有物业管理服务项目以一个总物业管理费用的形式出现。另外,比较好的方法是将自身的物业管理外包给物业管理公司承担，然后从专业物业公司的报价中提取一定差价作为利润。

（3）服务性收入。这是企业孵化器提供的一系列为在孵企业发展所需服务获得的收入，企业孵化器如何为自身的服务定价，在很大程度上要取决于政府和社会机构的有效服务和支持程度。一般来说，完全免费的服务无助于中小创业企业的成长，因为创业成长服务是综合性服务，是高价值服务。企业孵化器的服务定价无论高低，都应当采用适应市场经济规律的手段，培养科技企业的市场意识。同时，现金流的测算应当考虑到最好的情况和最坏的情况，建立具有弹性的定价机制，最终做到科学定价，这不但能吸引优质创业企业的广泛入驻，而且使企业孵化器自身得到稳定的收入保证。由于在孵企业的支付能力有限，加上孵化器提供的一大部分服务来自物业、商务等基础性的服务，从而使从管理咨询等专业性服务中获得利益较少。但是，企业孵化器还是可以向在孵企业收取特许服务使用费的，该费用可以采用从在孵企业每年的销售收入中提取一定比例的形式进行，每年以在孵企业的销售收入的递增而逐渐增加，比如第一年 0.5%，到第三年可以达到 1%。在具体定价策略的选择上，可以参考差别定价策略，根据在孵企业在性质、技术特点、发展阶段的差异，孵化服务的专业化程度以及成本费用的高低，分别制定相应的服务价格。

（4）投资收入。对于很多营利性企业孵化器，投资收益是其主要的收入来源，通过对在孵企业的股权投资获得收入，周期长，风险也比较大，但是一旦成功，就会有丰厚的回报。相对这部分收入，并没有明确的定价方式可言，企业孵化器需根据在孵企业的市场前景和技术特色，通过专业的市场分析和调研，通过与创业企业协商签约的方式实现股权投资，以分享在孵企业日后发展壮大的成果。

（三）企业孵化器的地点选择策略

企业孵化器属于生产性服务企业，其客户（即在孵企业）接收服务的场所通常位于孵化器内部。因此，企业孵化器并不需要传统意义上的分销渠道和中间商，只是将创业企业吸纳进入孵化器，为其成长进行培育即可。这样一来，企业孵化器的场地要能有效承担企业孵化的功能，根据在孵企业的企业性质、所从事的专业以及发展阶段等特性，提供有针对性的、良好的生产生活服务，才能保证在孵企业进入企业孵化器之后在各个方面都能够得到优质的服务。因此，企业孵化器的地点选择对其孵化作用的发挥有着举足轻重的作用。根据我国现状，被孵化的创业企业在起步时各种条件都比较差，除了要求有孵化器这样的局部优化条件外，还要有一个相对较好的大环境。

在区域位置方面，企业孵化器要与大学和研究院所的距离接近，以解决项目来源、智力资源和共享实验，有利于大学和研究院所与大企业的衍生企业到企业孵化器中发展；接近科技园区或在园区内，利用园区整体服务条件并享受优惠政策，有毕业企业的预留空间，方便毕业企业迁入；周边有活跃的特定技术领域的企业群体，方便在孵企业与其建立业务联系，以获得业务支持，并向它们推销产品和服务，还可以解决在孵企业在产品生产过程中的配套加工和零部件的协作问题，有利于大企业的衍生企业到企业孵化器中发展，并形成产业聚集；孵化器周边的专业化服务和企业基础环境设施比较完善，方便在孵企业获取市场信息和配套服务，并尽可能减少孵化器自建的服务项目，该区域有一批潜在的科技创业者,能够确实吸引创业者来此创业。

另外,在实际选址方面,企业孵化器要与周围环境相协调。如不宜设在住宅区内;公共交通和货物运输方便;有适当的扩展空间;周边环境舒适、安全有保障;供热、供水、供电渠道稳定可靠;等等。最好能够获得低成本或者零成本的空闲建筑物或者土地,以降低企业孵化器和在孵企业的负担。同时,还要考虑有利于企业孵化器的装修改造,且有出租或者购买的选择余地。

企业孵化器在初期的建设中可能是一栋建筑物,将来要发展成一片孵化区,进一步与大学、科技园区构成科学园的雏形。生活设施方便,距离市区不能太远,以保证企业员工生产生活的便利性。

(四) 企业孵化器的公共关系策略[①]

1. 企业孵化器实施公关策略的目的

企业孵化器的公关策略实质上是针对企业孵化器的组织目标、服务宗旨、优势资源、核心服务、经营特色进行宣传和推广,借助有效的广告、公关手段,通过有力的渠道进行传播,从而进一步增加企业孵化器自身的知名度和影响力,增强企业孵化器以及内部在孵企业与市场需求的关联程度。假如,一个各方面服务都非常完善的企业孵化器,因为宣传工作的缺失,导致大量有潜力的优质创业企业无法进入其中进行孵化成长,就势必会给企业孵化器的可持续发展造成巨大影响。配合一些适时适当的优惠措施,针对优质创业企业的合理补贴活动、长效的创业激励制度、丰富的内部交流活动、核心服务的有形展示、园区内在孵企业产品展览会等方

---

① 孙宁:《科技企业孵化器市场营销策略研究》,北京信息科技大学硕士论文,2011,第34~37页。

法都会为企业孵化器增添新活力、创造新机会。

2. 企业孵化器实施公关策略的特点

企业孵化器进行公关促销不同于营销概念中对于有形产品的促销，它是指企业孵化器通过一定的手段，将自己的服务内容、形式、目标等信息传递给创业企业甚至整个科技创新市场的推广宣传行为，是一个传递信息—刺激需求—产生偏爱的经营过程。一方面，促使创业企业了解并信任企业孵化器，从而产生入驻其中的意愿；另一方面，通过对自身的宣传，获得地方政府和相关部门的认可，从而能够得到更多的有利资源。因此，"适销对路"的公关宣传策略，是企业孵化器走向成功的重要手段和前提。

3. 企业孵化器实施公关策略的途径

孵化器可以通过委托专业机构、咨询公司通过科技创业者经常阅读的报纸、杂志、网站等专业渠道，进行孵化器核心服务的介绍、在孵企业相关产品和服务的展示，并借助问卷的方式获取更多有利于评估创业活动需求和满足创业者需求的服务形式及内容，丰富自身服务体系，提高孵化能力。

因此，孵化器要实现正常运营并持续发展壮大，除了需要选择一个合适的科技研发环境、建设必要的孵化空间、配备必要的孵化器办公设备等基础硬件设施之外，还要有效地进行品牌宣传等活动，寻找新场地、开发新业务，积极开拓和维护与金融界、地方政府、财政、税务、工商、重点行业的优秀企业等各方面的关系，这些活动都是企业孵化器对自身进行促销的内容。另外，公共关系的维持和自身品牌的宣传推广策略对提高整个运营体系的运行质量和效率，实现孵化器自身发展都起着积极的作用。

4. 公共关系的维护

公共关系策略要求企业孵化器通过与公众沟通信息，使孵化器和公众相互了解，以提高孵化器的知名度和声誉，为企业孵化器的市场营销活动创造一个良好的外部环境。

企业孵化器面临的公众可以分为以下几种类型：①内部公众，主要是企业孵化器内部的在孵企业和孵化器自身的员工；②金融公众，如银行、信托投资公司、风险投资机构、保险公司、证券交易所等，它们无论是对企业孵化器还是对在孵企业都有着重要的意义；③新闻媒介公众，是指电视、广播、报刊等信息传播媒介，以及供职于这些机构的新闻工作者，它们既是沟通企业孵化器和外界联系的桥梁，又是企业孵化器扩大知名度和声誉的工具；④政府公众，于企业孵化器来说，政府是最为重要的资源，孵化器的运行和发展是在政府的扶持和监管下进行的，因此，这是一类非常重要的公众；⑤其他公众，除了上述四种之外的公众，此类公众种类众多，就企业孵化器而言，相关的咨询公司、物流公司、专业性服务机构，甚至包括同业竞争者等。

企业孵化器要与公众进行沟通，建立良好的公共关系，就必须开展灵活多样的公关活动，具体如下。

积极进行宣传报道，即企业孵化器邀请新闻机构撰写有关孵化器与在孵企业的相关报道，向外部宣传自身的服务思想、服务质量、服务项目以及为社会作出的贡献等。

企业孵化器要定期开展与孵化器内部和外部创业者的经验交流会，听取广大创业者的意见，或者通过调查问卷的方式，了解创业者所想所需，还要对这些意见迅速作出反应，及时反馈给创业者有效的信息，努力改善服务质量，丰富服务样式，以树立良好的创业形象。

建立和社会各界的良好关系，加强政府机构、大学、研究机构、服务供应商和相关组织的联系，以求得到广泛的了解和帮助,并借助这些机构的影响力,对自身成绩和贡献进行适时宣传。

(五) 广告策略

企业孵化器通过广告将有关信息有效地传递给有创业意愿或者是有高新技术成果的创业者,吸引这批人信任、偏爱并最终选择进入该企业孵化器,同时,在社会及相关领域制造影响力,以便获取更多的社会资源。

1. 制定广告目标

将自身服务理念、服务宗旨、服务内容及其他特点告知目标创业企业群体,让创业企业了解到在企业孵化器中能够得到自己发展壮大的一切服务,通过"告知"和"说服"的手段达到宣传孵化器的效果。广告是传统企业营销推广最主要的传播工具,但由于孵化器不是最终产品的提供者,因而广告的使用范围和频率在孵化器品牌推广中不宜过大。在广告投放媒体的确定上要充分考虑受众的情况;在受众选择上可直达较高层次的商务人士,有利于孵化器的招商引资工作;在广告内容上要注意提高广告的内涵,能够让受众从广告中引起共鸣,感受企业孵化器的高科技魅力及激情创业的氛围。

2. 选择广告信息

具体可以通过以下三个标准来制定和选择广告信息:①引人入胜。广告信息内容要具有一定的吸引力,能够激发创业者的兴趣和激情,给创业者留下深刻的印象。②具有特色。广告信息内容在说明企业孵化器各类重要信息的同时,要突出自身特色和重点,从而使创业者对孵化器产生偏爱。③契合实际。广告信息内容要使创业者认为是真实的、可信的,要使广告信息表现的效果和创业者实际的感受保持一致,才能进一步获得创业者的信任。

3. 确定广告媒介

由于企业孵化器所面对的客户群体是具有创新思维的高新技术创业者,因此,在广告媒介的选择上要切中要害,以起到最有效、最直接的传播效果。比如,通过图文并茂的形式在科技创新类杂志、报纸以及网站上进行专栏报道;在电视、电台的科技类栏目中进行声色描述和展示;孵化器还可以印制专门的服务手册和创业指南,在各种科技企业会议、高新技术展会中发放,以达到宣传效果。

(六) 企业孵化器品牌策略

由于企业孵化器不是一般意义上的经营性企业,因此,企业孵化器在实施品牌战略时要将孵化器和在孵企业作为联合主体,时刻考虑二者的品牌效应,除了不断提高企业孵化器自身品牌知名度并为在孵企业提供品牌延伸效应外,还要注意为在孵企业提供直接品牌支持服务。企业孵化器要以在孵企业为中心,全面评估它们的品牌服务需求,为在孵企业提供全方位、强有力的品牌战略支持。

1. 明确定位

由于孵化器既是独立单位,又是一批独立企业的集成,因此,孵化器品牌定位考虑的要素相对比较复杂。对于不同的孵化器,还要认真研究目标客户群体的需求,如创业成本低、人才资源充裕、优越的政策保障、温馨的城市环境、能让企业成功的服务等,这些都可以成为各自的品牌诉求点。只有经过认真和广泛的思考,每家孵化器才能找准适合自身发展、走向全国的独特品牌诉求。此外,在确定品牌诉求点时,还可结合三种方法准确完成品牌定位。①抢先战略。寻找他人没有的诉求点,并第一个去占据,如"全国第一"的称号。②关联战略。紧随强势品牌,使目标客户群体在首选强势品牌之时,能马上联想到自己,并作为第二品牌备选。③攻击战略。通过指出强势品牌的弱点刚好是自己的优点,从而提升自己在心智阶梯中的排名。

2. 整合传播

企业孵化器品牌战略要充分发挥自身具有的政府、社会等关系资源,大力展开低成本的公共关系营销,与新闻媒体保持密切的关系,以此不断提高品牌知名度。在具体操作上,应充分利用各种传播手段,抓住一切机会向社会传递孵化器的品牌定位思想,主要方式包括政府公关、活动策划、新闻报道等。①政府公关。孵化器的政府背景使得企业孵化器开展政府公关具备先天优势,如能巧妙应用,则对孵化器及在孵企业都十分有利。具体可采取以下措施:经常给地方政府的内部通信投稿,使企业孵化器及在孵企业的重要信息能及时传递给地方有关领导;编辑企业孵化器创业刊物,给各级领导、有关社会人士寄发,增加他们对企业孵化器的了解和认识;邀请有关领导到孵化器视察、参观在孵企业,使他们关心、重视、支持企业孵化器的发展,是提高企业品牌知名度和美誉度的重要方式。②活动策划。这是一种主动创造品牌推广机会的方式。经过精心策划,企业孵化器举行的一些活动会成为各家媒体争相报道和民众关心的热点。例如,承办各类全国性孵化器会议,吸引新闻媒体的关注,通过他们的报道达到提高品牌知名度的目的。另外,结合当前的创业热,企业孵化器可举行创业计划书竞赛、创业故事征文、创业成就展、创业精英论坛等;结合循环经济,可举办孵化器循环经济产品体验会,不仅可帮助在孵企业拓展市场,还可让社会了解企业孵化器在循环经济方面所作的贡献。③新闻报道。这是孵化器应当重点开展的一项品牌服务。积极建立和保持与全国及地方新闻媒体的密切合作关系；明确宣传主体是孵化器和在孵企业，在宣传报道时要充分考虑二者的宣传利益；要善于挖掘在孵企业的经营和科技亮点，通过媒体报道帮助其宣传企业和产品信息，这是为在孵企业提供直接品牌宣传服务的价值所在；找准新闻切入点，注意新、奇、特，才能提高媒体见报率；要做到服务的全程性，包括搜集分析企业材料、编辑新闻通稿、投往各大媒体、安排电视台摄影、搜集刊登报纸和电视播放光盘等。

简而言之，一个知名品牌需要长期、持续不断的传播推广，那种寄希望于一劳永逸的思想是不现实的。因此，实施企业孵化器品牌战略要长期考虑，持之以恒。

参考文献

[1] 陈明洋、孙毅、吕本富:《网络环境下主要营销渠道选择策略》,《管理评论》2008年第9期。

[2] 冯炜:《21世纪市场营销的发展趋势》,《工业技术经济》2001年第3期。

[3] 高长才:《知识经济时代的市场营销战略》,《中国物资物流》2006年第3期。

[4] 龚黎莹:《论知识经济与企业营销创新》,《湖南财经高等专科学校学报》2005年第4期。

[5] 郝际钰:《乔云飞专家:品牌竞争是当代市场竞争的焦点》,中国经济网新疆频道,2006年11月20日。

[6] 胡保玲:《渠道关系治理研究综述》,《市场营销导刊》2008年第2期。

[7] 焦晋芳:《知识管理与企业组织结构创新》,中国海洋大学硕士论文,2003。

[8] 金彦龙:《知识经济时代企业营销环境分析》,《商业时代》2003年第7期。

[9] 梁幸平、任君庆:《知识营销》,经济管理出版社,2002。

[10] 李富强:《知识经济与知识产品》,社会科学文献出版社,1999。

[11] 李晓莹：《我国企业营销创新发展研究》，《中国市场》2010年第36期。

[12] 刘洪深、于坤章：《知识营销——知识经济时代的营销观念》，《北京工商大学学报》（社会科学版）2001年第4期。

[13] 刘依婷：《伙伴型渠道关系研究》，《现代商贸工业》2010年第11期。

[14] 刘志伟：《宏观环境给我国企业营销带来的挑战》，《经济师》2002年第1期。

[15] 罗永泰：《住宅知识型产品特性及其隐性营销策略研究》，《财经研究》2004年第2期。

[16] 〔美〕派恩、吉尔摩：《体验经济》，夏业良等译，机械工业出版社，2008。

[17] 秦言：《知识经济时代》，天津人民出版社，1999。

[18] 热孜燕·瓦卡斯、李红：《知识经济时代的企业营销创新》，《新疆社科论坛》2005年第3期。

[19] 申明龙、江明波：《知识经济特征分析》，《科学新天地》2003年第4期。

[20] 苏惠艳：《知识经济时代下的企业营销策略》，《现代商业》2009年第8期。

[21] 苏日娜：《中国服务创新现状及营销建议》，《北方经济》2007年第19期。

[22] 孙宁：《科技企业孵化器市场营销策略研究》，北京信息科技大学硕士论文，2011。

[23] 唐鸿：《营销渠道权力对渠道关系质量影响的实证分析》，《软科学》2009年第11期。

[24] 汤小平：《基于知识经济的企业产品策略研究》，《湘潭师范学院学报》（社会科学版）2007年第7期。

[25] 腾永昌:《信息时代的企业营销创新》,《北京石油管理干部学院学报》2007年第6期。
[26] 王艳杰:《把握知识经济的特点推动企业创新与发展》,《辽宁工学院学报》2001年第2期。
[27] 吴金林:《面向知识经济时代的需求变革与营销创新》,《西安邮电学院学报》2002年第4期。
[28] 王信东:《企业虚拟化经营理论与实践》,社会科学文献出版社,2006。
[29] 王家斌、高世春、李斌、索柏民:《市场营销知识管理的价值与策略选择》,《管理》2008年第3期。
[30] 王新新:《制造满足消费者心理需求的符号——试论创名牌的努力方向》,《经济问题》1998年第1期。
[31] 王信东、贾辉:《论电力市场服务品牌建设与形象塑造、创新》,方正出版社论文集,2010。
[32] 王信东:《论虚拟经营对生产性服务业统计的影响及对策》,《商业研究》2009年第4期。
[33] 王信东、周秀玲:《我国企业规模与品牌赶超强国之路的对比分析》,《企业活力》2011年第9期。
[34] 王敏:《论服务型企业的有形展示》,中国论文下载中心,2009年11月13日。
[35] 汪丁丁:《个性化服务的价格》,《IT经理世界》2001年第1期。
[36] 王信东:《论虚拟企业的二维市场性质及企业开拓市场策略》,《中国软科学》2001年第1期。
[37] 夏火松、蔡淑琴:《知识管理与市场营销专家知识的分形特征》,《武汉科技学院学报》2001年第3期。
[38] 杨伟敏:《知识产品生产方式的转变与知识产品生产者

对资本的依赖》,《云南社会科学》2008年第1期。

[39] 朱雪芹、李丰威:《消费升级与企业营销对策》,《河南商业高等专科学校学报》2009年第9期。

[40] 张茂忠、韩卫国:《知识经济时代的企业营销策略创新》,《管理科学文摘》2007年第9期。

[41] 周丽君:《知识经济条件下的企业文化创新》,《经济师》2010年第7期。

[42] 张宇、王信东:《服务品牌塑造中需要关注的问题探讨》,《企业导报》2010年第12期。

[43] 赵礼强、郭亚军:《电子商务与信息管理》,《管理评论》2010年第2期。

[44] 周秀玲、王信东:《企业虚拟化经营与现代服务业发展》,《商业时代》2006年第33期。

[45]《如何应对我国服务营销面临的挑战》,2009年11月10日《东方早报》。

[46] Berry L. L. Shetack G. G., Upah G. D. (eds), *Relationship Marketing*, Butterworth‐Heinemann Press, 1983.

[47] Dwyer, F. Robert, Schurr, Paul H., and Sejo Oh, "Developing Buyer‐Seller Relationships", *Journal of Marketing*, Vol. 51, No. 4, 1987.

[48] Michael Jay Polonsky, "An Introduction to Green Marketing", *Electronic Green Journal*, 2008.

[49] Morgan, Robert M. and Hunt, Shelby D., "The Commitment Trust Theory of Relationship Marketing", *Journal of Marketing*, 1994

社会科学文献出版社网站
www.ssap.com.cn

1. 查询最新图书　　2. 分类查询各学科图书
3. 查询新闻发布会、学术研讨会的相关消息
4. 注册会员，网上购书，分享交流

本社网站是一个分享、互动交流的平台，"读者服务"、"作者服务"、"经销商专区"、"图书馆服务"和"网上直播"等为广大读者、作者、经销商、馆配商和媒体提供了最充分的互动交流空间。

"读者俱乐部"实行会员制管理，不同级别会员享受不同的购书优惠（最低7.5折），会员购书同时还享受积分赠送、购书免邮费等待遇。"读者俱乐部"将不定期从注册的会员或者反馈信息的读者中抽出一部分幸运读者，免费赠送我社出版的新书或者数字出版的等产品。

"网上书城"拥有纸书、电子书、光盘和数据库等多种形式的产品，为受众提供最权威、最全面的产品出版信息。书城不定期推出部分特惠产品。

咨询/邮购电话：010-59367028　　邮箱：duzhe@ssap.cn
网站支持（销售）联系电话：010-59367070　　QQ：1265056568　　邮箱：service@ssap.cn
邮购地址：北京市西城区北三环中路甲29号院3号楼华龙大厦　社科文献出版社　学术传播中心
邮编：100029
银行户名：社会科学文献出版社发行部　　开户银行：中国工商银行北京北太平庄支行　　账号：0200010009200367306

图书在版编目（CIP）数据

基于知识管理的市场营销创新/周秀玲，王信东著.
—北京：社会科学文献出版社，2012.7
（管理科学与工程丛书）
ISBN 978 - 7 - 5097 - 3480 - 3

Ⅰ.①基… Ⅱ.①周… ②王… Ⅲ.①知识经济 - 应用 - 企业管理 - 营销策划 Ⅳ.①F274

中国版本图书馆 CIP 数据核字（2012）第 115675 号

管理科学与工程丛书
基于知识营销的市场营销创新

著　　者／周秀玲　王信东

出 版 人／谢寿光
出 版 者／社会科学文献出版社
地　　址／北京市西城区北三环中路甲29号院3号楼华龙大厦
邮政编码／100029

责任部门／财经与管理图书事业部　　责任编辑／冯咏梅　蔡莎莎
　　　　　（010）59367226
电子信箱／caijingbu@ssap.cn　　　　责任校对／杜绪林
项目统筹／恽　薇　冯咏梅　　　　　 责任印制／岳　阳
经　　销／社会科学文献出版社市场营销中心　（010）59367081　59367089
读者服务／读者服务中心（010）59367028

印　　装／北京季蜂印刷有限公司
开　　本／787mm×1092mm　1/20　　印　张／16.8
版　　次／2012年7月第1版　　　　　字　数／241千字
印　　次／2012年7月第1次印刷
书　　号／ISBN 978 - 7 - 5097 - 3480 - 3
定　　价／49.00 元

本书如有破损、缺页、装订错误，请与本社读者服务中心联系更换
▲ 版权所有 翻印必究